企业

法律风险防范的
原理与实务

THE PRINCIPLE AND PRACTICE OF
THE PREVENTION OF

LEGAL RISK IN ENTERPRISES

周昌发 编著

社会科学文献出版社
SOCIAL SCIENCES ACADEMIC PRESS (CHINA)

编写说明

　　企业是市场经济的重要主体，承载着社会成员的就业希望，也托付着投资者对经济利润的内心追求。当投资者们满腔热血将资金、技术、劳力等聚合起来想成就一番事业时，就开始迈向或"天堂"或"地狱"的旅程，那些经由运营企业获得财富积聚和社会认同的投资者们能充分享受到创业带来的愉悦，而那些忍受着经营失败和资金亏损的投资者们饱含辛酸的泪水。不管何者，当他们回望创业之路时，一定会遵循着企业从"生"到"死"的成长逻辑，从孕育企业那天开始，就是一场风险预判、风险评估、风险防范和风险化解的"持久战"，就是一场学法、知法、守法、用法的商业之战，也是一场集资金、技术、管理、营销、人事等于一体的混合战。在这样一场商战中，有些投资者选择了个体作战，登记为个体工商户；有些则选择了并肩作战，设立了合伙企业或有限公司；有些甚至选择集团大战，成立股份有限公司或将企业推向资本市场；虽然企业规模的大小并非意味着"寿命"的长短，但也些许彰显投资者们对投资的预期、风险承受度和经营智慧。

　　对于很多投资者而言，经营企业就是一次没有获得驾驶证的远行，甚至前方的路将伸向何方都很迷茫。很多投资者满怀激情创立企业却无法选择合适的企业类型，也不了解各种企业类型的特点和风险，随意设立，最终在经营的道路上难以更改或已经埋下了巨大的风险隐患。在合作伙伴的选择、员工的招录用管、项目投融资、知识产权保护、商业合同风险防范等方面，很多投资者和管理者基本没有受过专业的训练，也没有较高的意识加以防范，轻则致使企业和投资者受损，重则导致企业关门破产。

　　有鉴于此，本书以"法律风险防控"为主线，从企业设立到清算整个生命周期出发，将企业经营过程中的法律风险分为五大板块，即企业设立风险及防范、法人治理风险及防范、人事法律风险及防范、企业融资风险及防范和企业运营风险及防范，具体内容涉及企业的整体框架、人事管理、资金筹集和产品运营等各个层面的法律风险与防范策略，不管是哪一个行业的企业基本都涵盖以上板块的内容，所遵循的原理和践行的实务都具有相似之处，本书采用抽象概括的方式力所能及以简朴的语言进行叙述，主要考虑到企业的投资人以及管理者大多属于非法律专业人士，即便是法律人，因企业的管理与经营涉及部门法律繁多、系统性、综合性、实务性较强，要想全面把控实属不易。

本书摒弃传统部门法一一罗列的编排体例，以企业经营管理过程中的具体内容进行"块状"安排，综合了民法、商法、行政法、经济法、刑法、环境法、劳动法等各个方面的内容，看似内容散乱，实则主线清晰，都是围绕企业经营管理过程中的人财物、产供销各要素各环节涉及的法律风险及防范进行编写，在编写过程中还适当穿插了经济学、管理学等方面的内容，主要是为了克服法律的强制性所带来的过度理性，增加商业灵活性所要求的适度投机性和实用性。

更需要强调的是，本书是理论与实践充分结合的成果，且更多体现在实用操作性方面，书稿的框架萌生于主编在学校开设"创业法律风险防范"的授课内容，选课的同学大多来自于非法学院的学生，他们对未来创业充满期待，希望在未来的职业生涯或创业过程中少遇风险，他们提出的疑问是本书内容的重要养料，在此要感谢他们。书稿的完结要感激云南康思律师事务所的律师们，他们长期为企业提供法律风险防控服务，积累了丰富的素材和经验，他们在繁忙的工作中挤出时间直接参与撰写，无私奉献出他们宝贵的实务经验，这也是本书得以体现说理与实用相融合的缘由。

本书最终实现出版，要由衷感谢云南大学的全额资助。感谢云南大学本科生院的各位领导和老师，没有"专创融合"课题的立项，或许就没有"创业法律风险防范"课程的开设，也可能没有本书的交付，由于关心的老师甚多，在此无法一一列举。还要感谢社科文献出版社李晨老师及其他各位老师的细心解答和专业指导；感谢云南大学法学院各位领导和老师长期以来的关心和支持。

此书由云南大学法学院周昌发负责制定书稿框架、各章节标题、内容筹划、统稿、审校、第三章第六节）；其他章节的初稿撰写由康思律师事务所律师完成：薛佳（负责第一章第三、四节；第二章第一、二节），肖冰

（负责第三章第一、二、三、五、七节），余豪（负责第一章第一、二节；第二章第三节；第五章第六节），马春（负责第五章第一、二、三节），卢杜琼（负责第四章第一、二、四节；第五章第五节），贾永睿（负责第三章第四节；第四章第三、五节；第五章第四节）。

由于编者水平有限，且企业法律风险防范的许多实务仍在不断探索和升华之中，本书难免有错漏和不足之处，欢迎读者提出批评意见和建议，我们将在以后的工作中加强总结和研究，及时修订，以飨读者。

周昌发

2021 年 2 月 6 日于昆明

目　录

第一章　企业设立风险及防范

第一节　如何选择企业类型

从事商业活动的首要条件是要有合法的市场主体资格，根据法律规定，市场主体的类别很多，选择何种类型进行登记注册，产生的法律后果有着很大的差别。很多人从事商业经营多年，仍然不清楚各类主体之间的联系和区别，贸然进行注册登记，导致很多极其不利的后果，最终事与愿违，不符合创业之初的想法。在经营过程中，一旦出现运营不善，不同的企业类型承担的法律责任也截然不同。因此，商业人士应了解常见的几种市场主体类型，熟知各种主体的设立条件、权利义务和责任承担等基本知识，根据自己从事的行业领域、商业属性、资金实力和市场需求等选择符合自身实际的市场主体，避免盲目选择产生不当法律风险。

一　各类市场主体的成立条件

依照不同的分类标准，对市场经营主体可进行不同的分类。按投资人的出资形式和责任承担不同，可分为个体工商户、个人独资企业、合伙企业和公司制企业，其中公司制企业包括有限公司和股份有限公司；按投资者的所处地域，可分为内、外资企业及港澳台投资企业；按所有制类型，可分为私营企业、集体所有制和国有所有制企业；按投资人对企业所承担的责任不同，可分为有限责任公司、无限责任公司、股份有限公司；按信誉等级，可分为人合公司、资合公司、人合兼资合公司；按公司地位类型，可分为子公司和母公司；按规模大小，可分为特大型企业、大型企业、中型企业、小型企业和微型企业；按行业经济部门，可分为农业企业、工业企业和服务企业等等。可见，根据不同的划分标准，企业的类型也各不相同。

为了叙述上的统一和方便，同时也依照我国现行法的具体规定，本书采用以下分类方式，将现实中的市场经营主体分为个体工商户、个人独资企业、合伙企业和公司几类。

（一）个体工商户

自然人依照法律核准登记从事工商业经营的，为个体工商户。个人负责经营的，由经营者本人去申请；家庭经营的，由家庭中具体主导经营的成员去申请。一般来说，登记个体工商户应具备以下条件。

1. 名称应当符合规定

设立个体工商户可以不使用名称，如要使用名称，应当遵循《个体工商户名称登记管理办法》的规定，个体工商户名称组织方式可选用"厂"、"店"、"馆"、"部"、"行"、"中心"等字样，但不得选用"企业"、"公司"和"合作社"等字样。

2. 组成形式必须登记

组成形式可以理解为经营形式，分为个体经营和家庭经营；家庭经营的，参与运营的家庭成员姓名必须一起备案。现实中，绝大部分都登记为个体经营，这种形式较为简单，运行起来也比较方便。

3. 经营范围应符合法律规定

我国对个体工商户实行市场平等准入、公平待遇的原则。申请办理个体工商户登记，申请登记的经营范围只要不是法律、行政法规禁止进入的行业，市场监管部门都应当依法予以登记。

4. 应有经营场所

申请登记为个体工商户，应当向经营场地所在地市场监管部门申请注册登记。申请人应当提交登记申请书、证明身份的材料和经营场所证明。经营场地是指个体工商户营业所在地具体地址。个体工商户经市场监管部门登记的经营场地只能为一处。可见，设立个体工商户必须要有经营场地，并向市场监管部门提交经营场地的详细地址。

5. 无注册资金限制

对于资金方面，个体工商户不需要缴纳或认缴注册资金，完全根据经营的规模投入资金，取决于举办者自身的实力以及想达到的经营目的，个体工商户的财产属于经营者所有。个体工商户的对外债务由经营产生的资产以及经营者自身的全部财产承担无限连带责任。

（二）个人独资企业

我国对个人独资企业的设立，在立法上采取了准则主义，即只需合乎法律法规要求的设立条件，即可直接履行登记手续，一般不用经过有关部门批准。设立个人独资企业应当具备下列条件。

1. 有合法的主体资格

个人独资企业中的"人"只能是自然人，法人或其他组织不能投资设立个人独资企业。申请设立个人独资企业的投资人应当具备相应的民事权利能力和民事行为能力。法律、行政法规禁止从事盈利性活动的人，如公务员、军职人员等不得作为投资人申请设立个人独资企业；限制民事行为能力人和无民事行为能力人也不得作为投资人申请设立个人独资企业。

2. 有合法的企业名称

企业的名称应当真实地体现企业的组织特征，且不能违反法律、法规的规定。就个人独资企业来说，独资企业的名称要明显区别于公司类企业和合伙企业，并且要区别于其他个人独资企业，要有一定的可识别性。总之，个人独资企业名称既要考虑经营中的实用性，还应符合从事行业的特点以及《个人独资企业法》的具体规定。

3. 有相应的出资

《个人独资企业法》未限制个人独资企业登记设立的出资数额，出资多少由投资者自主决定。但企业始终需要一定的资金作为开办基础，投资人既能用货币进行出资，也可以用实物出资；既能用土地使用权出资，也可以用知识产权亦或其他财产权利出资。采取非货币形式出资的，应当将非货币出资折算成货币数额。一般而言，投资人的出资可以来源于个人也可以是家庭财产，以家庭共有财产出资的，投资人应当在设立登记时予以注明；具体的出资额要与企业的生产经营规模相适应。

4. 有固定的场所

生产经营场所是企业正常经营的必备条件，一般是企业登记的住所且适合生产经营的需要。在登记场所时，一定要注意其合法性，如是否取得产权证、合法的租赁使用权等，避免违法占用耕地等情形。企业有多个经营场所的，一般以主要办事机构地点为企业的法定登记地址。

5. 有必要的从业人员

即企业要有与其生产经营范围、规模相适应的从业人员，具体的人员专业技能要根据企业所从事的行业来确定，尤其是一些行业还需要注意是否具备相应的执业资格证书，企业本身也可能需要办理行政许可手续，否则可能出现非法经营的行为。关于从业人员的人数，法律并没有做出具体规定，由企业视情况而定。

（三）合伙企业

合伙企业的成立在于"合伙"二字，两者具有较强的信赖关系。设立合伙企业，应当具备下列条件：（1）有两个以上合伙人，合伙人为自然人的，应当具有完全民事行为能力；（2）有书面合伙协议，协议是记载合伙人各自权利义务的凭证，也是合伙企业保持正常存续的合法性基础；（3）有合伙人认缴或者实际缴付的出资；（4）有合伙企业的名称和生产经营场所；（5）法律、行政法规规定的其他条件。

在我国，合伙企业分为普通合伙和有限合伙两类。普通合伙企业名称中应当标明"普通合伙"字样，指各合伙人均以其财产对外承担无限连带责任，尽管对内各合伙人有相应的占比份额，但对外部第三人没有任何抗辩效力。以专业知识和专门技能为客户提供有偿服务的专业服务机构，可设立为特殊的有限合伙企业，如基金公司。有限合伙企业名称中应当标明"有限合伙"字样，由 2 个以上 50 个以下合伙人设立，但至少应当有一个普通合伙人。

（四）公司制企业

我国《公司法》规定的公司制企业主要是有限责任公司和股份有限公司两种，它们的成立条件有一定的区别。

1. 有限责任公司的成立条件

根据《公司法》的规定，设立有限责任公司，股东要符合法定人数，即由 50 个以下的股东出资设立；有符合公司章程规定的全体股东认缴的出资额；有股东共同制定的公司章程；且有公司名称和公司住所，建立符合有限责任公司要求的组织机构，如股东会、董事会、监事会等。如果只有一个投资股东的，则设立为一人有限责任公司。

2. 股份有限公司的成立条件

我国《公司法》规定，股份有限公司的发起人应当有 2 人以上 200 人以下，其中须有半数以上的发起人在中国境内有住所；要有符合公司章程规定的全体发起人认购的股本总额或者募集的实收股本总额；股份发行、筹办事项符合法律规定；发起人制定公司章程，采用募集形式设立的，须经创立大会通过；要有公司名称和住所，建立满足股份有限公司要求的组织机构，如股东大会、董事会和监事会等，若是申请上市的，各种条件更为严格。

二　各类市场主体的优劣之处

（一）各类市场主体的特点

1. 个体工商户的特点

根据法律法规规定所登记从事工商业经营个体工商户具有如下特征：

（1）举办者可以是个人或家庭。自然人可以个体为单位，也可以家庭为单位申请设立个体工商户从事工商业经营。根据法律法规及有关政策，城镇无业及待业人员、社会闲散人员和农民等均可以申请设立个体工商户从事工商业经营。国家机关工作人员、企事业单位工作人员等，不能申请从事个体工商业经营。

（2）经营必须依法核准登记。个体工商户的登记机关是市场监管部门。个体工商户经核准登记，获得营业执照后，才能进行经营。个体工商户转业、兼并、变更登记事项或歇业，也应办理登记手续。

（3）举办者承担无限连带责任。个体工商户不管是个人出资设立还是以家庭财产出资，一旦出现经营风险，对外则以个体工商户留下的财产予以承担，如果不足以承担，个人和家庭财产都要连带承担，举办者风险较大。

2. 个人独资企业的特点

个人独资企业，是指由一个自然人投资，财产为投资人个人所有，投资人以其个人财产对企业债务承担无限责任的经营主体。个人独资企业具有如下特征。

（1）不具有法人资格。出资人是一个自然人且具备完全民事行为能力，不属于法律、行政法规所禁止从事营利性活动的人。个人独资企业可以起字号，并可对外以企业名义从事生产经营活动。

（2）投资人承担无限责任。个人独资企业所产生的收益归属于投资人所有，但投资人也要对企业的债务承担无限责任。个人独资企业的存续完全取决于投资者个人的经营才能，企业生命周期的长短与投资者息息相关。当企业的资产不能清偿其债务时，为有助于保护债权人利益，投资者以其个人财产清偿独资企业债务。从这层意义上来看，个人独资企业不适宜风险较大的行业。

（3）灵活性强。个人独资企业投资者单一，决策容易，企业规模有限，设立程序、经营过程的把控、解散程序等都不复杂；经营管理灵活性强，投资者一般按照个人的意志决定经营战略，决策和管理效率较高。

3. 合伙企业的特点

合伙企业是指两个以上合伙人订立合伙协议，共同出资、共同经营、共享收益、共担风险，并对企业债务承担无限连带责任的商事组织。合伙企业具有以下特点：

（1）财产共有。合伙人投资形成的企业资金和财产，由合伙人统一管理和支配，或者授意其中的某一位或某几位合伙人管理，不经其余合伙人同意，任何一位合伙人不得将合伙财产挪为己用。

（2）收益共享。合伙企业在运营活动中所获得、积聚的财产，归合伙人共同所有。收益分配的方式及比例，应在合伙协议中予以明确；未经约定的，可按合伙人出资的份额比例进行分享，内部的分享比例不影响对外的连带责任承担。

（3）责任无限。作为普通合伙企业，如有亏损则应由合伙人共同承担，合伙人作为一个整体对债权人承担无限连带责任；当然，若是有限合伙，有限合伙人以自己的出资为限承担责任。有限合伙企业由一个或几个普通合伙人以及一个或几个有限合伙人组成，即合伙人中至少有一个合伙人作为普通合伙对经营管理产生的债务承担无限连带责任，而有限合伙人不直接经营管理合伙企业，且仅以其出资额为限对债务负偿还责任。

（4）相互代理。合伙企业的经营管理，由合伙人决定，合伙人享有执行和监督的权利。合伙人可以举荐管理人员，因合伙事务管理人的经营管理活动产生的民事责任由全体合伙人承担。换言之，每个合伙人代表合伙企业所做出的经济行为对全体合伙人均有约束力。也正因为如此，合伙人之间也容易产生纠纷。

（5）生命有限。合伙企业较容易设立和解散。合伙人签订了合伙协议，就宣告合伙企业的成立。新合伙人的加入，旧合伙人的退出、死亡、自愿清算、破产清算等均可导致原合伙企业的解散以及新合伙企业的成立。

4. 有限责任公司的特点

有限责任公司，也简称为有限公司，是指由 50 个以下股东以其认缴的出资额为限对公司承担责任，公司以其全部资产对公司债务承担责任的经济组织。有限公司具有以下特点：

（1）责任的有限性。每个股东在认缴出资额范围内对公司债务承担责任，公司债权人不能直接向公司股东主张权利。因而，有限责任公司所称之"有限责任"是对公司的股东而言，即股东对公司的债务以其认缴的出资额为限承担有限责任。即是说，尽管公司负债累累，财产不足以清偿到期债务，股东也只是在出资额限度内担责，不以本人出资以外的个人财产清偿公司债务。但公司不是承担有限责任，与股东的责任不同，而是以其全部财产负无限责任。

（2）出资的比例性。有限责任公司不像股份公司那样把资本按等额的股份划分，股东出资的计算方式也不是简单地以股份为单位，而是由股东的出资额决定所占的股权比例。但股东享有权利和承担义务的范围、表决权的行使也可以不受股权比例的约束，《公司法》允许公司章程自由约定股东行使表决权的方式。

（3）资本的封闭性。有限责任公司的注册资本来自股东的认缴，有限责任公司不能向社会公开募股集资，不能发行股票。由于有限责任公司不能向社会募股集资，所以公司的财务会计账簿等情况亦无须向社会公开。股东缴纳出资后，公司会向股东签发出资证明书，作为股东履行了出资义务的证明。正因为有限责任公司的非公开性，决定了股权转让有一定的限制。《公司法》71 条、72 条、73 条、74 条规定，股东之间可以相互转让股权，若内部无人受让，可对外转让。但必须经过内部的表决程序。第 71 条规定："股东向股东以外的人转让股权，应当经其他股东过半数同意。股东应就其股权转让事项书面通知其他股东征求同意，其他股东自接到书面通知之日起满三十日未答复的，视为同意转让。其他股东半数以上不同意转让的，不同意的股东应当购买该转让的股权；不购买的，视为同意转让。"同时，为了保障公司的"封闭性"特点，在同等条件下，经股东同意转让的股权，其他股东有优先购买权。

（4）人数的限制性。有限责任公司股东人数应为 50 人以下，法律规定有限责任公司股东人数上限，是由其自身的人合性等特点决定的。有限责任公司的股东大多是建立在相互信任的基础上，这就使股东的人数不宜过多；如果人数过多，就可以将公司形式变更为股份有限公司，更多体现资本的联合而非熟人之间的依赖。

（5）组织的简便性。有限责任公司由各发起人发起设立，各发起人之间达成一致后共同签署股东协议、公司章程等材料，并向市场监督管理部门提交，程序极为简便。同时，公司内部组织机构设置更具灵活性，实践中，部分有限责任公司由于股东人数较少、公司规模较小，设立 1 名执行董事、1 至 2 名监事来行使日常管理权。稍微大一些的公司即设置股东会、董事会、监事会等机构，层层体现规范化管理，但总体来看，有限责任公司在日常管理、经营决策等都很容易形成决议。

（6）合作的人合性。有限责任公司的存续固然需要资本的联合，但股东之间往往都是较为熟悉的群体，更强调人的集合，具有人合性的特点。具体表现为各股东之间彼此关系的人身属性较强，相互之间有一定的认识基础，甚至本身就是多年的熟人，而且股东人数少，便于沟通了解。为此《公司法》的规定都彰显"人合性"，要求股东向股东以外的其他人转让股份，应当经其他股东过半数通过。

5. 股份有限公司的特点

股份有限公司，简称股份公司，是指公司所有资本分为等额股份，股东以其认购的股份为限对公司债务承担责任，公司以其所有财产对公司债务负责的企业法人。股份有限公司在很多方面都与有限责任公司相似，但也有其较为突出的特点：

（1）出资的股份性。股份有限公司是独立的企业法人，股东人数较多，公司的注册资本也较大，股东对公司债务负有限责任，其限度是股东应交付的股金额；股份有限公司的全部资本划分为等额的股份，通过定向募集或向社会公开发行的办法筹集资金，任何人在缴纳了股款之后，都可以成为公司股东，没有资格限制；公司股份可以自由转让，但不能退股；公司账目须向股东或社会公开，以便于投资人了解公司情况，上市的股份公司，股票可以在证券市场上自由买卖。

（2）合作的资合性。一个人能否成为股份公司的股东决定于是否交纳了出资或购买了股票，而不取决于与其他股东的熟悉程度或人身关系。因而，股份有限公司能够迅速、广泛、大量地筹集资金，不考虑股东的"人品"，而是体现资本的属性，股东之间相互不认识纯属正常。

（二）各类市场主体的利弊

1. 个体工商户和个人独资企业的优势和劣势

（1）优点。一是税负单一，个体工商户和个人独资企业不交纳企业所得税，只对投资者获得的收益征收个人所得税。凡实行查账征税办法的，其税率比照"个体工商户的生产经营所得"应税项目，适用5%-35%的五级超额累进税率，计算征收个人所得税；实行核定应税所得率征收方式的，先按照应税所得率计算其应纳税所得额，再按其应纳税所得额的大小，适用5%-35%的五级超额累进税率计算征收个人所得税。二是简单灵活。个体工商户和个人独资企业设立与解散程序简便；经营管理灵活自由，投资者一般按照自己的意志确定经营方略，进行经营管理，收益归投资人享有，不受外界其他人的干涉。

（2）缺点。一是责任无限，投资者以个人所有财产对个体工商户或个人独资企业债务承担无限责任，不适宜风险大的行业。二是企业的规模有限，个体工商户和个人独资企业的经营所得、财产、投资者的工作精力和管理水平等都决定了经营规模不会太大，适合于小型投资，维系简单的生活开支。

2. 合伙企业的优缺点

（1）优点。一是筹集资本容易，与个体工商户和个人独资企业相比，合伙企业能从许多的合伙人处筹集资本，合伙人共同偿还债务，减少了个人投资不足的问题以及经营过程中潜在的风险，让企业的筹资能力有所提高。二是合伙人优势互补。合伙企业在注册要求上，没有注册资本的要求，出资形式上，可以用货币、实物、知识产权、土地使用权或者其他财产权利出资，也可以用劳务出资。与个体工商户和个人独资企业相比较，合伙企业能够让更多投资者发挥优势互补的作用，比如技术、知识产权、土地和资本的合作，只要有一技之长，哪怕不出钱，也能当合伙人；而且，对于知识产权、劳务等这些无形资产，合伙人可以议价，各方协商确定即可。并且投资者都关心企业发展，大家会共同出力谋划，集思广益，提升企业经营综合竞争力。三是企业信誉较高。与一般公司相比较，由于合伙企业中至少有一个合伙人负无限连带责任，使债权人的利益受到更大保护，理论上来讲，在这种无限责任的压力下，企业更加注意企业信誉的维护，债权人利益有保障。四是税收单一，合伙企业缴纳个税而不缴纳企业所得税。五是管理灵活，在企业管理上，法律上没有要求必须设立什么样的机构来管理，基本由部分合伙人自行商量，管理组织相对灵活；除了一些非常重要的事项必须由全体合伙人同意外，日常的经营决策完全可以由部分合伙人决定。合伙企业的管理通常是委托其中一个或者几个合伙人来进行，但无论合伙企业怎么管理，合伙人都可以自由决策，法律上没有过多限制。这也是很多人选择合伙企业模式的重要原因。

（2）缺点。一是责任无限，普通合伙人应负无限连带责任。如，两个人一起开办合伙企业，分别投资了 10 万元，合伙企业对外负债 100 万元，合伙企业现有资产只有 30 万元，那就意味着企业还有 70 万元债务偿还不了，此时合伙人各自从自己的钱包里拿钱出来还，不是说各自只还 35 万元就了事，而是每个人都有责任还 70 万元，只不过某一个人多承担的部分可以在偿还债务之后按照合伙协议的约定找另外一个合伙人追偿。简单说，就是合伙企业不仅把所有合伙人的利益捆绑在一起，连带合伙人各自的个人财产也捆绑了进来。由于合伙企业的无限连带责任，对合伙人不是十分了解的人一般不宜入伙。即便以有限合伙的形式入伙，由于有限合伙人不能参与企业经营管理，这就造成有限合伙人对普通合伙人不信任，担心普通合伙人不尽心尽力经营管理；相反，普通合伙人在分红时，认为企业的经营管理都是自己完成，有限合伙人只投入一点资本就享受分红，又会感到"不公平"。因而，合伙企业做大做强很困难。二是普通合伙人责任追偿难。假设一个合伙人有能力清偿企业的全部债务，而其余合伙人没有偿还能力时，根据连带责任承担原则，这个有偿还能力的合伙人应该清偿企业全部债务。然而，如果自己偿还了债务，再去向其他合伙人追偿债款就非常不易。

3. 有限责任公司的优缺点

（1）优点。一是设立运营简便。有限公司成立程序比较简便，不必进行公告，也不用公布财务账目，特别是公司的资产负债表通常不公开，只需要在股东之间公布即可；公司内部各部门设置简单。二是准入门槛较低。除金融、保险、信托、证券、期货等特殊类型公司外，公司法对有限公司的注册资本额没有限制，出资的时间也没有具体规定，由股东自行约定，充分放宽了市场主体准入门槛，激发了市场活力，为公司设立释放了更大的自由空间。三是出资形式多样。股东可以货币、实物、土地使用权及知识产权等进行出资，不一定完全要求以货币进行出资。四是股东责任有限。在责任承担方面，股东以认缴出资为限对公司债务担责，股东对于自己的亏损可以预期，股东在经营中的潜在风险可控。

（2）缺点。一是资金规模有限。因不能公开发行股票，筹集资金范围较小，公司的资本金大多来源于股东筹集，而人数又少，难以适应大规模生产经营活动的需要。因而，有限公司一般适于中小型公司。二是潜在风险大。有限公司注册资本认缴制度下，法律放开了有限公司注册资本的要求，理论上"零"元可以设立有限公司，表面上看那些所谓的"皮包"公司、"空壳"公司被合法化，增加了市场交易的风险，尤其是对于外部交易主体而言，权益保障难以有效实现。三是治理结构复杂。一般情况下，稍大一点的公司都会设有股东会、董事会和监事会，小一点的公司也由执行董事（总经理）和 1 至 2 名监事行使职权，不像个体工商户、合伙企业、个人独资企业那么灵活，在运营管理上有较高的要求，规范化程度更强。四是成本较高。公司由于人员较多，组织结构复杂，管理成本高，效率低，尤其是大型公司的整体运行成本会更高。在税收成本方面，公司需要先缴企业所得税，完税后股东分红由股东缴纳个人所得税，股东的投资收益面临两次征税。

4. 股份有限公司的优缺点

（1）优点。一是融资快。股份有限公司可迅速汇集大量资本，可广泛聚集社会闲散资金形成资本，有利于公司的成长和规模扩大。二是有利于分散投资者的风险。股东人数的众多，且股权较为分散，即便公司出现经营亏损，分摊到各个股东身上，也不会特别影响股东的生存。三是社会监督透明化。由于股份公司具有"公开性"，股东的集合源于资本的投资属性，这就要求财务必须透明。

（2）缺点。一是设立的程序严格、复杂。尤其是采用公开募集资金的公司设立，程序更加复杂。二是股东缺乏责任感。股东的投资目的在于盈利，不太关注公司实际经营什么产品、产品质量如何等，公司承担何种社会责任也似乎不是股东的关注点，这就会形成股东的唯利是图心态，不利于公司社会责任的承担。三是小股东利益受损。由于股东人数较多，很多都是中小股东，且不参加公司的具体运营，大股东可能利用控制权优势侵害小股东的权益。

三　有限责任公司与股份有限公司的区别

鉴于目前市场主体中最为常见的为个体工商户和公司，个体工商户在前文已经有了较为全面的分析，在此不做赘述。而公司类主体又分为有限责任公司和股份有限公司两种，为了便于清晰了解两类公司的性质和差别，在此做详细阐述。我国《公司法》放开公司设立的条件后，新设立的公司越来越多，公司这一类主体已经逐渐成为市场主体的主流，尽管目前我国的个体工商户数量还很大，但做得较大的基本都是公司，下面对有限责任公司和股份有限公司的区别做一定介绍。

（一）合作的性质不同

有限责任公司是结合无限公司和股份有限公司两者的优点而产生的，它将人合性和资合性统一起来：一方面，它的股东以出资为限，享受权利，承担责任，具有资合的性质，与无限公司不同；另一方面，因其不公开招股，股东之间关系较密切，具有一定的人合性质，因而与股份有限公司又有区别。股份有限公司属于资合公司，成立的基础是公司的资本，不具有信誉、地位、声望等人身性质，股份有限公司的性质决定了股东不能以个人信用和劳务出资，这种资合性与有限责任公司的资合性程度不同。

（二）股东与股权不同

有限责任公司因具有相应的人合性，股东之间以一定的信任为基石，故而股东人数不宜过多，我国《公司法》对有限公司人数的规定是 1~50 人。对股份有限公司只有最低人数限定，没有上限限制。

另外，有限责任公司的股东只需按认缴的出资比例履行出资义务，便享受权利。股东的出资可以在股东之间相互转让，也可向股东以外的人转让；但由于人合性原因，决定了有限公司股权转让须受到严格限制。依据《公司法》的规定，转让必须由全体股东过半数同意；在同等条件下，其他股东有优先购买权。而股份有限公司的股份为等额股份，这是由股份有限公司广泛性、公开性和平等性的特点决定的。尤其是上市股份有限公司的股东持有公司的股票，股票的多少即代表股份数额的多少。对于股东来说，一方面股东持有的股票具有一定的经济价值，持有股票即代表着股东享有相应的权利并承担一定的义务，是一种法律意义上的资格；另一方面，股票可以自由转让，无论股票持有者是谁，持有者都能在法律允许的范围内自由转让。由于股份有限公司股票转让的自由度特别高，所以股份有限公司的市场活跃度及竞争性都强于有限责任公司。

（三）募资方式不同

有限责任公司仅能在股东之间募股集资，不能向股东以外的人公开募股集资，股东持有的出资证明书也与股份有限公司的股票有很大差别，出资证明书不能在市场上流通转让。有限责任公司募股集资的方式决定了其财务会计不必向社会公开。与有限责任公司不同，股份有限公司募集资本的形式是对外的，不管是发起设立或是募集设立，都需要在一定范围内公开或向社会公开募股集资的情况，这就需要将财务情况透明化。

四　选择市场主体的法律建议

商业人士或创业者应根据要做的业务类型、经营目的和经营规模等因素来决定市场主体的类型，通常而言，可从以下几点来考量。

（一）行业风险

有限责任公司明显对于控制投资人的风险是更有利的，而合伙企业、个人独资企业、个体工商户的投资人风险较大。风险较大的行业尽量避免选择个体工商户、个人独资企业、合伙企业。独资企业，要一人承担企业的亏损。合伙企业，如果合伙协议没有特别约定，利润和亏损由每个合伙人按相等的份额分享和承担，当出现风险时对外承担连带责任。有限责任公司和股份有限公司，公司的利润是按股东持有的股份、股票比例和股份种类分享的。对公司的亏损，股东个人不承担投资额以外的责任。

（二）行业类别

对于业务类型相对单一，经营风险较低、对经营管理灵活度要求较高的企业，采取非公司制的企业类型更为合适一些。比如，开设一家便利店，此时选择成立个体工商户会更适合。如果开设大型超市，此时选择成立有限公司会比较适合，如果超市不断壮大，不断在各地开连锁，需要引入更多的资金，也可以选择股份有限公司。

（三）资金规模

公司的营业利润在企业环节上课征企业所得税，个人投资者分红时需缴纳个人所得税，而合伙企业只在分红时向合伙人征收个人所得税，但因合伙人地域的不同会有所差异。合伙人中既有本国居民，又有外国居民，就出现了合伙企业的跨国税收现象，由于国籍的不同，税收将出现差异。企业规模的不同，税收政策也会有所差异。一般情况下，规模较大企业应选择股份有限公司，规模不大的企业，采用有限公司、合伙企业比较合适。因为，规模较大的企业需要资金多，筹资难度大，管理较为复杂，如采用合伙制形式运转比较困难。如果投资者尚有一些资本，但数额不够庞大，只想做点小规模的事业，或者想做较大规模的事业又受到多方面原因的约束，此时选择设立合伙企业或有限公司比较合适；随着事业不断壮大，经营效益也很好，资金需求量也越来越多，此时可以考虑股改或设立股份制公司；如果只想小范围经营或以个人信用背书来经营事业，成立个体工商户或个人独资企业都是比较好的选择。

（四）发展预期

如果想通过自己的声誉、信用来从事经营活动，则个体工商户、个人独资企业是比较适合的选择。由于既想运用自己的信用，又想引入更多的人参与投资，如私募股权基金，就可采用有限合伙制，除了减轻税务负担外，还会给普通合伙人一个好的激励机制。这样的制度让有能力的普通合伙人投入少量金钱、承担无限责任，更好地绑定自身目标和企业发展目标；

可吸引有限合伙人投入大量金钱、承担有限责任，在不干涉普通合伙人经营管理的同时，更放心地向合伙企业投入大量资本。如果只是想以所投资金为限承担责任，不想承担更大的经营风险，则成立有限公司较为合适。

第二节　如何选择合作伙伴

随着经济的不断发展，合作越来越占据重要的地位，合作的意义在于合作主体之间实现资源共享，实现最终双赢的局面。对于商业合作来说，宏观上可以分为两类，一是企业内部的合作，二是企业外部的合作。内部的合作，既有股东的合作也有同事之间的合作，上下级之间的合作等；外部的合作包括同业合作、异业合作等。不管哪一种，合作更能提高资源的利用率，节省各项成本，相互优势互补，加强综合竞争力。很多人和企业都在寻求合作伙伴，但是，找到一个好的合作伙伴不是一件简单的事情。一个人、一个企业单独去打拼的优势在于自主性强，需要协调的矛盾少，但是能力、资源、智慧等等都是非常有限的，很不利于企业的壮大。俗话说，一个好汉三个帮，说的就是人越多力量就越大、资源就越多，越多人的智慧加起来就越强，这样既能分摊经营成本，又能减小经营风险，还能相互商议。

一　合作伙伴概述

合作是指个人与个人、群体与群体之间为达到共同目的，彼此相互联合并配合行动的活动。联合的各方被称为合作伙伴，合作伙伴之间一般都有一致的目标、统一的认识和行为规范，相互信赖度高，合作气氛浓，并有一定的物质基础。

（一）商业合作的本质

每个人、每个企业都有自己的优势，即使是同业，生产、经营同样产品或服务，其优势也不完全相同，比如说产品，产品的互补性是合作的一个基础。因为一种产品的生产销售可以带动另一种产品的销售，在这种情况下，就可能形成互补的合作关系，可壮大一个企业的生产销售链。当一个企业发展到一定程度时，单靠自己的力量在短时期内难以突破时，也可能会寻找合作伙伴。

1. 商业合作的必要性

合作的最终目的都是为了更有效地从事经营活动，开发产品或市场，寻求更大的利益，增强企业的竞争实力，彼此合作的原因体现为下列几个方面。

（1）资源依赖的互补。个人或企业要在市场环境中获取所需的资源，这就需要寻找新的合作搭档，要认清自身的资源优劣，然后进行差异化选择，才有助于自身的长期发展。在商业活动中，选择股东、合伙人或者企业外部的合作伙伴，选择的对象可以是个人、个体工商户、合伙企业、公司等。新的合作伙伴加入后，整合关键资源的能力得到加强，能很快获取专业能手、新的技术或原有技术得到革新，管理经验、资金筹集等也能实现量变到质变转化等。

（2）核心能力的加强。不同主体的区别之处在于核心能力有所不同，只有自身具有某种竞争优势而其他主体不具有的情况下，这个主体才能在市场中立足。这种核心的竞争优势可能是某个主体的专业优势、资金优势、产品优势或资源优势等等，这些都是一个企业生存和发展壮大的命脉，具有不能替代性、稀缺性等特点，是区别于其他企业组织的致胜特点。但这一切都需要人的合作，个人没办法在各个领域、各个方面都做到极致，合作伙伴集体力量能提高企业组织的核心能力，把自己薄弱的领域交给精通这个领域的合作伙伴去完成，合作能有效降低商业运营成本，提高组织的工作效率。

（3）共同发展的选择。合作是提高各主体竞争能力或抵御风险能力的战略选择，合作的理由也有很多，不仅仅是因为资金的需求、某一种资源的需求或个人的角度的考量，合作更多是为了共同发展，优势互补，寻求超越个人薄弱能力的方式。

（4）相互学习的需要。合作建立可以让每个人或企业学习到新的知识，弥补各自的不足，如学习合作对象的新技术、新技能，然后通过创新来继续提高相应的技能，从而提升企业整体发展的优势，优化各自关键性资源，达到发展和壮大的最终目的。

（5）竞争增强的途径。个体的有限性需要突破自身的边界，不管是个体资金、能力、专业素养、产品质量、营销方案、商业格局等都需要超越自我，这就有必要建立合伙企业、组建公司、外部协作等构成新的合作体，增强竞争优势。如资金与资金的融合、企业经营管理知识的互补、资源的互补、能力的叠加等等，均可形成一加一大于二的优势。

2. 商业合作的意义

（1）增加企业及全体投资人的收益。通过合作，投资人可以利用合作伙伴的各方面优势，共同把企业做大。与此同时，全体投资人都能从中获得更多的收益。

（2）创造和开拓新市场。通过合作，可以创新企业发展，联手利用各自的优势，共同开拓一个市场。如果个人或企业不寻求新的合作伙伴，单靠原有的力量，有时是不可能开拓一个新领域或进军新市场的。

（3）加快产品开发的进程。当今的社会是一个竞争特别激烈的社会，市场的变化也非常迅速。一个市场机会的出现，很快会有许多企业来争夺。企业必须尽早地开发出满足这一市场机会的产品，否则企业就会被市场淘汰，为此企业必须加快产品开发的步伐。要加快产品开发的步伐，除了原来合作伙伴的努力，重要的一点就是新伙伴的加入，这也就是新的能力、资金和智慧的加入。

（4）成本减少与风险共担。现今企业产品和服务的研发、销售、生产和服务等经营活动越来越繁杂，企业花在经营方面的成本也越来越多，这样就增加了商业经营的风险，一旦决策失误或在经营过程中出现难以预测的情况，企业很可能遭受很大的损失，企业创始人或者单个的投资者很难经受住强烈的商业风险，新伙伴的加入，可以将研究开发和经营的费用、潜在的商业风险进行分摊，潜在的亏损也可进一步分散。

（5）促进资源的合理利用。在经济活动中，所有资源都不是源源不断、无穷无尽的，必须要根据经营的需要引入不同的差异化资源来弥补不足。因此，如何克服自身有限的能力和资源，发挥最大的效用对每一个主体都是必须加以考虑的现实问题。在竞争异常激烈的今天，通过新伙伴的选择与合作可以促进合作伙伴周边资源的有效联结，使各方资源能在企业中充分发挥优势互补之功效。

（二）合作伙伴的类型

了解合作伙伴的类型，再根据自身的商业目标，寻求一个好的合作伙伴，这样可以避免盲目选择合作伙伴从而实现合作的目标。

1. 合作伙伴的分类

（1）资金型。现金流是一个企业的命脉，这是大多数人选择合作伙伴的第一理由。现如今，中小企业的数量不断增多，在市场环境中不断崛起，但是，中小企业银行贷款非常难，企业的运营和发展所需要的资金主要依靠原有合作伙伴有限的出资或企业在艰难的市场环境中慢慢积累，或者向民间第三方借款。激烈的市场竞争中，很多行业在规模、质量和服务上的要求越来越高，规模小的企业无法获得竞争优势，成本不断加大，但利润却无法保障，这更加剧了企业对资金的需求。所以，在选择新的合作搭档时，选择资金型的合作伙伴成为很多人合企业的必然选择。

（2）技术型。商场战争中，光有钱是不够的，还需要一些懂管理、懂市场营销、懂专业技术的人。只有各方面的专业人才加入合作，合作成功的概率才会更大一些，尤其是在创业型企业当中。技术型人才是一个企业的中坚力量，他们不仅见多识广，受过正规化的训练和熏陶，专业能力较强，可引领企业发展。

（3）资源型。不同的人因为知识、能力和经验也不同，所掌握的社会资源有多有寡。有些人具有很好的客户关系，有些人有很好的社会关系，大家在一起合作，一个企业的优势就能完全体现出来。不同的企业因为财力、资质、规模等的不同，所掌握的社会资源也不同。一个人或企业，如果拥有很好的资源，当其他人或企业选择合作伙伴时就会首先想到与这些人或企业合作，目的就是利用好这些资源，提升自身实力。

（4）情感型。朋友之间、家人之间、同学之间等有一定情感基础的群体，长期的交往增加了彼此之间的了解，基于情感信任的角度，在选择合作搭档时，很多人也会考虑在亲戚朋友中间选择合作伙伴。尤其是创业型企业，在成立之初很多都会选择情感型的合作伙伴一起打拼。

2. 合作伙伴的法律分类

（1）自然人。如果一个人有钱、有技术或者有各方面的资源，那么他必然会成为别人选择合作伙伴时的对象；自然人合作有灵活性强的特点，在选择合作方式以及退出方式等方面都有很强的灵活性。

（2）法人。企业作为完全民事行为能力主体，有独立承担责任的能力，能有效减少投资者的责任。一个企业能在剧烈的市场环境中立足，那么这个企业必然有它的优势，比如资金的优势、资源的优势或是团队的优势。

（3）其他社会组织。如社团组织、群众性组织及其他社会组织等，这些社会组织在资源、人才方面都具有一定的优势。在掌握国家政策、发展动向等方面都能充分发挥企业发展所需的作用。但与这一类伙伴之间的合作和自然人之间的合作是不同的，这类合作伙伴主要存在于一些外围的合作，很难形成内部的"命运共同体"。

二　不同市场主体的合作特点

企业的经营决策取决于市场，决策是用来应对市场需求的。企业是否选择合作伙伴也需要对市场进行前期调研与分析，并结合自身业务现状分析。为什么要选择合作伙伴，选择什么样的合作伙伴，需要立足自身，贴合市场需求，以便更好地立足市场，促进企业发展。寻求新的合作伙伴要分析市场需求和自身的实际，一要根据个体与企业现有的需求，确定是否需要新合作伙伴的加入，是需要新合作伙伴的资金、技术还是其他资源；二要结合内外部资源及环境分析，清晰确定业务类型和发展目标，合作伙伴的加入是否会带来"新气象"等；三要确定根据合作的范围、方式及合作进入、退出机制等来确定具体的合作伙伴。

（一）个体工商户的合作特点

个体工商户因为规模较小，一般不会寻找合作伙伴，最多就是招聘员工参与经营。但一定程度上来讲，招聘的员工也属于一种合作伙伴，且与这种合作伙伴的关系也很密切。个体工商户招聘员工一般只需要看能否认真做事，看是否遵守经营规则，很少需要员工参与决策、投入资金等，经营者的需求基本就是员工能保持长期稳定，不轻易跳槽，踏实工作即可。

（二）个人独资企业的合作特点

我国的个人独资企业与个体工商户和公司制企业相比，数量偏少。结合个人独资企业的特点，不难发现其与个体工商户存在很多相同之处，比如二者都无法人资格，都可以由自然人成立，责任都由自然人承担等。但是从规模来说，相比个体工商户，个人独资企业的经营规模较大，举办者几乎不选择内部投资人合作，因为一旦选择新伙伴加入，个人独资企业的性质就发生了变化，即变为合伙企业；所以，一般选择合作伙伴都是担任企业的管理人员或者普通员工。在选择合作伙伴时，除了考虑内部员工能保持长期稳定外，个人独资企业也会委托或聘用他人负责企业的事务管理，以下因素往往会成为个人独资企业选择合作伙伴的要求。

1. 管理能力

不同于普通员工，对于管理者，除了要求一定或匹配的业务能力及知识外，还要有团队或组织管理能力。企业在不同发展阶段，不同管理岗位要求的侧重点有所不同。例如对于初创企业，因不需要太多的管理，企业可能侧重于选择业务能力强的管理者，从而尽快开拓市场，站稳脚跟；对于负责研发等技术类管理岗位，企业通常会侧重于业务、技术能力强的人做管理者。而当企业发展到管理跟不上或需要变革时，各方面协调管理能力强的人通常会被优先选择。

2. 履约能力

一般在选择合作伙伴担任管理或者作为普通员工履行工作职责时，都会签订相应的协议，约定因管理或履行职责导致企业损失要负赔偿责任，但是当企业真正受到损失时，对企业的打击无疑是致命的。比如，管理人擅自用企业财产为他人提供担保、擅自从事与独资企业相竞争的经营活动、擅自同独资企业签订合同或交易、擅自转让企业商标或知识产权的使用权等，只要有一种行为发生，对企业的影响无疑是深远的。所以，对于个人独资企业来说，选择遵守契约的合作伙伴至关重要。

（三）合伙企业的合作特点

合伙企业的合伙人有着重要的信任基础，不仅仅在于资金的联合，更多在于彼此间的价值认同，所以合伙企业中合作伙伴的选择一定要十分谨慎。

1. 合作认同

多数拥有资金、技术等资源的人都苦于找不到合适的搭档，因此单一的资源拥有者需要将自己的资源优势与他人的资源相结合以弥补自己的资源不足。如果创业者已经拥有了全部资源，一般不会选择合作伙伴，现实中都是因为自身缺少部分资源而不得不找其他资源拥有者来弥补自身的不足，寻求合作认同者一起创业起航。

2. 资金来源

创业或企业运营都需要相应的资金支持，现金流是每一个企业生存和发展壮大的保证。企业只有获得足够的资金支持，才能走得更稳更远，合作者之间的合作如果有人没有付出真金白银，深入合作的投入度是很难保证的。企业运营成本越高，对资金提供者的要求就越高。资金提供者的财力雄厚程度往往会影响企业生产能力和对资源的利用率。创业和经营都需要投入很多成本，在选择合作伙伴时，投资者一般会选择有共同目标、同舟共济的合作对象来一起创业、经营，从资金方面来衡量一般是出于以下三种考虑：一是有些创业者或企业经营者掌握着很多项目，但是要让项目运营起来需要大量的资金投入，在寻求合作伙伴时，这类人一般会考虑与手握大量资金的对象进行合作；二是部分创业者或企业经营者手中有少量的资金，但不足以支撑整个项目的运营投入，此时为避免项目的中断，也需要选择手握大量资金的投资者进行合作，以弥补资金缺口；三是投资者本身拥有大量的资金，但考虑到项目运营的风险，避免所有资金全部投到同一项目后长期无法回报的潜在风险，投资者一般会选择引入新的合作对象，以达到风险分散，减轻自身的投资压力。

3. 能力匹配

一起创业或经营企业，每个人都希望创业能够成功，都希望企业发展得好，所以，在选择合作伙伴时，每个人的能力都是创业团队首先要考虑的问题。人的能力强弱不同，能力强的合作伙伴对于企业来说是宝贵的财富，例如应急处理的经验、管理企业的经验、公关能力等都是经营企业过程中必备的个人能力。在选择合作伙伴时，能否选择具备一定管理能力、执行事务能力等的合作者，往往会影响合作后资源整合的程度及合作的结果。

（四）有限责任公司的合作特点

有限责任公司具有资合性与人合性的特点，所以，股东选择合作伙伴既要考虑资金的需求，还要考虑合作伙伴本身具有的专业能力、管理经验及其他资源优势等。

1. 资金需求

资金一直以来都是各类企业在运营及发展中的一个突出问题，资金投入多，利润空间就可能大。企业各环节的运营都需要资金投入，比如产品、服务、人力资源、运输、仓储等各方面随着市场竞争的加大，投入的资金也逐渐增大，就会给创办者带来巨大压力。为了减少资金筹集的压力，就要选择有一定资金实力的合作伙伴加入，一方面是加大资金投入，另一方面是减少单个投资者经营带来的风险。

2. 管理需求

企业产品或服务的经营管理决定选择合作伙伴时要根据现实情况具备相应的管理能力，以保证有合作伙伴负责产品、服务、企业运营的各项管理工作。企业高管一般在企业中担任重要职务，履行重要职责，主要负责企业日常管理运营。企业对高管的管理能力一般有较强的要求，主要体现为高管是否有丰富的学识、先进的管理理念、科学的管理方法、认真负责的态度、特殊专业的技能等方面。有限责任公司的高管一般都在合作伙伴中产生，管理能力弱的股东一般不会被选或被聘为高管。另外，一个企业的管理人员数目设置是否合理、管理人员平均素质如何、管理人员是否具备基本的管理技能等都是决定企业管理水平的关键。为此，选择合作伙伴尤其是核心伙伴要考虑管理能力是否匹配企业发展之需。

3. 文化水平

现代企业管理中，文化水平也成为选择合作伙伴的重要标准之一。在当前市场环境中，企业内部对合作者文化水平的要求越来越高，比如一个企业应用先进的信息化管理系统都需要有专业知识的支撑。在选择合作伙伴时，这些有专业知识的人在一定程度上能降低企业的经营成本。

4. 业务能力

任何企业的发展都离不开业务的支撑，没有业务就没有业绩，业务能力是企业生存的生命线，特别是在当前供给过剩的大环境下，业务能力显得尤为重要。业务能力的核心在于销售，销售是指企业输出产品的能力，业务的提升主要在于企业是否有营销能力强的合作伙伴，通过他们的营销形成较为稳定的客户渠道，这就要求合作伙伴中要有具备此方面能力的人员，为企业有效建立内外部营销渠道，如打通代理商、经销商、分销商等网格化销售渠道，产品能通过这些渠道到达最终消费端。

（五）股份有限公司的合作特点

由于股份有限公司的"资合性"特点，决定了选择合作伙伴时主要考虑资金实力雄厚的对象，资金拥有者可以充分发挥其优势促进公司的发展，为公司在发展规模扩大、技术研发、营销拓展等领域都带来直接的帮助。当然，选择有资金实力的同时，也要关注其是否还具备其他资源，若还有，一定是更优的人选，也许其能带来更多的渠道价值、技术提升、人才融通等。

三 选择合作伙伴的法律建议

（一）选择合作伙伴的原则

合作伙伴的选择因合作需求方各自情况的不同而表现出不同的差异，不管差异性有多大，一定要遵循普遍性的原则。一般来说，选择合作搭档可以遵循如下的原则：

1. 最佳业务原则

选择合作伙伴，很重要的原因是企业想把主要精力集中在主要业务上，提高企业在市场环境中与他人竞争的优势，抢占更多的市场份额。所以，选择合作伙伴不仅是为了完善丰富自身的实力，多一个方面的资源，也是为了有更多的资金、更好的技术、更科学的管理等去举众人之力巩固企业的主要业务，为市场提供更完善更优质的服务，稳固客户群体，从而发展更多的客户。所以，应从合作伙伴是否能提升企业的主要业务方面去考量。

2. 最小风险原则

选择合适的合作伙伴是为了整合双方优势，紧密合作，达到共赢，建立长期合作，实现高效、长远的发展。通过研发优质的产品及优化服务，赢得客户信赖，促进企业发展，如果合作伙伴不能胜任工作要求或各方面技术、能力、资金等不能与企业要求相匹配，必然导致企业发展受限，客户意见增大，合作机会减少，使得企业缓慢不前，甚至损失严重。所以，应从风险方面对选择的对象进行衡量和比较。

3. 最低成本原则

合作伙伴的选择重点在于起到"1+1>2"的效果，要考虑由合作伙伴所带来的价值增量，如果合作伙伴的加入只会给企业带来负担，不能减少企业支出的成本，合作就失去本身的价值和意义。

4. 最利客户原则

选择合作伙伴的目的在于为企业发展提升综合实力，而其中重要的要点在于是否满足企业客户的需求、增加客户数量、提升客户满意度等，为此，合作伙伴的选择要对其自身的资金、专业、资源等优势做综合考量，一旦合作伙伴满足企业弱项填补的需求，就可以吸纳为合作伙伴。

5. 最优选择原则

人们在选择合作伙伴时，往往会先考虑自己所处"圈子"中的人选。有些人或企业的圈子较小，可能圈子中没有与自己所需的资源匹配或者是适合合作创业的伙伴，但也会碍于"面子"而选择"圈子"中的对象进行合作。这种盲目排外的做法不仅会失去最佳合作伙伴，还会增加商业风险。因此，选择合作伙伴时，不应过分局限在自己的小"圈子"中，应当了解更多圈子外的合作者，寻找是否有适合一起合作或者能够为企业带来效益的合作伙伴。

（二）合作内容的法律固化

企业的日常运营活动需要合作伙伴遵守共同的制度规范，在合作过程中，持续有效的合作需要制度来引领和规范。合作对象虽然是商业伙伴，但每个人愿意合作的目的都是为了寻求更大的个人利益。所以，为了避免风险，需要固化各方权利义务，合作各方需要重点考虑以下几个方面。

1. 签订契约

规范的合同从一定程度上能很好地规避合作各方在合作过程中产生纠纷。先小人后君子，达成合作意向后，一定要通过协议的方式把商定好的内容固定下来，并达到清晰明确。

2. 明晰权责利

每个人都会有一定的私心，可能会为寻求个人利益而损害企业或他人的利益，个人独资企业的管理者、合伙企业的合伙人、有限公司的股东等也不例外。因此，合作各方对权和利的分配及责任划分的明晰程度，直接影响着日常经营管理协调的有序性。

3. 完善制度

合作之初企业管理制度的建立与流程的逐渐完善对于合作成功并持续发展有着重要的意义。在我国，企业的寿命平均为三到五年，"短命"的原因多种多样，但合作伙伴之间的纠纷和摩擦是企业快速"垮塌"的重要因素之一。企业的各项经营管理制度应在合作之初逐渐建立和完善，避免企业在发展壮大的过程中受到严重阻碍。

第三节 如何设置股权结构

股权是股东投资设立公司的外在体现，股东所有的投资目的都是通过股权来实现。公司的实际控制和日常经营决策由持有股权的股东或者授权代表来完成，占有股权的多少决定了在公司中享有的"话语权"，股东之间的股权结构也关乎公司的稳定性。所以，股权的比例设置是每一家公司必须考量的内容，也是每一个投资者特别应予关注的重点。

一 股权的价值及其应用

（一）股权的含义

1. 股权的概念

广义上，股权是指具有股东身份的投资者向所在公司主张的各项权利；狭义上，股权即仅指股东因股东资格享有的，从公司获取收益并参与公司经营管理的权利。通俗来讲，股权就是指投资人由于出资到公司、合伙企业等而享有的权利，如向法人投资，股东在享有权利的时候，也要在认缴或实缴的范围内承担有限责任；而向合伙企业投资，投资者则要承担无限责任。可以看出，投资设立不同的市场主体，尽管都体现为股权，但不同市场主体中的股权内容存在区别：

（1）公司的股权内容。股东有只以投资额为限承担民事责任的权利；股东有参与制定和修改法人章程的权利；股东有自己出任法人管理者或决定法人管理者人选的权利；有参与股东会（股东大会），决定法人重大事宜的权利；有从企业法人分取红利的权利；有依法转让股权的权利；有在法人终止后收回剩余财产等权利。

（2）合伙企业的股权内容。合伙人除不享有"有限责任"外，其他内容与向法人投资的股权类似，合伙企业的财产权源于投资财产的所有权。投资人的投资目的是为了盈利，是将个人财产交给企业经营，以此承担民事责任，而不是将财产拱手送给了企业。所以，法人财产权和合伙企业的财产权是投资人授予的权利，具有有限性。授出的权利是企业的财产权；

保留在投资人手中的权利和由此派生出的权利就是股权,两者都是不完整的所有权。企业的财产权主要体现投资财产所有权的外在形式,股权则是代表投资财产所有权的核心内容。

2. 股权的性质

由于合伙企业中的投资人不管股权比例有多大,投资人都是承担无限连带责任。在我国,公司主要分为有限责任公司和股份有限公司,上市的股份有限公司中的股权通常以股票形式体现出来,股票可以自由流通。为此,本节所指的股权,主要是有限责任公司的股权。一般来说,有限责任公司股东享有的权利,主要有以下两方面的特性:

(1)自益性。即股东基于自己的出资而享受利益,如获得股息红利,公司解散时分配财产以及不同意其他股东转让出资额时的优先受让权,这是股东为了自己的利益而行使的权利,具有典型的自益性。

(2)共益性。即股东因股东资格而享有的参与公司经营管理的特性,股东为了公司利益,同时兼为自己利益行使权利。实务中,股东参与制定和修改公司章程、参加股东会议并行使表决权、选举和被选举为董事监事、行使瑕疵决议撤销权、查阅股东会议记录和公司财务会计报告等,既体现为自身利益而行使权利,也是为了公司的整体发展而行使权利。

3. 股权的内容

股权的内容分散于《公司法》、《证券法》等法律法规中。具体而言,可以对权利做以下归纳:

(1)股东(大)会召集权、参加权和投票表决权。《公司法》规定,有限责任公司的首次股东会会议由出资最多的股东召集和主持。同时还规定,代表十分之一以上表决权的股东,三分之一以上的董事,监事会或者不设监事会的公司的监事可以提议召开临时会议。在股份有限公司中,当董事会不能履行或者不履行召集股东大会会议职责时,监事会应当及时召集和主持;监事会不召集和主持的,连续九十日以上单独或者合计持有公司百分之十以上股份的股东可以自行召集和主持。除公司章程有特别约定外,有限责任公司的股东根据所持股权的比例行使表决权;股份有限公司中,股东依照自己的股份行使表决权,所持每一股份有一表决权,自己亲自行使表决权或可以委托代理人出席股东大会。

(2)股份转让权。有限责任公司的股东可以较为自由地行使该权利,将自己持有的股权转让给其他股东，当其他股东一定期限内不受让的，可以转让给公司以外的第三人；上市公司的股东所持有股权是以股票的形式体现出来，股东持有的股票在证券交易所交易，但应遵守相应法律和法规的规定。

（3）新股认购权或优先购买权。有限责任公司的股东对其他股东转让的股权有优先受让权；股份有限公司经营状况良好，有稳定的盈利记录，预期利润率可达同期银行存款利率等时可以发行新股；股份有限公司发行新股时，由股东大会对公司向原有股东发行新股的种类、数额等事项做出决议。

（4）重大决策和选择管理者的权利。股东投资的目的在于通过公司盈利而自身分取红利，股东基于投资对公司合并、分立、增减资、对外担保等事项享有决定权，也有选择专业人士管理公司的权利。这些权利在有限责任公司中能比较容易实现；在股份有限公司中只能通过参加股东大会由全体股东共同行使，包括决定公司的经营方针和投资计划、选举和更换董事、决定有关董事的报酬事项、通过和修改公司章程等。

（5）其他较为重要的股权权利。股利分配请求权，它是股东权益的核心，分配既可以是现金，也可以是分红股等其他形式。监督权，是股东通过选举监事或自己担任监事的形式行使对公司的一切活动进行监督的权利，如质询权为监督权的核心，而且该质询权不可由公司章程进行剥夺或限制。账簿查阅权和违法行为阻止权，《公司法》规定，股东有权查询公司章程、股东会会议记录和财务会计报告，对公司的经营提出建议或者质询等；如果发现股东（大）会、董事会的决议违反法律、行政法规，侵犯股东合法权益的，股东有权向人民法院提起要求停止该违法行为和侵害行为的诉讼。公司真相知情权，股东作为公司的投资人，有权知晓公司实际经营情况，尤其是作为公众公司的上市公司，其经营情况和重大信息必须按照法律规定定期对外公布，这些对外公布的信息必须真实、准确、完整。账户受保密的权利，股东的权利属于私权利范畴，无论所投资的对象是普通非上市公司还是上市股份有限公司，任何人都应该为其提供保密；获得司法救济和民事赔偿的权利，当股东的合法权益受到侵害时，股东可以也应当根据法律的规定，向有管辖权的人民法院提起诉讼，要求侵权人给予赔偿，维护自身的合法权益。

（二）股权的价值

通俗来讲，股权价值就是股东依照其投资所享有法律所规定的一系列权益。如甲乙丙三个朋友打算一起创立一个餐饮管理公司，甲方出资 10 万元，乙丙两方各出资 5 万元，在三方没有特殊约定的情况下，甲方占 50% 股权，乙丙两方各占 25% 股权。当公司盈利时，甲可以分得利润的 50%，乙丙各 25%；当公司亏损时，甲承担 50%，乙丙各承担 25%；如果在公司事项需要决策时，甲方发表意见占比权重为 50%，乙丙各占 25%。可见，股东基于投资享有比例分红权和决策权，但当公司亏损时，也要依照比例承担对等责任。归纳而言，股权有如下价值：

1. 分红价值

在金融圈流传着这样一句话：人无股权不富。还有一种预言，未来的富翁都是来自股权投资。由此可见，股权投资是当今最赚钱、盈利能力最强的一种投资模式。随着居民投资渠道的不断拓宽，很多人会想到股权投资，股权投资一旦投资对象经营得好，投资回报率特别高，有一些股权一旦上市可达几十倍的回报。

一家初创型的企业就如一颗种子，当这颗种子长成参天大树时，其经营规模就会几十倍、几百倍地增长。如阿里巴巴、腾讯等知名企业，创业时只不过几十万元，上市后变成了市值上千亿的公司。随着资本经济时代的到来，很多人都意识到赚钱不再是靠存钱，而是靠投资。企业只有用钱赚钱，才能让财富快速倍增。因为企业通常是财富增长最快的地方，所以投资人将资金放进企业，财富才可能成倍增长，这就是股权的分红价值所在。

2. 决策价值

股权不仅会带来分红和盈利，与此同时，还代表着在公司享有的表决权和决策权，即股东在所投资的公司享有发表意见和决策事项的权利。《公司法》中的表决权其实就是股东的议决权，主要指股东因股东身份享有的就股东（大）会的议案做出意思表示的权利。股东表决权与股利分配请求权一样，属于股东权的核心内容。但需要注意的是，公司法中的表决权与股权不完全等同，如《公司法》中规定，股东会会议做出修改公司章程、增加或者减少注册资本的决议，以及公司合并、分立、解散或者变更公司形式的决议，必须经代表三分之二以上表决权的股东通过。这些决议必须经全部股东中三分之二以上的有表决权的股东通过，还不是经代表三分之二以上股权的股东通过，所以表决权不完全等于股权。

3. 其他价值

股权的重点含义主要体现在"权"字上，也就是说，股权的核心价值也在"权"上，分红权、表决权都是直接的现实体现。通常情况下，同比例的投资享有同比例的股权，但《公司法》中也允许同股不同权的存在，也就是说，这些股权上承载的分红以及表决可以通过约定的方式出现不同的权力比重。

（1）"分红"同股不同权。《公司法》规定，股东按照实缴的出资比例分取红利；公司新增资本时，股东有权优先按照实缴的出资比例认缴出资。但是，全体股东约定不按照出资比例分取红利或者不按照出资比例优先认缴出资的除外。同时，《公司法》还对利润的分红有特别规定，公司弥补亏损和提取公积金后所余税后利润，有限责任公司依照比例规定分配；股份有限公司按照股东持有的股份比例分配，但股份有限公司章程规定不按持股比例分配的除外。也就是说，股东可以约定不按照出资比例分红，也可以在增资时不按照出资比例认缴出资，"同股不同权"是股东意思自治的充分表现。虽然公司财产和股东财产是分离的，但现实中由于不同股东对公司的贡献有所差异，公司的经营状况不一定完全与投资的多少成正相关性，股东各自的能力、控制资源等都可以起到重要作用，所以，应当允许同股不同权的存在。同股不同权不仅合法，而且是契约自由这一私法基本原则在公司法上的典型体现，只是对于股份有限公司这种具有公众性质的特殊企业来说，需要在章程中明确规定。对于有限责任公司是否同股不同权完全是股东意思自治的范畴。

（2）"表决"同股不同权。股东会会议由股东按照出资比例行使表决权，但是，公司章程另有规定的除外。显然，在有限责任公司中，股东按照出资比例行使表决权是法定意义下的常态，但我国公司法允许有限责任公司章程对此做出不同的规定，而且章程规定优先于法定。这一点正是有限责任公司人合性和股东意思自治的充分体现。需要关注的是，有限责任公司股东表决权按照股东认缴出资比例确定，而分红权中是依据实缴出资比例；在有限责任公司中，股东之间完全可以通过公司章程的条款设置在表决权上实现"同股不同权",如张三和李四两个股东在公司各持有 50%股权,但两人完全可以通过公司章程规定张三拥有公司 100%的投票权,而李四并不享有任何投票权。

(3)股份有限公司的表决权。我国公司法对于股份有限公司实行的是"同股同权"的基本原则。2018 年 9 月,国务院发布《关于推动创新创业高质量发展打造"双创"升级版的意见》(国发【2018】32 号)第 26 条提出:允许科技企业实行"同股不同权"治理结构,这为科技型企业实施"同股不同权"做出了原则性的许可规定。2019 年 1 月,证监会发布了《关于在上海证券交易所设立科创板并试点注册制的实施意见》,第五条明确提出允许科技创新企业发行具有特别表决权的类别股份,每一特别表决权股份拥有的表决权,大于每一普通股份拥有的表决权数量,其他股东权利与普通股份相同。特别表决权股份一经转让,应当恢复至与普通股份同等的表决权。

二 常见畸形股权结构的表现形式

股权结构是公司治理结构的基础,公司治理结构则是股权结构的具体运行形式。每个公司都有自己的组织结构与治理结构,这是由不同的股权结构决定的,最终也决定了企业的行为和绩效。然而,股权结构并不是一成不变的,随着社会经济环境及技术的发展变化,股权结构也应及时进行调整及塑造,因此,公司选择或调整合适的股权结构以及股权结构的设置对公司未来发展具有重要意义。

股权结构设置主要由出资人的出资比例确定,但在最初设立公司时都会有各方洽谈出资份额的过程。在股权比例设置时更多要考虑公司由谁享有控制权?各方的收益比例如何均衡?当股东之间发生争执时,能否有效决策?但现实中,很多股权结构设置不合理,导致某些股东权利受到损害,甚至影响到公司的经营决策和发展。常见的不合理股权结构有以下几种:

(一)股权结构过度平均

一些公司股东之间的股权比例相当接近,甚至过于平均,在设立公司过程中,任何一方都不具有绝对的强势,而是基于各方股东的私人感情或者投入资金相差不大设置均衡的股权比例。如某有限责任公司,只有两个股东，双方各占50%的股权。按照公司法规定，股东会决议需要过半数的表决权股东同意才有效，若在经营过程中两个股东因为某些原因导致争议，双方互不同意对方的提议，导致公司无法形成任何决议，经营则不能正常进行。再如，某有限责任公司，有股东三人，甲、乙两名股东各占45%的股份，丙占10%的股份。按照公司法规定，股东会决议需要超过半数的表决权股东同意才有效。甲、乙一旦意见不同，则丙支持哪一方，哪一方的意见就能够形成有效决议。甲、乙发现这一情况后，都有意拉拢丙，最终结果是丙实质上控制了公司的发展走向。

上面两个案例所产生的问题并不相同，但同样可能损害公司利益。前一种情形形成了股东僵局；后一种情形导致了公司控制权与利益索取权的失衡。股东所占股份的比例，多数情况下会在分红时起到重要作用，并不代表对公司的运营能产生影响。相反，假设比较零散的决策权，总是掌握在某一个股东手里时，可能会带来某些私人利益的输送。股东从公司能够获得的收益要根据其所占股份来确定，股份越多其收益索取权越大，就应当有对应的控制权。当公司的控制权交给了股权比例较小的股东，其收益索取权很少，必然其会想办法利用自己的控制权扩大自己的额外利益。这种滥用控制权的法律风险非常巨大，对公司和其他股东的利益都有严重的损害。

（二）股权结构过度集中

在实践中，有不少公司有一个主要的出资人，为了规避我国法律对于一人公司的严格约束，通常会寻找其他小股东共同设立公司。在这种情况下，大股东拥有公司的绝对多数股份，难免出现公司股权过度集中的情况。

一股独大的公司，董事会、监事会和其他股东会形同虚设，大股东绝对控制公司问题凸显，企业进入"一言堂"管理模式，公司缺乏制衡机制，决策失误的可能性也会增加，企业潜在的风险也随之增大。一旦大股东出现特殊情况，如意外死亡或被刑事关押等，直接导致企业无法正常经营决策。另外，一股独大导致企业的任何经营决策都必须通过大股东进行，其他小股东逐渐丧失参与公司经营管理的热情，企业经营缺乏活力。

股权过度集中，不仅对公司小股东的利益保护不利，对公司的长期发展不利，而且对大股东本身也存在不利。一方面，由于绝对控股，企业行为很容易与大股东个人行为混同，很大程度上，大股东将承担更多的企业行为产生的不利后果；另一方面，大股东因特殊情况暂时无法处理公司事务时，将产生小股东争夺控制权的不利局面，给企业造成的损害无法估量。

（三）股权结构过度分散

股份分散是现代公司的基本特征，在这种情况下，股东如何实现对公司的控制权就显得尤为重要。一些公司的股权形成了多数股东平均持有低额股权，形成了股权相对平均的畸形格局，比如单个股东的股权比例都在10%以下。在众多平均的小股东构成的股权设置结构中，由于缺乏具有相对控制力的股东，各小股东从公司的利益索取权有限，参与管理热情不高，公司的实际经营管理通过职业经理人或管理层完成，公司管理环节缺失股东的有效监督，管理层危机问题较为严重。另外，大量的小股东在股东会中相互制约，要想通过公司决议必须通过复杂的投票和相互的争吵，公司决策过程中，大量的精力和能量消耗在股东之间的博弈活动中，使公司决策变得异常复杂。

（四）特殊股权处理不当

1. 夫妻股权

实践中，夫妻投资成立一个公司，该种情况多存在于民营企业。许多民营企业在创业之初即为夫妻共同打天下，公司注册为夫妻两人所有。一些投资人创办企业为了避免一人有限责任公司的弊端，但又对外部人信任度不够，所以，将夫妻两人共同注册为公司的股东，实际由一人经营，这种公司股权结构，如从有限责任公司"人合性"的角度来讲，意见比较容易统一，具备一定优势，不易出现公司管理僵局。但是，由于《婚姻法》中关于法定夫妻财产制的规定，导致这种股权结构必然产生两位股东的财产构成不可分割的整体，最终依然是一种实质上的单一主体。

夫妻公司经营管理活动不规范则存在法人人格被否定的法律风险。实践中，夫妻公司往往与家庭并无实质分别，尤其是财产上混为一体。因夫妻公司引发的法人资格否定的纠纷，主要体现在公司债权人要求偿还债务和夫妻离婚诉讼两种情况。一旦出现诉讼，夫妻二人股权结构很容易被法院认定为公司股东滥用公司法人独立地位和股东的有限责任逃避债务，严重损害公司债权人利益，并据此判决夫妻二人承担无限连带责任。

夫妻对公司债务承担连带责任的后果，导致家庭财产也可能会拿出来承担债务赔偿责任。一旦经营失败，对家庭生活的影响很严重，因此，夫妻股东的风险不容忽视。如果双方之间存在共同财产关系，不管是夫妻共有、家庭共有，还是其他共有关系，在进行投资之前，最好采用法定方式将共同财产予以分割，将财产先分割到各自名下再出资设立公司。另外，夫妻股权不管如何设置，最好在表决权上采用同股不同权模式，在经营过程中，以某一方的意见为准，以防出现公司员工不知听取哪一方指挥的尴尬局面。

2. 代持股权

有的家族企业喜欢让家族成员在登记机关注册成股东，但这些注册的股东没有实际出资，真正的股东以及管理者却没有任何注册的痕迹，出现显名股东和隐名股东，一旦出现家庭矛盾或发生道德危机，显名股东将股权处分，或者违背隐名股东意愿表决公司事务，均会产生法律纠纷。另外，有些行业由于国家对股东资格要进行审查或审批，如外资企业、国有股的股权问题发生变化也都要进行审批，一些股东为了绕开这些规定，就找人代持，自己当隐名股东，这样的持股情况存在被法律认定为无效的风险。

再有，有些公司在设立时采取干股、送股或者股权激励的方式留住人才，但设置不是很规范，所谓的干股、送股和激励股都不在相关人员的名下，一旦发生变故，干股是否有效？赠送股权还是股权转让？股东资格什么时候生效等等问题都容易产生分歧。现实中，有的企业在国企改制、非上市公司向职工募股，基于法律上对股东人数的限制，往往不对入股的职工进行注册登记，由他人代持，或通过职工持股会、股权信托等方式找人代持，一旦代持的股东不遵守约定，或者大股东不认可代持身份，纠纷就会不可避免地发生。

三 股权结构中的关键线

在股权结构设计实践中，常有"股权生命线"的说法，可见股权结构在公司经营管理中举足轻重，不同的股权比例意味着享有不同的权利，根据《公司法》、《证券法》的相关规定，下面归纳总结几点：

（一） 股权控制线

1. 绝对控制线

《公司法》规定，一些重大事项需要多数表决权通过才能行使，如关于公司的增减资、修改公司章程、公司分立合并、解散或者变更公司形式，必须经代表⅔以上表决权的股东通过。该规定就意味着⅔是一条重要的"生命线"，达到这个比例，即享有对公司的绝对控制，这一绝对控制权既适用于有限责任公司的股东会，也适用于股份有限公司的股东大会。⅔含本数，绝对控制线为 67% 不确切，⅔以上也可以是 66.7%、66.67% 等；需要注意的是，《公司法》也有"但书"陷阱，即公司章程可以约定股东会是否按照出资比例行使表决权，如果约定为否，67% 的绝对控制线也就失去了相应的意义。

2. 相对控制线

该条控制线主要是一些简单事项的决策，如聘请独立董事、选举董事、董事长、聘请审议机构、聘请会计师事务所、聘请/解聘总经理等，股东会要对此做出决议，必须经出席会议的股东所持表决权过半数通过。需要明确的是，根据公司法的规定，只有股份有限公司中的过半数表决条款，并未明确规定有限责任股东会普通决议的程序，允许股东们自行通过章程确定。另外，在自由约定时须注意明确"股东人数过半数"还是"股东所持表决权过半数"，两种不同的表达，意思截然不一样。

3. 安全控制线

通常情况下，股东持股比例在⅓以上，而且没有其他股东的股份与之冲突，可以称作否决性控股，具有一票否决权。此条"生命线"与绝对控制线相对，⅔以上表决权通过关于公司生死存亡的事宜，那么如果其中一个股东持有超过⅓的股权，那么另一方就无法达到⅔以上表决权，那些生死存亡的事宜就无法通过，这样就控制了生命线，因而表述为安全控制线；但是，所谓一票否决只是相对于生死存亡的事宜，对其他仅需过半数以上通过的事宜，无法否决；同理，33.4%、33.34% 等均可作为"安全控制线"。

（二） 要约收购线

《证券法》规定，通过证券交易所的证券交易，投资者持有或者通过协议、其他安排与他人共同持有一个上市公司已发行的股份达到 30% 时，继续进行收购的，应当依法向该上市公司所有股东发出收购上市公司全部或者部分股份的要约。通过证券交易所的证券交易，收购人持有一个上市公司的股份达到该公司已发行股份的 30% 时，继续增持股份的，应当采取要约方式进行，发出全面要约或者部分要约。本条"生命线"适用于特定条件下的上市公司股权收购，不适用于有限责任公司和未上市的股份有限公司。收购上市公司有协议收购和要约收购两种方式，后者更加市场化。与协议收购相比，要约收购要经过较多的环节，操作程序比较繁杂，收购方的收购成本较高；收购要约的期限届满，收购人持有的被收购上市公司的股份数达到该公司已发行的股份总数的 75% 以上的，该上市公司的股票应当在证券交易所终止上市。

（三）临时提案线

1. 临时会议权"线"

该条线的法律依据为《公司法》第 39 条，代表 1/10 以上表决权的股东，1/3 以上的董事，监事会或者不设监事会的公司的监事提议召开临时会议的，应当召开临时会议；同时，《公司法》还规定，董事会或者执行董事不能履行或者不履行召集股东会会议职责的，由监事会或者不设监事会的公司的监事召集和主持；监事会或者监事不召集和主持的，代表 1/10 以上表决权的股东可以自行召集和主持。再有，《公司法》规定，股东大会应当每年召开一次年会，但单独或者合计持有公司 10% 以上股份的股东请求时，应当在两个月内召开临时股东大会。

2. 解散公司权"线"

最高人民法院《关于适用〈中华人民共和国公司法〉若干问题的规定（二）》规定，单独或者合计持有公司全部股东表决权 10% 以上的股东，可提出质询、调查、起诉、清算、解散公司，人民法院应予受理。

3. 临时提议权"线"

根据《公司法》第 102 条规定，单独或者合计持有公司 3% 以上股份的股东，可以在股东大会召开 10 日前提出临时提案并书面提交董事会；董事会应当在收到提案后 2 日内通知其他股东，并将该临时提案提交股东大会审议。临时提案的内容应当属于股东大会职权范围，并有明确议题和具体决议事项。即单独或者合计持有公司 3% 以上股份的股东，可以在股东大会召开 10 日前提出临时提案并书面提交召集人。该条线仅适用于股份有限公司，有限责任公司由于其具备的人合性，没有此类繁杂的程序性规定。

（四）股权警示线

《证券法》第 67 条规定，发生可能对上市公司股票交易价格产生较大影响的重大事件，投资者尚未得知时，上市公司应当立即将有关该重大事件的情况向国务院证券监督管理机构和证券交易所报送临时报告，并予公告，说明事件的起因、目前的状态和可能产生的法律后果。此处所称的重大事件主要有：①持有公司 5% 以上股份的股东或者实际控制人，其持有股份或者控制公司的情况发生较大变化。②通过证券交易所的证券交易，投资者持有或者通过协议、其他安排与他人共同持有一个上市公司已发行的股份达到 5% 时，应当在该事实发生之日起 3 日内，向国务院证券监督管理机构、证券交易所做出书面报告，通知该上市公司，并予公告；在上述期限内，不得再行买卖该上市公司的股票。③投资者持有或者通过协议、其他安排与他人共同持有一个上市公司已发行的股份达到 5% 后，其所持该上市公司已发行的股份比例每增加或者减少 5%，应当依照前款规定进行报告和公告。在报告期限内和做出报告、公告后 2 日内，不得再行买卖该上市公司的股票。

本条线仅适用于上市公司，也就是说 5% 是一个"抢眼线"，持股低于 5% 没有锁定期的约束，也不需抛头露面，减持也不用披露。

（五）代位诉讼线

根据《公司法》第 151 条的规定，当公司董事、监事、高管损害公司利益的，有限责任公司的股东、股份有限公司连续 180 日以上单独或者合计持有公司 1% 以上股份的股东，可以书面请求监事会或者不设监事会的有限责任公司的监事向人民法院提起诉讼；监事有违法情形的，前述股东可以书面请求董事会或者不设董事会的有限责任公司的执行董事向人民法院提起诉讼。监事会、不设监事会的有限责任公司的监事，或者董事会、执行董事收到前款规定的股东书面请求后拒绝提起诉讼，或者自收到请求之日起 30 日内未提起诉讼，或者情况紧急、不立即提起诉讼将会使公司利益受到难以弥补的损害的，前款规定的股东有权为了公司的利益以自己的名义直接向人民法院提起诉讼。

本条线适用于股份有限公司的股东，同时还必须满足持股180日这一条件，有限责任公司没有持股时间和持股比例的限制。代为诉讼权发生的前提，通俗来讲，要么是董事、高管违法违章损害公司利益，要么是监事违法违章损害公司利益，如果都有问题，股东则可以直接以自己的名义代公司的"位"直接向法院提起诉讼。

四　股权结构设置的建议

在实践中，无论多少人一起合伙创业，其股权分配的基础都是由投资人进行协商，参照出资情况、资源情况、劳务情况、专业特长进行分配，股权设计的科学性是公司发展的重要组成部分。公司通过科学合理的股权设计，可以实现多元化资源整合，有效解决股东之间的矛盾。因此，在股权架构设计上显得尤为重要，以下对几种合作情形的股权比例做简要概括：

（一）两人合作的股权分配建议

在现实合作中，两人投资较为常见，但一般不要有5∶5或9∶1的分配比例，前者完全平均，后者过于集中，都属于前文阐述的畸形股权表现形式。越过此类情形，可以秉持以一个股东为中心，但另外一个股东也有一定的牵制性。如65%与35%，或3∶7等股权分配方式，更有利于公司高效决策，也避免大股东完全控制的不利局面；或者45%与55%，由一方相对处于控制地位。

（二）三人合作的股权分配建议

三人合作尽量避免三三三制，即不能平分股权，也不能出现一股独大，这很容易导致公司出现分裂后，无法解决股东之间的矛盾，最终面临公司解散或无法经营局面。有企业采取4∶3∶3这样的股权架构，其实这种股权结构也很容易出现后两个股东联合起来牵制大股东的情形，大股东的权威会受到挑战，影响大股东在公司的核心地位。建议3人股东最好采取7∶2∶1或者6∶3∶1的分配形式，这种结构能确保利益均衡化，既能激发其他股东的积极性，又能维护大股东的决策地位。

（三）多人合作的股权分配建议

对于四人股东，可以采取第 2 股东+第 3 股东+第 4 股东>第 1 股东，或第 1 股东>第 2 股东+第 3 股东的形式，这种股权设计保住了其中一个大股东的控制权，同时也避免了小股东联合限制大股东的情况。五人及以上合作，建议在进行股权架构设计上采用"54321"股权分配方案。5 是指 5 个股东或者 5 个以上股东，4 是指大股东、发起人、创始人、带头人等核心人员的股权比例控制在 40%左右，保住其"一票否决权"；3 是指其他联合创始股东股权比例相加在 30%左右，避免小股东联合夹击大股东的局面；2 是建议两个股东不参加经营决策或管理，股东都作为管理层很难快速决策，不利于公司发展；1 是指预留 10% 的期权池，作为后期人才引进和资金引进之用。

需要提示的是，在股权架构设计中，除了要掌握一定的股权分配规则，还要充分考虑发起人、创始人、股东资源、早期特殊情况、劳动力投入情况等因素，以确保股权分配的科学性，以免影响公司的持续发展。

第四节　如何签订股东协议

股东协议是记载股东出资情况以及股东权利义务的书面文件，在设立公司之初，每一位股东都抱着很美好的愿望，但在实际经营过程中，股东之间不仅可能出现利益分配的矛盾，还有出现控制权争夺的纠纷，甚至可能因为如何退出等发生争执。股东出资协议或公司设立协议基本都是公司章程的一个"母版"，决定着章程的内容，因为有着这样的重要性，所以为了避免这些情况发生时无法解决，股东应提前签署好协议，防止上述情形引发的纠纷或企业风险。

一　股东常见的纠纷

公司设立时，股东都不太关注未来的潜在风险，但随着公司发展形势或利益格局的变化，就容易使股东对原来不合理的约定、不完善的出资协议或设立公司协议开始产生不同的理解，甚至各股东之间发生截然不同的认识。根据我国公司法的规定，除一人有限公司外，普通有限责任公司的股东至少有两人，两人以上共同经营一项事业就难免产生矛盾与利益冲突。实践中比较常见的股东权益纠纷有以下几类：

（一）股东出资纠纷

股东出资纠纷是指股东是否按照股东协议、公司章程全面履行出资义务而产生的纠纷。在实践中，公司股东出资不足经常会产生纠纷，如果股东未按发起人协议或公司章程缴纳所认缴的出资、延期缴纳出资、缴纳出资有瑕疵、采取欺诈手段虚假缴纳出资，都构成对出资义务的违反，从而引发出资纠纷。发生纠纷后，违约股东可能要承担来自三个方面的责任：

1. 其他股东请求承担违约责任

公司的成立并不意味着股东协议的终止，股东之间的投资关系实际上就是一种利益合作关系，尤其是在公司成立前，股东签署的协议调整着成立未成功或者一些未能在公司章程中约定的事宜。当股东出现违约出资时，要面临对其他股东承担责任的风险。公司成立之后，则主要是由公司章程和《公司法》调整，但并不意味着对股东签署的发起协议的摒弃。如股东的出资存在分期缴纳的情形下，即使公司已经成立，在有股东违反了发起协议中的缴纳出资义务，其他股东仍然有权根据发起协议起诉。另外，有限责任公司的股东投资不到位，该股东又将股权转让给其他人的，对股权转让前公司的债务，原股东仍应承担因公司注册资金不到位而产生的法律责任，新受让股东知道原股东出资不到位仍接受股权转让的，由新受让股东承担因公司注册资本不到位而产生的法律后果。

2. 公司请求承担责任

因股东出资不到位，损害的是公司的整体财产权益，股东可作为原告，被告为未出资或出资有瑕疵的股东，这种责任的追究属于公司对特定股东的权利，而不属于股东对股东的权利。当然，如果公司放任不理或不予追究，此时实际上是间接损害了股东的权利，股东应有权代表公司提起诉讼，如果公司持续放任不履行出资的行为，将构成公司法上的虚假出资违法行为。

3. 债权人请求承担责任

司法实践中，一般都认为出资不实股东应当对公司的债务向债权人承担责任。在股东出资不实的情况下，如果公司没有能力向债权人清偿，法院一般会根据债权人的申请将出资不实的股东追加为被告，判令该股东在出资不实的限度内与公司承担连带清偿责任。

（二）股权分配纠纷

任何一个公司均有一部分股东相对弱势，如小股东就处于弱势地位，对公司没有实际控制权，他们的权益最终是通过分配权体现的，而利润分配的基础条件则是股东的知情权。股东要求分配应以股东会决议为依据，但是如果公司不召开股东会或者虽召开但决定不分配，就只能通过诉讼主张权利。公司连续 5 年或者 5 年以上盈利，且符合《公司法》规定的股东分配利润条件，但不分配利润的，在股东会决议表决时投反对票的股东有权请求公司收购其股份。

（三）股权退出纠纷

当股东发生意见分歧或者其他矛盾时，某一方退出或许是个较好的解决办法，在很多情况下，各方也容易就此达成共识。但由于《公司法》规定股东向股东以外的人转让其出资，必须经全体股东过半数同意；不同意转让的股东应当购买该转让的股权，如果不购买该转让的股权，视为同意转让；在同等条件下，其他股东对该股权有优先购买权。由于此规定比较原则，多数公司的章程也没有做出细化规定，致使实际操作时存在困难。

对此，最高人民法院做了较为细致的规定，即股东向非股东转让股权，应当向公司和其他股东告知拟受让人、拟转让价格和受让条件，公司应当召开股东会征求其他股东的同意。公司未及时召开股东会的，拟转让股权的股东可以书面形式分别征求其他股东的同意，请求其在确定的期限内答复，逾期未答复者视为同意。公司半数以上其他股东不同意向非股东转让股权的，公司应当在一定期限内指定异议股东购买拟转让的股权，异议股东应当与拟转让股权的股东签订协议，其价格条件不能协商一致时，应以评估方式确定股权价值。被指定受让的股东不与拟转让股权的股东签订协议的，拟转让股权的股东可以向非股东转让股权。另一方面，拟转让股权的股东违反上述程序规定的，其他股东可以请求人民法院撤销股权转让协议。

实务中，会出现股东主张优先购买部分股权，从而导致非股东因受让股权份额减少原因而放弃购买的，此时，拟转让股权的股东可以要求主张优先购买权的股东受让全部拟转让股权，其拒绝受让全部股权的，视为放弃优先购买权。

二　股东协议的作用及与公司章程的关系

（一）股东协议的作用

很多亲朋好友合作开办公司，在创业之初总是习惯性认为不用分那么清楚，所以对股东协议等基本文件不太在意。公司发展到一定阶段，尤其是开始盈利或出现亏损时，就会不断发生经济纠纷，甚至因为纠纷引发倒闭的企业也不在少数。为了减少不必要的纠纷，开办公司务必签订股东协议，股东协议具有诸多作用。

1. 可以约定具体的出资时间

在认缴资本制度下，很多公司的章程都会规定注册资本可以在二十年甚至三十年内实缴到位。也就是说，在理论上，股东即便在认缴期限的最后一天才投入注册资金，也不违反约定。然而，公司的开办不但需要前期资金投入，后续开展业务也需要持续投入或追加资金，不可能等到认缴期限的最后一天才出资。如果其中有一个股东坚持最后一天才出资，那么就会出现大家都不出资而令公司停滞的状况，对其他已经出资股东的造成不公平。

虽然《公司法》规定了未出资的股东可以不享受利润分红，但公司在创业初期一般没有盈利，相反，此时的投资风险往往很大。某些股东抱着不成功就放弃也没什么损失的心态在观望，而一旦认为项目有成功的希望，才会投入资金，这样一来，就会让其他股东承担更大的商业风险。本来公司章程规定注册资本认缴条款是为了放宽对股东出资的约束，但如果没有辅以股东协议，到头来却很有可能成为公司致命的雷区。因此，股东之间需要在创办公司之初就签署股东协议，约定每期资金投入的具体时间、比例和金额，以及股东未出资的违约责任，而且当注册资本不足或根据公司的实际经营状况需要追加资金的情况，各方股东也有必要约定清楚。

2. 可以约定股东的退出机制

一般而言，往往以出资的多寡决定股东的地位和权益，但在现代信息科技社会，知识和资源更占主导地位。开办一家公司，不仅仅需要股东投入一定的注册资金，更需要股东投入劳动力、渠道、非专利技术等资源，这些资源在某种程度上决定着公司的发展和生存命脉。然而由于这些资源的投入不属于法定出资形式，因此，需要各股东通过协议的形式，明确股东投入这些资源的义务及具体要求。当股东违反这些规定时，将触发股权回购或股权转让条款，让违约的股东退出，也就是说，要在股东协议中明确股东退出的方式。

即便不是上述关键性的资源，只是资金的投入，也要约定股东的退出时间和具体的退出方式，如规定出资后多长时间限制退出，退出时股价的计算，究竟是按照原出资额还是按照公司经营的净资产计算，甚至约定具体的股权价格，这些约定务必根据每一个公司的实际情况做较为细致公平的细化，有利于将来退出时解决纠纷。

3. 可以约定预留员工期权池

很多公司在设立之初由于人员结构问题，没有招募到适合的人选，如很多互联网公司，在成立之初，会预留一定比例的股权设立员工激励期权池，用于将来对核心员工的股权激励。甚至很多公司的创始股东，为了绘制长远的公司发展愿景，也会留出部分股权来为将来进入公司的人员享有。由于这部分预留的股权需要由现有股东代持，无法写入公司章程，因此，需要由各股东以股东协议的形式予以详细约定。

4. 可以约定不宜公开的内容

在公司章程备案的过程中，登记机关会对章程内容进行审查，章程中的部分条款，可能会被登记部门要求删改，令股东之间的一些特别约定无法写入公司章程中。此外，公司章程需要对外公示，而一些带有对赌性质的条款，涉及技术秘密、商业秘密的条款，以及规定股东具体分工、工资情况等的条款，则不宜在公司章程中公开规定，只能通过股东之间的内部协议予以约定。

虽然股东协议属于股东之间的内部约定，不能对抗善意第三人，但股东协议在股东内部具有法律约束力，同样起到约束股东的作用。为了避免股东协议与公司章程的规定不一致时引发文件效力优先性的争议，股东协议更应当约定"当备案的公司章程与股东协议不一致的，以股东协议的约定为准"等等之类的内容。

（二）与章程的相关性

公司成立之前，合作股东就共同投资的项目、公司成立、股东的分工等做相应的约定，甚至会就公司设立不成的费用分担等做出约定，这种约定就需要以股东协议的方式固定下来。公司章程是公司成立后依法制定的经营纲领，包含了公司名称、住所、经营范围、经营管理制度等内容，也是公司经营、管理必备的书面文件。股东协议与公司章程有重合的地方，也有不一致的内容。

1. 目标一致

股东协议与公司章程的目标是一致的，都是为了设立公司，都是为了在公司成立后股东之间能按照约定履行各自的义务，旨在为公司长期稳定持续发展提供书面保障。两者在内容上也常有类同或相通之处，如都约定公司名称、注册资本、经营范围、股东出资与比例、出资形式等。

2. 偏重不同

尽管两者在很多内容上存在重合，但也有各自的偏重之处，具体体现为：

（1）必备文件与任意性文件之别。公司章程是我国《公司法》强制要求的公司必备文件，没有公司章程，公司就不能成立；而除了外商投资企业要求有合同以及股份有限公司要求有发起人协议外，我国公司法并没有要求公司必须具有股东协议。所以，对中小企业最常见的形态即普通的有限责任公司而言，股东协议是任意性文件，可有可无。但在现实生活中，投资者之间往往会先就成立公司事项签订一份股东协议，这是由于公司设立过程的不确定性所产生的，这种现实状况的存在，导致了投资者往往将股东协议视为成立公司最重要的事项，认为签好股东协议就万事大吉，剩下的只是具体设立公司的手续问题了，这是一个极大的误区。

（2）对公司及高管的约束力之别。公司章程的作用范围包括股东、公司以及公司内部组织机构与人员，也就是说，公司章程是公司经营管理的"宪法性文件"，对公司、股东、董事、监事、高级管理人员均具有约束力；而股东协议仅仅是股东之间的任意性合同，须遵守合同相对性的原则，其作用范围仅限于签约的主体之间，而对于股东之外的公司人员不发生效力。

三 股东协议的内容及签订要领

（一）股东协议的内容

一般情况下，股东协议主要是在公司设立期间发生法律效力，所调整的是公司设立过程中的法律关系与法律行为，但现实中，股东协议的效力期间是从设立行为开始到公司成立为止。也就是说，在公司正式设立以后，股东之间也会就具体的合作内容做细致的约定，尤其是公司章程的内容与股东之间的约定不一致的情形下，股东协议的内容会更加细化。而公司章程则自公司设立开始直至公司解散并清算终止时，对公司及所有人员都发生效力，尽管股东协议有特殊约定，对公司以外的任何人而言，只有公司章程是符合法律规定的正式文件，股东协议中与公司章程约定不一致的内容也不能对抗公司以外的第三人，效力只限于股东之间。

股东协议要签订书面形式，明确股东之间的权利义务，通常情况下，股东协议包括以下必备条款：

（1）设立人的基本情况；

（2）拟设立公司基本情况，如公司名称、住所、注册资本和经营范围等；

（3）设立人的出资数额、出资比例、出资方式、出资的缴付期限、所占股权比例、股权的转让规定等；

（4）设立人在设立过程中的权利和义务；

（5）公司设立不成功时的费用承担；

（6）设立人对特定信息的保密约定；

（7）设立人协商确定的约束股东特定行为的条款，如竞业限制等；

（8）违约责任条款；

（9）解除协议条款和争议解决条款；

（10）公司利润的分配；

（11）其他事项。

（二）股东协议的要领

1. 审查股东资格

由于全体股东要对发起设立公司的行为承担连带责任，所以一定要审查好股东的资格，包括股东的人品、能力、家庭情况、资产情况、有无对外大额债务等，并且对股东的身份证明最好进行备份，以便公司成立未果时界分各方的权责，同时，也为公司设立后提供行为准则。

2. 明确出资额及出资方式

根据《公司法》的相关规定，股东可以用货币出资，也可用实物、知识产权、土地使用权等可以用货币估价并可以依法转让的非货币财产作价出资；但是，法律、行政法规规定不得作为出资的财产除外。所以，一定要明确股东的出资方式和金额，且要明确首期出资的金额以及在特殊情况下的出资额，毕竟成立公司后，不可能没有任何资金支出就能经营业务，如果不约定启动资金的交付，会影响公司的正常工作开展。

另外，如涉及以土地使用权及房产的出资方式，作为出资方应当保证所拥有的土地使用权及房屋所有权均系经合法方式取得并合法拥有，并且对房产的价格达成一致，不能达成一致的，还需要评估机构的正式评估，才能被依法转让至公司名下。

3. 明确股东的出资责任

股东的出资责任包括出资违约责任和资本充实责任。股东出资违约责任，是指股东未按照协议出资时，应承担缴纳出资和应向足额出资的股东进行违约赔偿的责任。股东出资的资本充实责任，是指未按照协议约定出资的股东对出资差额的填补责任，以及其他已出资的股东对该股东填补责任的连带责任。资本充实责任是只适用于公司股东的特殊出资责任，这种责任是连带责任，股东中的任何一人对全部公司的资产不足均负有充实责任，先行承担资本充实责任的股东，可以向违约出资义务的股东求偿，也可以要求其他股东分担。这种责任是法律规定的强制责任，不能通过股东协议、公司章程或股东大会决议免除。

4. 明确公司未能设立的责任

当公司设立不成需要对外承担相应责任时，股东应对外承担连带责任；对内部而言，公司在设立过程中可能会产生一定的支出，如房租成本、设立前的人员工资等，无论何种原因导致公司设立不成时，对设立行为所产生的债务和费用如何分担也要明确；另外由于股东个人的过失原因造成公司不能设立，致使其他股东利益受到损害时的责任分担同样应该提前预估。

5. 其他内容约定的要领

（1）可以设定好表决权的分配。表决权是股东参与公司事务的主要途径，《公司法》规定公司股东可以在章程中约定表决权分配，该分配可以不同于股权分配，也可以不同于认缴和实缴注册资本的比例。

（2）可以设置好利润分配方案。如果没有特别约定，企业利润分配的比例应当与股权比例一致。但很多时候公司为了体现公司股东的贡献，让公司股东的管理能力、渠道资源参与分配，通过对利润做出不同于股权比例的约定就是一个不错的解决方式。如果公司有类似不同于股权比例的利润分配方案，在股东协议中要予以明确。

（3）可以设定好股权继受。股东协议可以对股东身份的继承做出约定，通常来说，公司股权可以由继承人继承，但是基于有限公司的人合性，股东也可以通过股东协议和章程做出特别约定，例如只能转让股权不能继承等。股权转让条款要明确一个股东想买断另一个股东的股权应如何处理，常见的操作是，一方可以提出买断另一方股权的提议和出价，另一方有权决定接受还是拒绝，如果另一方拒绝，则必须要反过来按原来的出价买断提议方的股权。这种规定为各方提供了利益保护和股东退出机制的选择；另一种情形是，在股东离婚时股权的处理问题，可以考虑制定一个买断条款，其他股东有权买断未在公司登记一方的股权，或离婚时股权因被分配到未登记一方，因要维持公司的"人合性"，协议约定由公司回购。

综上，虽然股东协议不是公司设立程序必备的文件，但公司章程一般以股东出资协议为基础，吸收股东协议的基本内容，所以，公司发起人签订股东协议应特别谨慎。股东协议生效后，股东应本着全面实际履行的原则履行自身的义务，以免产生法律风险。股东协议既是股东间有关共同出资成立有限公司、共同经营一项事业的民事合同，又是公司成立后如何经营管理、决策、利润分配等重要运营规则的基本依据，对于公司的发展有极其重要的意义。

四　股东协议常见的风险

（一）协议约定不当

实践中，公司的出资人因较少考虑公司设立过程中出现的问题或缺乏书面的股东协议，在公司设立活动出现与预想结果相悖的情况时，纠纷和诉讼发生的可能性增加，由于出资人之间缺少股东协议的约束，权利和义务的边界模糊，潜在的不确定法律风险将一直持续存在于公司股东之间。另外，股东协议约定事项违法，导致条款无效，可能影响公司的成立，如果协议并没有明确约定权利义务以及违约责任时，法律风险同样存在。

（二）缺乏竞业禁止

在签订股东协议时，常出现缺乏对股东竞业禁止的约束。实践中，公司股东另外投资或从事与公司相同的行业或领域，形成与所在公司直接或间接的竞争关系，尤其是公司小股东不参与经营的情况下更容易出现竞业竞争，法律风险可想而知。原因在于股东作为公司的投资者和公司利益的享有者，了解公司的全部经营活动，但股东因出资的多寡从公司获取的利益有所差异，所以，难以避免股东利用该公司的信息"另起炉灶"，与公司形成直接或间接的竞争关系，这就需要在股东协议中约定竞业禁止的条款。

（三）缺失保密条款

一般认为，商业秘密主要限于公司运营中掌握的专利技术信息及客户资源等可以为公司带来收益的技术或信息，但实际上，现在的商业秘密防范无处不在，尤其对于一些具有特定专利技术、技术秘密、特殊经营方法或者服务理念的公司，在设立之初的保密问题就应当作为头等大事进行防控。因为这些信息一旦被他人恶意利用，很有可能被复制或整体抄袭，致使公司在本行业的领先优势或者独特优势被淡化，对公司未来造成难以估量的损失，情况严重的很有可能将公司扼杀在设立过程之中。

（四）隐名出资效力

目前我国《公司法》及其司法解释并没有明确"隐名出资人"这一概念，更多的是学术界和实务界的探讨，并且在表述上多称之为"隐名股东"。比较常见的有以下几种：一是根据书面协议或口头协议而委托其他人代为持有；二是尽管以实际出资来认购公司的股份，但在公司章程、股东名册以及登记中记载为其他人；三是虽然不具备股东的形式特征，但是其对公司进行了实际出资并切实享有股东权利。

隐名出资人往往面临着股东身份确认、股权确认、瑕疵出资、转让股权、返还出资款、股权保全、股权执行等风险。隐名股东的合法权益究竟如何保护，一直是司法界持续关注的焦点。

首先，应当通过签订书面较为完善的隐名出资协议来降低这些风险，在隐名出资法律关系中，隐名出资协议是最重要的文件。无论是对隐名出资人利益的保护、证明其真正的出资人的身份，还是对约定隐名股东与显名股东之间的权利义务关系，都十分重要。在协议中应当明确约定隐名出资人与显名出资人各自的权利、义务，特别是要明确约定隐名出资人的资格，并得到公司以及其他股东的书面同意，或者对隐名出资协议进行确认。应当对隐名出资人和显名出资人的真实身份信息，出资的时间、数额、方式进行约定；明确隐名出资人和显名出资人由哪一方、以何种方式参与公司经营管理，以避免出现分歧；明确对显名出资人的禁止性行为，如若违反，损害了隐名出资人的利益，隐名出资人可以要求其承担信用或财产担保；还应有公司、其他股东的确认条款，公司和其他股东知晓并同意隐名出资的事实，对于隐名出资人股东资格的确认及股权利益的主张尤为重要。另外，在可能的情况下，可要求公司签发出资证明书，并要求公司将隐名出资人的姓名或名称记于公司内部的名册之中；再有，保存实际出资的证据及作为公司股东的证据，如隐名出资协议、出资单据、其他股东的证明、股东会议纪要、损益分配证明等。这些证据能够证明隐名出资人才是公司真正的权利人，从而切实维护其合法权益。

隐名出资是市场经济发展中产生的现象，隐名出资形成的原因既可能是出于理财安排、法律规避、企业改制的需要，也可能是主动的信托设计的结果。由于隐名出资是一种非适法状态，在公司法及相关法律规定中都缺乏相应的法律指引。同时，司法实践中又存在对隐名出资的法律属性认识不一，将隐名出资制度等同于确认隐名出资人股东身份的简单化倾向，忽视其中可能蕴涵的隐名出资人特有的权利体系和责任体系的复杂性，以及隐名出资形态关系对于整个公司制度的动态影响。隐名出资不只涉及出资人权益保护的问题，也要防止出资人利用隐名出资的方式规避法律规定，利用关联关系损害公司和其他股东的利益。对于隐名出资的各种利弊和法律风险都要保持清醒的认识，以免遭受风险，引发纠纷。但总体而言，应当尽量避免隐名出资，显名人也要充分认识到为他人代持的风险，毕竟任何完善的代持协议都不能对抗外部第三人。

五　股东协议示范文本

股东协议书

甲方：_____

住址：_____

身份证号：_____

乙方：_____

住址：_____

身份证号：_____

甲乙双方因共同投资设立_____有限公司（以下简称公司）事宜，特在友好协商基础上，根据《公司法》等相关法律规定，达成如下协议：

第一条　公司信息

1. 拟设立的公司名称、住所、法定代表人、注册资本、经营范围及性质：

2. 公司名称：_____有限公司

3. 住所：_____

4. 法定代表人：_____

5. 注册资本：_____元

6. 经营范围：具体以登记部门批准经营的项目为准。

7. 性质：公司是依照《公司法》等相关法律规定成立的有限公司，甲、乙双方各以其注册时认缴的出资额为限对公司承担责任。

第二条　股东及其出资入股情况

1. 公司总投资额为_____元，由甲方出资_____元，占公司____%；乙方出资_____元，占公司_____%。

2. 甲乙双方在此协议签订时，应按以上比例缴足启动资金_____元，该启动资金主要用于公司前期开支，包括租赁、装修、购买办公设备、运营设备、车辆等。如有剩余，作为公司后续流动资金，不得撤回。双方约定启动资金的收款账户信息：_____。

3. 未缴清的出资双方应于本协议签订之日起_____年内将资金转入公司账户；公司设立后，若因公司需要，甲乙双方在收到公司的通知之日起_____日内将需要的资金按比例交到公司，若不按时缴足的，以实际交付的出资比例分取红利和承担责任。

第三条　公司管理及职能分工

1. 公司不设董事会，由甲方担任公司执行董事兼总经理，负责公司的日常运营和管理，具体职责包括：

（1）办理公司设立登记手续；

（2）根据公司运营需要招聘员工（财务会计人员须由甲乙双方共同聘任）；

（3）审批日常事项（涉及公司发展的重大事项，须双方协商处理；财务审批权限为_____元人民币以下，超过该权限数额的，须经甲乙双方共同签字认可，方可执行）；

（4）公司日常经营需要的其他职责。

2. 甲方的工资报酬为_____元/月，乙方的工资报酬为_____元/月，均从公司账户中支付。

3. 重大事项处理

公司遇有如下重大事项，须经甲、乙双方达成一致决议后方可进行：

（1）拟由公司为股东、其他企业、个人提供担保的；

（2）决定公司的经营方针和投资计划；

（3）其他重要事项；

对于上述重大事项的决策，甲乙双方意见不一致的，在不损害公司利益的原则下，以甲方的最终决定为准。

4. 除上述重大事项需要讨论外，甲乙双方一致同意，每周进行一次股东例行会议，对公司上一阶段经营情况进行总结，并对公司下一阶段的运营进行计划部署。

第四条　资金和财务管理

资金由开立的公司账户统一收支，财务统一交由甲乙双方共同聘任的财务会计人员处理，鉴于公司前期人员缺失，暂由乙方负责；公司账目应做到日清月结，并及时提供相关报表交甲乙双方签字认可备案。

第五条　盈亏分配

1. 公司利润，甲乙双方一致同意，甲方按照＿＿＿＿＿%分配，乙方按照＿＿＿＿＿%分配；

2. 公司若有亏损，甲、乙双方按照公司章程中实缴的比例承担；

3. 公司税后利润，在弥补公司前季度亏损，并提取法定公积金（税后利润的 10%）后，方可进行分红，分红的具体制度为：

（1）分红的时间：每季度第一个月第一日分取上个季度利润；

（2）公司的法定公积金累计达到公司注册资本 50% 以上，可不再提取。

第六条　转股或退股的约定

1. 转股

公司成立起＿＿＿年内，股东不得转让股权，自第＿年起，经一方股东同意，另一方股东可进行股权转让，此时未转让方对拟转让股权享有优先受让权。

若一方股东将其全部股权转让予另一方导致公司性质变更为一人有限公司的，转让方应负责办理相应的变更登记等手续，但若因该股权转让违法导致公司丧失法人资格的，转让方应承担主要责任。

若一方欲将股份转让，另一方不受让的，转出方可转予第三人。

转让方违反上述约定转让股权的，转让无效，转让方应向未转让方支付违约金＿＿＿＿＿元。

2. 退股

（1）一方股东，须先清偿其对公司的个人债务（包括但不限于该股东向公司借款，该股东行为使公司遭受损失而须向公司赔偿等），且征得另一方股东的书面同意后，方可退股，否则退股无效，拟退股方仍应享受和承担股东的权利和义务。

（2）股东退股

若公司有盈利，则公司总盈利部分的 80% 将按照此协议约定的比例分配，另外 20% 作为公司发展资金，退股方不得要求分配；分红后，退股方可将其原总投资额退回。

若公司无盈利，则公司现有总资产的 80% 将按照公司章程的比例进行分配，另外 20% 作为公司发展资金，退股方不得要求分配；此种情况下，退股方不得再要求退回其原总投资。

（3）任何时候退股均以现金结算。

（4）因一方退股导致公司性质发生改变的，退股方应负责办理退股后的变更登记事宜。

3. 增资

若公司储备资金不足，需要增资的，甲乙双方按公司章程比例增加出资，也可根据具体情况协商确定其他的增资办法，若增加第三方入股的，第三方应承认本协议内容并分享和承担本协议下股东的权利和义务，同时入股事宜须征得全体股东的一致同意。

第七条　协议的解除或终止

1. 发生以下情形，本协议即终止：

（1）公司营业执照被依法吊销；

（2）公司被依法宣告破产；

（3）甲乙双方一致同意解除本协议。

2. 本协议解除后：

（1）甲乙双方共同进行清算，必要时可聘请中立方参与清算；

（2）若清算后有剩余，甲乙双方须在公司清偿全部债务后，方可要求返还出资，按本协议约定比例分配剩余财产；

（3）若清算后有亏损，各方以公司章程比例分担，遇有股东须对公司债务承担连带责任的，各方以公司章程比例偿还。

第八条　违约责任

1. 任一方违反协议约定，未足额、按时缴付出资的，须在＿＿＿＿日内补足，由此造成公司损失的，须向公司和守约方承担赔偿责任；

2. 除上述出资违约外，任一方违反本协议约定使公司利益遭受损失的，须向公司承担赔偿责任，并向守约方支付违约金＿＿＿＿元；

3. 本协议约定的其他违约责任。

第九条　其他

1. 本协议自甲乙双方签字之日起生效，未尽事宜由双方另行签订补充协议，补充协议与本协议具有同等的法律效力；

2. 本协议约定中涉及甲乙双方内部权利义务的，若与公司章程不一致，以本协议为准；

3. 因本协议发生争议，双方应尽量协商解决，如协商不成，可将争议提交至公司住所地（拟设立地）有管辖权的人民法院诉讼解决；

4. 本协议一式两份，甲、乙双方各执一份，具有同等的法律效力。

甲方：

乙方：

签订时间：＿＿年＿＿月＿＿日

第二章　法人治理风险及防范

第一节　公司章程注意事项

公司章程被称为公司宪法，在公司内部具有最高法律地位。但是，很多股东在成立公司时相互之间非常信任和团结，简单地认为所有问题可通过友好协商便能妥善解决，太计较会损害双方面子与合作关系。因此，仅把公司章程作为公司设立登记的一纸文书去完成，没有过多去注重细节。但随着公司不断发展，分歧和纠纷也日益增多，此时才发现公司章程并没有就相关问题做出规定，没有解决纠纷的机制。而且，在注册公司时往往采用市场监管部门提供的公司章程范本，直接简单填写。当然，采用范本并无过错，但是范本是通行本，无法结合每个公司的具体情况做出约定，因此在采用公司章程范本时，一定要审查范本是否涵盖了股东的全部意思表示，如果没有，则需要补充或另行约定。

一　公司章程概述

（一）公司章程的性质作用

关于公司章程的性质，目前存在自治说、契约关系说和宪章说等几种观点，无论是何种观点，一定程度上都体现了公司章程的自治特点，即股东间意见一致，且不违反公司法的强制性规定，就可以制定公司章程内容。可以说，公司章程是股东自治意思规则的载体，即股东们根据自己的意愿对各方权利义务进行分配。公司章程与《公司法》一样，共同肩负调整公司活动的责任，主要作用如下：

1. 公司设立的依据

公司章程始于公司的设立程序之初。我国《公司法》明确规定，制定公司章程是设立公司的条件之一。审批登记机关要对公司章程进行审查，以决定是否给予批准或者给予登记，没有公司章程，则不能获得审批登记。

2. 确定权利、义务的文件

公司章程一经有关部门批准，并经公司登记机关核准即对外产生法律效力。股东依公司章程享有各项权利并承担各项义务，符合公司章程的行为受国家法律的保护；违反章程的行为，有关机关有权对其进行干预和处罚。

3. 对外效力的依据

由于公司章程规定了公司的组织和活动原则及其细则，包括经营目的、财产状况、权利与义务关系等，这就为投资者、债权人和第三人与该公司进行经济交往提供了条件和资信依据。凡依公司章程而与公司进行经济交往的所有人，依法可以得到有效的保护。

4. 公司自治的蓝本

公司章程作为公司的自治规范，是由以下内容所决定的。其一，公司章程作为一种行为规范，不是由国家而是由公司股东依据《公司法》自行制定的，《公司法》是公司章程制定的依据。公司法只规定公司的普遍性问题，不可能顾及各个公司的特殊性，而每个公司依照《公司法》制定的公司章程，则能反映本公司的个性，为公司提供行为规范。其二，公司章程是一种法律外的行为规范，由公司自己来执行，无须国家强制力保障实施。当出现违反公司章程的行为时，只要该行为不违反法律、法规，就由公司自行解决。其三，公司章程作为公司内部的行为规范，其效力仅及于公司和相关当事人，而不具有普遍的效力。

（二）公司章程的基本特征

1. 法定性

法定性主要强调公司章程的法律地位，章程中的主要内容、修改程序、法律效力都由法律强制规定，任何公司都不得违反章程，公司章程是公司设立的必备条件之一。无论设立有限责任公司还是股份有限公司，都必须由全体股东或发起人订立公司章程，并且必须在公司设立登记时提交公司登记机关进行登记。

2. 自治性

公司章程作为一种行为规范，不是由国家而是由公司依法自行制订的，是公司股东意思表示一致的结果；另外，公司章程是一种法律以外的供特定范围内人员遵守的行为规范，仅在公司和相关人员之间发生法律效力，而不具有普遍的约束力，且由公司股东自己来执行，无须国家强制力来保证实施，充分体现自治性。

3. 公开性

公开性主要针对股份有限公司的公司章程而言，股份有限公司的股东较为分散，尤其是上市公司，章程及相关的公司文件都必须予以公开，不仅投资人还有债权人及社会公众都可以了解公司的章程。

（三）公司章程的法律效力

我国《公司法》规定，设立公司必须依法制定公司章程，公司章程一经生效，即发生法律约束力。公司章程的性质，决定了公司章程的效力及于公司及股东，同时对公司的董事、监事、高级管理人员具有约束力。具体约束作用如下：

1. 对公司的约束力

公司章程是公司的宪法性文本，在公司内部具有最高的法律效力，是公司组织与行为的基本准则，公司必须遵守并执行公司章程。根据公司章程，公司在运行过程中具有严格执行公司章程的义务，公司的一切经营行为都受制于章程的具体规定。

2. 对股东的约束力

公司章程是公司的自治规章，只要是公司的股东，公司章程对其均产生约束力，股东以股东的身份与公司发生法律关系必须遵守公司章程的规定，并对公司负有相应的义务。与此同时，股东相互之间也因公司章程的约定相互负有义务，当一个股东的权利因另一个股东违反公司章程规定的个人义务而受到侵犯，则权益受损股东可以依据公司章程向实施侵害股东提出权利请求。

3. 对高管的约束力

公司的董事、监事、经理等高级管理人员对公司的经营决策起着重要的影响，其在具体的管理过程中行使的职权大部分源于公司章程的具体规定，高管的权利行使依据就是章程，一切违反章程的行为都将产生不利后果。因此，公司的董事、监事、经理对公司负有诚信履行公司章程的义务，违反公司章程规定的职责，公司或股东可以依据公司章程向其主张权利。

二　公司章程的记载事项

（一）绝对记载事项

公司章程的绝对记载事项，是指法律规定公司章程中必须记载的事项。对于绝对记载事项，公司有义务必须一一记载，没有权利做出自由选择，如果缺少其中任何一项或任何一项记载不合法，将导致整个章程无效。有限责任公司和股份有限公司章程中相同的绝对必要记载事项为：公司的名称和住所、公司的经营范围、公司的注册资本、股东或发起人的姓名或者名称及住所、股东或发起人的出资方式、出资额或认购的股份额、出资时间、公司的法定代表人等。

《公司法》中关于两类公司章程中不同的绝对必要记载事项的规定主要是基于两类公司性质上的差异。在组织机构的设置上，有限责任公司较为灵活，不拘泥于强制性的限制，《公司法》中只概略地规定了公司的机构及其产生办法、职权、议事规则的事项，至于是否设置董事会、监事会则由当事人选择决定。同时，有限责任公司章程绝对记载事项还有关于股权转让的条件、利润分配和风险分担的办法、公司的解散事由与清算办法、公司章程的修改程序等事项。而股份有限公司必须设置所有组织机构，要求公司章程必须规定董事会和监事会的组成、职权、任期和议事规则。另外，《公司法》还要规定股份有限公司的资本构成、设立方式、公司股份总数、每股金额、公司利润分配办法、公司的解散事由及清算办法、公司的通知和公告办法等绝对记载事项。

（二）相对记载事项

公司章程的相对记载事项，是指法律列举规定了某些事项，但这些事项是否记入公司章程，全由章程制定者决定。相对记载事项，非经载明于章程，不发生效力。例如股东会的召集、决议方法、股东表决权的计算方法等；如股东以现金以外的财产出资的，应载明出资种类、数量、价格或估价的标准等；如约定有解散事由的，其事由的具体内容；如公司设立费用的承担、公司公告的方式等。上述事项只要经全体股东同意，都可以列入章程的其他事项。

（三）任意记载事项

公司章程的任意记载事项，是指法律并无明文规定，但公司章程制定者认为需要协商记入公司章程，以便使公司能更好运转且不违反强制性法律之规定和公序良俗之原则的事项。如公司的存续期限、股东会的表决程序、变更公司的事由、董监高人员的报酬、董事会的组织、股票的种类、缴资办法、召开股东会的时间和地点等。

三　公司章程的常见问题

（一）不当使用公司章程范本的弊端

首先，公司章程范本多数是简单照抄《公司法》的规定或者其他公司的类似规定。但《公司法》确立的只是一般规则或原则，而由于各个公司自身存在独特性，表现在资本规模、股权结构、经营范围、所在地区等方面不同，所以每一个公司都需要适合本公司特点的具体自治规则，由公司章程对《公司法》所确立的一般规则或原则加以细化，使其具体化，对本公司的重要事项和特殊情况做出详细的规定，以有利于公司治理。千篇一律的公司章程无益于投资股东，不能够真正体现股东的真实意思表示，股东间一旦对公司成立后的决策、资金、人员、利益分配方面出现争议，股东很难依据公司章程来维护自己的合法权益。

其次，大多数公司章程范本没有体现合理的公司治理机制，根本起不到对公司治理的前瞻性和预防性作用，反而有时成了公司运营和管理人员行为的不良约束，增加了公司的运作成本。如对公司机构会议的召集、决议、人事安排、执行机制、制约机制没有根据公司特点在公司章程中加以规定，而导致了股东之间、董事之间、股东与董事之间、股东与监事之间、董事与监事之间、高层管理人员之间出现僵局，无法召开股东会议，或者在股东会议过程中无法形成决议，股东会议的决议得不到落实，公司治理机构之间权责不分明等等。

再有，一些公司章程范本，对董事、监事、高级管理人员的权限界定不清，约束不明。当其滥用权利时，没有追究当事人责任的依据，即章程没有真正起到公司"宪法"的作用。

（二）设立协议与章程效力冲突处理

正常情况下，公司章程往往是以设立协议为基础而制定的。设立协议的主要内容，通常都会被公司章程所吸收。在这种情况下，设立协议与章程之间不可能发生冲突。但是，如果公司章程与设立协议发生冲突，该如何适用？正如前述，公司设立协议的效力期限，一般止于公司成立，也就是说，公司一旦成立，则公司设立协议的效力就终止了，有关公司设立与经营管理的相关事项，均应由公司章程予以规范。

在现实生活中，公司章程大多是在公司设立协议之后签署的。根据法律文件的时间效力判断，也应当以公司章程为准。另外，公司设立协议是内部协议，除参与签约的股东之外，甚至公司董事等高级管理人员均可能不知其内容。而公司章程是公开文件，尤其是上市公司，公司公开发行股票或公司债券必须公开披露公司章程。公司章程的公开性，是为了有助于公司投资者、债权人以及交易对象了解公司的组织与运行，并据此做出判断。所以，对社会公众而言，章程的效力也必须高于公司设立协议。在司法实践中，当事人在公司设立之后，再以公司设立协议为依据而提出民事诉讼，要求追究股东出资义务、请求确认设立协议无效而解散公司等等，法院一般都不予以支持。

（三）章程内容缺失股东协议的弥补

虽然，公司设立协议一般只约定设立过程中的相关权利义务，但也有一些公司设立协议中会就公司的存续甚至今后解散的相关事项做出约定。这些约定，如果公司章程中没有明确规定，又不违反法律的强制性规定的，则可以继续有效。但其法律效力仅局限在签约的股东之间。此时，章程内容的缺失就可以用公司设立协议进行弥补。

但是，对于《公司法》明确规定"公司章程另有规定的除外"之条款，股东之间如需另行约定的，必须在章程中予以确定，公司设立协议不具备排除法律适用的效力。例如《公司法》第 42 条规定"股东会会议股东按照出资比例行使表决权；但是，公司章程另有规定的除外"。如公司章程中未做特别规定，则即使股东在公司设立协议中约定不按出资比例行使表决权，也不能对抗该法律规定，即股东仍应按出资比例行使表决权。

（四）章程对重大事项表决权的设定

《公司法》第 43 条规定："股东会的议事方式和表决程序，除本法有规定的外，由公司章程规定。股东会会议做出修改公司章程、增加或者减少注册资本的决议，以及公司合并、分立、解散或者变更公司形式的决议，必须经代表⅔以上表决权的股东通过"。这就在法律层级上规定了重大事项的股东自治权，但同时也做了"底线"规定，如果章程做出比此法条规定更严的内容，对股东而言也完全可以。现实操作中，有公司在章程中规定："股东会关于修改公司章程的决议必须经全体股东一致通过"。这样的规定看似对于每一个股东都是公平的，但也会发生个别小股东在一些事项上就刻意不同意，很容易致使公司就重大事项无法做出股东会决议，导致股东会决策机制失灵，进而影响公司的正常经营决策，情况严重的还可能会导致公司最终解散。因此，不建议在章程中扩大决策的比例，一般事项建议过半通过，增资、修改章程、合并、解散等重大事项采用代表⅔以上表决权通过这种比例较好。

四 公司章程示范文本

公司章程

为了规范本公司的组织和行为，维护社会经济秩序，促进社会主义市场经济的发展，依据《中华人民共和国公司法》（以下简称《公司法》）及其他有关法律、行政法规的规定，制定本章程。

第一条 公司名称和住所

1. 公司名称：云南_____有限公司；

2. 公司住所：昆明市____路____号____室。

第二条 公司经营范围

公司经营范围：_____（经营项目应符合国民经济行业分类标准术语，具体以营业执照确定为准）。

第三条　公司注册资本

1. 公司注册资本：人民币＿＿＿＿＿＿＿万元；

2. 股东会会议做出修改公司章程、增加或减少注册资本，以及公司合并、分立、解散或者变更公司形式的，须经代表⅔以上表决权的股东通过并做出决议。公司减少注册资本，还应当自做出决议之日起 **10** 日内通知债权人，并于 **30** 日内在报纸上公告。公司变更注册资本应依法向登记机关办理变更登记手续。

第四条　公司股东名录

股东姓名或名称	认缴出资额(万元)	持股比例	出资方式	出资时间

全体股东约定认缴出资额的截止时间为＿＿＿年＿＿＿月＿＿＿日前，但由于公司经营需要资金的，全体股东在接到公司的通知＿＿＿＿日内按比例交付出资，逾期不交付的，以实缴出资计算比例享受利润分红。

第五条　公司的机构及其产生办法、职权、议事规则

股东会由全体股东组成，是公司的权力机构，行使下列职权：

(1) 决定公司的经营方针和投资计划；

(2) 选举和更换执行董事，决定有关执行董事的报酬事项；

(3) 选举和更换监事，决定监事的报酬事项；

(4) 审议批准执行董事的报告；

(5) 审议批准监事的报告；

(6) 审议批准公司的年度财务预算方案、决算方案；

(7) 审议批准公司的利润分配方案和弥补亏损的方案；

(8) 对公司增加或者减少注册资本做出决议；

(9) 对发行公司债券做出决议；

(10) 对公司合并、分立、解散、清算或者变更公司形式做出决议；

（11）修改公司章程；

（12）公司为他人提供担保事项做出决议。

对前款所列事项股东以书面形式一致表示同意的，可以不召开股东会会议，直接做出决定，并由全体股东在决定文件上签名、盖章。

第六条 股东会的首次会议由出资最多的股东召集和主持。

第七条 股东会会议由股东按照出资比例行使表决权；但是，公司章程另有规定的除外。

第八条 股东会会议分为定期会议和临时会议，并应当于会议召开 15 日以前通知全体股东。定期会议应于每年＿＿月按时召开。代表 1/10 以上表决权的股东，执行董事，监事提议召开临时会议的，应当召开临时会议。

第九条 股东会会议由执行董事召集并主持。执行董事不能履行或者不履行召集股东会会议职责的，由监事召集和主持；监事不召集和主持的，代表 1/10 以上表决权的股东可以自行召集和主持。

第十条 股东会会议应对所议事项做出决议，决议应由代表 1/2 以上表决权的股东表决通过。但公司修改章程、增加或者减少注册资本，以及公司合并、分立、解散或者变更公司形式，必须经代表 2/3 以上表决权的股东通过。股东会应当对所议事项的决定做出会议纪录，出席会议的股东应当在会议记录上签名。

第十一条 公司不设董事会，设执行董事 1 人，由股东会选举产生。执行董事任期＿＿＿＿年（不得超过 3 年），任期届满，可连选连任。

第十二条 执行董事对股东会负责，行使下列职权：

（1）负责召集和主持股东会会议，并向股东会报告工作；

（2）执行股东会的决议；

（3）决定公司的经营计划和投资方案；

（4）制订公司的年度财务预算方案、决算方案；

（5）制订公司的利润分配方案和弥补亏损方案；

（6）制订公司增加或者减少注册资本的方案；

（7）拟订公司合并、分立、解散或者变更公司形式的方案；

（8）决定公司内部管理机构的设置；

（9）决定聘任或解聘公司经理及其报酬事项，并根据经理的提名决定聘任或者解聘公司副经理、财务负责人及其报酬事项；

（10）制定公司的基本管理制度。

第十三条　公司设经理 **1** 名，由执行董事决定聘任或解聘。经理对执行董事负责，行使下列职权：

（1）主持公司的生产经营管理工作；

（2）组织实施公司年度经营计划和投资方案；

（3）拟定公司内部管理机构设置方案；

（4）拟定公司的基本管理制度；

（5）制定公司的具体规章；

（6）提请聘任或者解聘公司副经理，财务负责人；

（7）决定聘任或者解聘除应由执行董事聘任或者解聘以外的负责管理人员。

第十四条　公司不设监事会，设监事＿＿**1**＿＿人，由股东会选举产生。监事任期每届三年，任期届满，可连选连任。

监事对股东会负责，行使下列职权：

（1）检查公司财务；

（2）对执行董事、高级管理人员执行公司职务的行为进行监督，对违反法律、行政法规、公司章程或者股东会决议的执行董事、高级管理人员提出罢免的建议；

（3）当执行董事、高级管理人员的行为损害公司的利益时，要求执行董事、高级管理人员予以纠正；

（4）提议召开临时股东会会议，在执行董事不履行《公司法》规定的召集和主持股东会会议职责时召集和主持股东会会议；

（5）向股东会会议提出提案；

（6）依照《公司法》的规定，对执行董事、高级管理人员提起诉讼。

监事列席股东会会议。

第十五条　公司执行董事、高级管理人员不得兼任公司监事。

第十六条　公司法定代表人由＿＿＿＿＿＿（执行董事或经理）担任。公司法定代表人姓名为＿＿＿＿＿。

第十七条　公司的营业期限为＿＿＿年/长期，自《企业法人营业执照》签发之日起计算。

第十八条　公司设立＿＿＿年内股东不得退出。自公司成立＿＿＿年后，股东之间可以相互转让其全部或者部分出资。股东转让出资由股东会讨论通过。股东向股东以外的人转让其出资时，必须经其他股东过半数同意；公司未就出资转让召开股东会的，股东应就其出资转让事项书面通知其他股东征求同意，其他股东自接到书面通知之日起满 30 日未答复的，视为同意转让。其他股东半数以上不同意转让的，不同意的股东应该购买该转让的出资；不购买的，视为同意转让。

经股东同意转让的出资，在同等条件下，其他股东有优先购买权。两个以上股东主张行使优先购买权的，协商确定各自的购买比例；协商不成的，按照转让时各自的出资比例行使优先购买权。

第十九条　有下列情形之一的，公司清算组应当自公司清算结束之日起 30 日内向原公司登记机关申请注销登记：

（1）公司被依法宣告破产；

（2）公司营业期限届满或者公司章程规定的其他解散事由出现，但公司通过修改公司章程而存续的除外；

（3）股东会决议解散；

（4）依法被吊销营业执照、责令关闭或者被撤销；

（5）人民法院依法予以解散；

（6）法律、行政法规规定的其他解散情形。

第二十条　公司登记事项以公司登记机关核定的为准。

第二十一条　公司章程条款如与国家法律、法规相抵触的，以国家法律法规为准。

第二十二条　本章程经全体股东共同制定，自全体股东签字并经公司盖章起生效。

第二十三条　本章程一式____份，股东各留存一份，公司留存一份，并报公司登记机关备案一份。

全体股东签名：_____

云南_____有限公司

年　月　日

第二节 公司机构议事规则

从广义上讲，公司的权力机构包括法定代表人、股东（大）会、董事会（董事）、监事会（监事）、高管。这些公司机构负责公司日常经营管理的决策和执行，是公司得以有效存续的神经中枢，从股东（大）会的决策机制到董、监、高的职责设定，都关乎公司的具体事项，没有科学设定好明晰的职权责任和有效的议事规则，在实践操作中就极易产生分歧和矛盾，致使公司经营效率降低，甚至出现公司僵局。

一 法定代表人的权责

（一）法定代表人的含义

法定代表人是依照法律或组织章程的规定代表组织行使职权的负责人。企事业单位、机关、团体及其他经济组织的主要行政负责人就是法定代表人，如经理、厂长、理事长、董事长等，这里通常所指的法定代表人主要针对有限责任公司和股份有限公司。法定代表人作为法人民事行为能力的实施者，是法人的当然代表，无须专门委托授权即可对外以法人名义进行民事活动，法人对法定代表人在其职权范围内的民事活动承担责任，对法定代表人在非执行职务过程中的行为后果不承担责任，而由法定代表人个人承担。

"法定代表人"、"法人"和"法人代表"这三个概念在现实中非常容易混淆。所谓的法人是社会组织在法律上的人格化，是法律意义上的"人"，公司就是最常见的法人；法定代表人是指依照法律或组织章程规定，代表法人行使职权的负责人，都需要登记在相关的登记文件里，是法人法律意义上的代表人，没有正职的，由主持工作的副职负责人担任法定代表人，设有董事会的法人，以董事长为法定代表人，没有董事长的法人，经董事会授权的负责人可作为法人的法定代表人，法定代表人一经登记，具有长期性和固定性；而法人代表一般是指根据法人的内部规定担任某一职务或由法定代表人指派代表法人对外依法行使民事权利和义务的人，它不是一个独立的法律概念，一般以授权委托的形式产生代表，具有临时性。

（二） 法定代表人的职权

法定代表人的职权，有的由法律直接规定，有的由公司章程规定。具体说来，法定代表人的职权包括：对外代表公司的权利，签署法律性文件资料，如在办理公司重大事项时，作为当然的代理人签署授权委托书，在报刊上为公司公开发表声明等；代表公司签订合同的权利，在订立合同过程中，法定代表人签字常常是合同的生效条件，法定代表人一经签署，合同即为生效，公司发行债券、股票的，必须由法定代表人签名，公司盖章；法律、行政法规和公司章程规定的职权，如主持股东会、董事会等。

（三） 法定代表人的责任

公司法定代表人的上述职权是由法律和公司章程赋予的，公司对法定代表人的正常活动承担民事责任，但法定代表人的行为超出公司授予的权利范围，法定代表人就可能要承担行政处分、罚款甚至被追究刑事责任。另外，即使法定代表人个人没有超出权利范围，只要是公司有违法行为，除公司承担责任外，法定代表人也要承担相应责任。如公司超出登记机关核准登记的经营范围从事非法经营的；向登记机关、税务机关隐瞒真实情况、弄虚作假的；抽逃资金、隐匿财产逃避债务的；解散、被撤销、被宣告破产后，擅自处理财产的；变更、终止时不及时申请办理登记和公告，使利害关系人遭受重大损失的；从事法律禁止的其他活动，损害国家利益或者社会公共利益的。

二　股东会职权与议事规则

鉴于大部分公司都是有限责任公司，此处仅就有限责任公司的股东会加以说明。股东会是公司的最高权力机关，它由全体股东组成，对公司重大事项进行决策，有权选任和解除董事，对公司的经营管理有广泛的决定权。股东会有定期会议和临时会议两种，并不是公司常设的机关，但公司一切重大的人事任免和重大的经营决策一般都须股东会认可和批准方可实施。

（一）股东会基本职权

1. 投资经营决定权

该项权利是指股东会有权对公司的投资计划和经营方针做出决定。公司的投资计划和经营方针是公司经营的目标方向和资金运用的长期计划，这样的计划和方针是否可行，是否给公司带来盈利并给股东带来盈利，影响股东的收益预期，决定公司的命运与未来，是公司的重大问题，应由公司股东会做出决定。

2. 人事权

股东会有权选任和决定本公司的董事、监事，对于不合格的董事、监事可以予以更换。在现代社会竞争日益加剧的情况下，股东会拥有用人权是其主体地位所确定的，董事、监事受公司股东会委托或接受委任为公司服务，参与公司日常经营管理活动。同时，董事、监事的报酬事项包括报酬数额、支付方式、支付时间等等都由股东会决定。

3. 审批权

此处股东会的审批权包括两个方面：一是审批工作报告权，即股东会有权对公司的董事会、监事会向股东会提出的工作报告进行审议、批准，体现了董事会和监事会的工作责任制以及股东的所有者权益；二是审批相关的经营管理方面的方案权，即公司的股东会有权对公司的董事会或执行董事向股东会提出的年度财务预算方案、决算方案、利润分配方案和弥补亏损方案进行审议，股东会认为符合要求的予以批准，反之则不予批准，责成董事会或者执行董事重新拟定相关方案。当然有一个隐含的前提，就是董事会和监事会必须提交相关的方案，否则就是违法，需要承担相应的法律责任。

4. 决议权

股东会有权对公司增加或者减少注册资本、发行公司债券、股东向非股东转让出资、公司合并、分立、变更公司形式、解散和清算等事项进行决议。这些事项都关乎公司股东的所有者权益，应由公司股东会决议。其中有的事项的决议还要做程序上的限制，如公司增加注册资本或减少注册资本，公司分立、合并、解散或者变更公司形式应以代表⅔以上表决权的股东同意才能做出有效决议。另外，公司章程是由公司股东会在设立公司时制定的,所以应由公司股东会来修改,也需要由代表⅔以上表决权的股东赞成通过方为有效。

(二) 股东会议事规则

根据我国《公司法》规定,确立了股东会作为有限责任公司权力机构的法律地位。股东会作为股东意志转换为公司意志的中介,不仅掌握着公司的"生死存亡",更是有权选任董事、监事,决定由谁来代表自己行使公司的管理权。每一次股东会形成的决议,都是各方利益角逐的结果。因此,如何保障股东在充分行使法律赋予权利的同时,能够最大限度地进行股东权利的合理延伸或释放,并且对管理层实现有效的监督与制约,设计股东会议事规则显得尤为重要。除法律规定外,想要提高股东对于股东会的重视程度,除了要树立规则意识外,还要有符合公司实际情况、实操性强的股东会议事规则。一般情况,股东会的议事规则主要包括以下几个方面:

1. 确定股东会会议召集规则

(1) 一般召集程序的设计。一般情况下,有限责任公司设立董事会的,股东会会议由董事会召集,董事长主持。我国公司法虽然规定了股东会在一般情形下的召集主体,但是并未规定董事会在表决权比例达到多少时可以启动股东会召集程序。此程序决定了公司股东会程序的启动问题,不容忽视。公司各股东根据所委派董事在董事会中所占的比例合理确定股东会的召集程序,对于公司控制权的规制具有重要意义。

(2) 特殊召集程序的设计。有限责任公司的董事会或者执行董事不能履行或者不履行召集股东会会议职责的,由监事会或者不设监事会的公司的监事召集和主持;监事会或者监事不召集和主持的,代表⅒以上表决权的股东可以自行召集和主持。股份有限公司的董事会不能履行或者不履行召集股东大会会议职责的,监事会应当及时召集和主持;监事会不召集和主持的,连续90日以上单独或者合计持有公司⅒以上股份的股东可以自行召集和主持。

2. 约定合理的通知方式和通知内容

《公司法》第41条规定:"召开股东会会议,应当于会议召开15日前通知全体股东;但是,公司章程另有规定或者全体股东另有约定的除外。"但《公司法》并没有规定采用何种方式通知、通知的具体内容等。实务中存在诸多因通知程序不规范、通知内容不清楚而引发的股东会决议效力争议。股东会议事规则应充分考虑股东所处地域、时间等多重因素，约定多种送达方式，除书面通知、电话通知之外，还可以电子邮件方式通知、通过预留的紧急联系人或授权代表通知等方式，以确保通知程序无瑕疵。股东会会议通知应当包括会议的日期、地点和会议期限、提交会议审议的事项、会务常设联系人姓名及电话号码等基本信息。

3. 定制表决权行使方式及代理表决规则

《公司法》第42条规定："股东会会议由股东按照出资比例行使表决权，但是公司章程另有规定的除外。"即股东会议事规则可以按照股东意志，对表决权的行使方式进行约定，而具体设计何种表决方式，必须充分考虑股东构成、股东意志、是否便于执行、是否有利于提高表决效力等多种因素。

实务中，为限制大股东对公司的控制权，对于公司章程中规定的重大事项，有些公司在股东会议事规则中会规定需要经过全体股东一致通过。与《公司法》关于重大事项表决权通过的规定存在差异，公司法中有限责任公司的股东会会议做出修改公司章程、增加或者减少注册资本的决议，以及公司合并、分立、解散或者变更公司形式的决议，必须经代表⅔以上表决权的股东通过。如果改为"必须全体股东一致通过"，通过的条件显然比公司法的要求高，但操作起来，可能出现小股东控制公司的尴尬局面。"一致通过"是一把"双刃剑"，其在约束大股东滥用控制权同时也约束了中小股东行使权利，与此同时，这种表决制度，实际上虽然不违反法律规定，但却赋予了每个股东一票否决权，必定会延长公司的表决事项的推进，影响公司决策效率。中小股东应当考虑多元化的操作方法限制大股东控制权，而对于大股东而言，为合理扩张控制权，对于笼统性的概括某些职权审议事项时，应当语义明确，必要时要在公司章程中或议事规则中做出专门的文辞解释。另外，对于不能到场或不便到场参会而又必须行使表决权的股东而言，应当在股东会议事规则中约定完善的代理表决制度，以保障股东顺利行使表决权。

4. 约定股东临时提案的审议规则

《公司法》规定了股东提议召开临时会议的权利，但并未规定股东临时提案该如何处理。按照《公司法》第43条规定："股东会的议事方式和表决程序，除本法有规定的外，由公司章程规定"，股东会议事规则应充分考虑股东或董事会、监事会临时提案的可能性，对于临时提案是否要纳入会议的审议范围、如何审议可做出自由约定。

5. 完善股东会议资料保存制度

对于公司而言，股东会决议、股东会会议记录要妥善保管备查，这些材料都是至关重要的公司档案，不仅是公司发展历程的重要证明，更是股东权利是否得到充分行使和保护的重要载体。有了这些资料，股东会做出的任何一个决议，都可追根溯源。

三　董事会的职权与议事规则

（一）董事会的一般规定

董事会是公司的常设权力机构，是依照有关法律、行政法规和政策规定，按公司章程设立并由全体董事组成的业务执行机关，是公司的执行机构，对内掌管公司事务、对外代表公司的经营决策。它既是股东会的执行机关，又是公司的经营决策机关，处于公司日常运作的核心地位。

有限责任公司董事会成员的数量是单数，公司章程中一般会规定 3 至 13 人，通常情况下，中小型企业 3 人至 7 人为宜，大型企业一般应为 9 人以上的单数。基于有限责任公司封闭性、人合性、可控性强的特点，董事长、副董事长由股东会选举产生更有利于股东的信任和器重，尤其是私营中小型公司。

关于董事的任期，在 3 年期限内依法由公司章程予以规定。如果多数董事由股东出任的情况下，董事任期按最高上限 3 年即可，非此情况下，可考虑每年改选一次。董事任期由公司章程规定，但每届任期不得超过 3 年，董事任期届满，连选可以连任。董事任期届满未及时改选，或者董事在任期内辞职导致董事会成员低于法定人数的，在改选出的董事就任前，原董事仍应当依照法律、行政法规和公司章程的规定，履行董事职务。

（二）董事会的基本职权

董事会是公司的权力机构，董事会由股东会选举产生，对股东会负责，按照《公司法》和公司章程行使董事会权力，执行股东会决议，是股东会的代理机构，代表股东会行使公司管理权限。董事会所做的决议必须符合股东会决议，行使如下职权：召集股东会会议，并向股东会报告工作；执行股东会的决议；决定公司的经营计划和投资方案；制订公司的年度财务预算方案、决算方案；制订公司的利润分配方案和弥补亏损方案；制订公司增加或者减少注册资本以及发行公司债券的方案；制订公司合并、分立、解散或者变更公司形式的方案；决定公司内部管理机构的设置；决定聘任或者解聘公司经理及其报酬事项，并根据经理的提名决定聘任或者解聘公司副经理、财务负责人及其报酬事项；制定公司的基本管理制度；公司章程规定的其他职权。

（三）董事会的议事规则

公司董事会议事时，应当有相应的程序规则，明确董事的权利和义务，正确行使权利，维护公司利益。主要包括以下几方面：

1. 设计会议召集程序

（1）一般召集程序。一般情况下，董事长召集和主持董事会会议，检查董事会决议的实施情况。副董事长协助董事长工作，董事长不能履行职务或者不履行职务的，由副董事长履行职务；副董事长不能履行职务或者不履行职务的，由半数以上董事共同推举一名董事履行职务。可见，董事会的召集者最终就是董事长，在特殊情形下，与董事长职权等同的是副董事长，因为"董事长不能履行职务或者不履行职务"的认定在实务中不易举证。在公司章程中或者议事规则中，可以直接细化董事长不能履行职务或不履行职务的情况，一旦符合所列情况就适用该规定。

（2）特殊召集程序。股份有限公司的董事会特殊召集程序是代表⅒以上表决权的股东、⅓以上董事或者监事会，可以提议召开董事会临时会议。董事长应当自接到提议后10日内，召集和主持董事会会议。由于股份有限公司股东众多，公司日常治理的重心在董事会而非股东大会，因此《公司法》对于股份有限公司的董事会会议召集做了特殊规定。但《公司法》未对有限责任公司董事会的特殊启动程序做出规定，根据公司自治的基本原理，在不违反法律、法规的前提下，有限责任公司的章程或议事规则中可以就董事会的特殊召集程序仿照股份有限公司做出类似规定。

2. 确定董事的参会资格

有限责任公司的董事会召开程序中，董事不能到场的，可以根据公司章程的规定委托他人到场代为参会。《公司法》对有限责任公司董事会代为参会人的资格并未直接规定，如果公司章程中也未有具体规定，则适用普通民事委托的规定成立委托关系。对于股份有限公司而言，董事不能委托非公司董事身份的人参加董事会会议。我国《公司法》第 112 条规定："董事会会议，应由董事本人出席；董事因故不能出席，可以书面委托其他董事代为出席，委托书中应载明授权范围。董事会应当对会议所议事项的决定作成会议记录，出席会议的董事应当在会议记录上签名。"为此，有限责任公司董事不能参会时，也可规定类似的规则，也要委托给其他董事，而非委托给其他非董事人士。

3. 设立董事会审议前置制度

我国《公司法》并未规定股东会所审议事项必须先经董事会审议通过。对于中小股东而言，某些重大事项可以要求在公司章程中设定董事会先行审议程序，未经董事会审议不能直接提交给股东会，当然，对于此类重大事项的审议也可以要求所有董事一致通过方能形成董事会决议。除此之外，也可以就董事会会议召开的最低出席人数做出限定，对于低于最低人数的，不能形成决议。

4. 设定决议形成的表决数标准

对于公司股东会、董事会形成决议的表决比例标准或形成原则应当在公司章程中列明，具体而言可分为一般标准和特殊标准。一般标准指的是除公司章程特别规定的某些事项需要经规定比例或数量通过后形成决议外，其他情况按照此一般标准执行。特别标准指的是基于特殊事项所设定比例的标准。同时，需要注意的是，经过法定及公司章程规定的程序召开的合法的董事会决议，其法律效力具有一定的独立性，不容股东会决议随意撤销。

关于股东会与董事会议事规则与公司章程的关系，要确保公司章程、董事会议事规则等保持一致。公司治理结构优化是一个系统工程，不能顾此失彼，如果在各类文件中出现相互矛盾的规定，将会给公司运转造成严重的不利后果。

四　监事会的职权及议事规则

（一）监事会的一般规定

为了保证公司正常有序、有规则地进行经营，保证公司决策正确和领导层正确执行决议，防止滥用职权，危及公司、股东及第三人的利益，各国都规定在公司中设立监事会，当然对于特别小的公司可以不设监事会，只需设一名监事即可。监事会是股东会领导下的公司常设机构，与董事会并列设置。监事会是由全体监事组成，对董事会、总经理及其他高管的业务活动进行监督，包括调查和审查公司的业务状况，检查各种财务情况，并向股东会提供报告，并对高管人选的任免提出建议，对公司的计划、决策及其实施进行监督等。

监事会的设立目的是由于公司股东分散，专业知识和能力差别很大，为了防止董事会、经理滥用职权，损害公司和股东利益，就需要在股东会上选出这种专门监督机关，代表股东会行使监督职能。监事可以是股东和公司职工，也可以是非公司专业人员，其专业组成类别由《公司法》规定和公司章程具体规定，但为保证监事会和监事的独立性，公司的董事长、副董事长、董事、总经理、经理不得兼任监事会成员。

监事会的任期为 3 年。监事任期届满，必须重新选举，连选可以连任。这样做是为了防止监事职务任职的固定化，不利于监督工作。监事任期届满未及时改选，或者监事在任期内辞职导致监事会成员低于法定人数的，在改选出的监事就任前，原监事仍应当依照法律、行政法规和公司章程的规定，履行监事职务。

（二）监事会的基本职权

一般情况下，公司往往都会设立监事会，对公司进行监督。根据《公司法》的规定，监事会具体职责如下：检查公司的业务、财务状况，查阅账簿和其他会计资料，并有权要求执行公司业务的董事和总经理报告公司的业务情况；对董事、经理执行公司职务，对违反法律、法规或公司章程的行为进行监督；当董事和经理的行为损害公司的利益时，要求董事和经理予以纠正；核对董事会拟提交股东会的会计报告、营业报告和利润分配方案等财务资料，发现疑问可以以公司名义委托注册会计师、执行审计师帮助复审；提议召开临时股东会；代表公司与董事交涉或对董事起诉；公司章程规定的其他职权；监事会主席或监事代表列席董事会会议；监事不得兼任董事、经理及其他高级管理职务；负责对公司重大事项及方案的检查、监督。

（三）监事会的议事规则

我国公司法对公司监事会和监事的地位、职权、作用做了明确规定，但在现实中，人们对监事会和监事的认识还比较肤浅，认为监事会只是摆设，参加董事会和股东会也是旁听者，并无多少发言权，干不了实事。再加之，一些监事专业素质不高，不能充分发挥监督职能，形同虚设，违背了设立监事会的初衷，导致公司和股东利益受损。为此，在制定监事会议事规则时，需要依照法律的规定和公司的具体情况制定，使议事规则具有实际可操作性和适用性。一般应注意以下几点。

1. 确定监事的选任标准

作为监事，应具备的良好的素质，否则与此职位不相符合，起不到监督的作用，所以在议事规则中要明确监事的选任标准，一般而言，监事要熟悉公司运行程序和规章制度；熟悉公司业务中涉及法律、法规的基本知识；熟悉会计、审计方面的知识。只有如此，才能切实履行好监督职能，对此，可细化标准，将监事的选择范围确定为律师、会计师、税务师、管理学等方面的专家或专业人士。

2. 制订有操作性的实施细则

监事会行使监督权的武器是法律、法规和公司章程，而这些规定都较为原则，操作性可能不强，监事会议事规则应当制订更加具体和可操作的工作细则，明确会议召开的方式、表决方式、奖惩规定等，对不履行监事职责，致使公司出现管理者违法损害股东利益长期失察的，规定应当追究监事的连带法律责任等。

3. 建立监事会内审部门

尝试设立内审部门，在财务、管理、法律方面审查高管的履职情况，以此作为监事会履行职责的重要手段，不仅有利于监事会行使监督权，而且使内审部门处于更超脱的地位，更能树立权威。当然，重要的审计情况也应及时向董事会报告，取得董事会的支持，这有利于审计意见的实施。总之，通过监事会的内审，可以加强监督职能，促进董事会及其他高管切实负责地履行职责，不负股东的重托。

第三节　高管任职风险防范

随着市场经济的不断发展，竞争越显激烈，企业所面临的法律风险慢慢呈现出复杂多样的特点，风险无处不在。风险的存在会逐渐蚕食着企业，一些风险对企业的打击甚至是致命的。企业高管作为企业重大事项的决策者和执行者，对企业法律风险的防范起到至关重要的作用。同时，隐藏在高级管理人员背后的法律风险应需引起关注，否则将会给企业带来不可挽回的损失。

一　高管概述

（一）高管人员的范畴

高级管理人员是指企业管理层中担任重要职务、负责企业经营管理、掌握企业重要信息的人员，主要包括董事长、经理、副经理、财务负责人等，如果是上市公司，还包括董事会秘书、外部董事、外部监事及公司章程规定的其他重要人员等。我国《公司法》规定，总经理及副总经理、财务负责人、上市公司董事会秘书等都属于企业高管。随着市场的发展，企业高管中的人员呈现多样化趋势，一些高管不一定是企业股东，高管职业化倾向越来越普遍。

20世纪40年代，公司制出现在历史舞台上，职业型高管也应时而生，职业经理人大量出现。职业经理人是公司制度社会经济发展到一定阶段的产物，职业经理人的出现为企业向现代公司制转型提供专业保障基础。职业经理人制度是企业管理现代化的标志制度之一，由企业股东或董事会以高薪酬、期权等方式聘请具有某方面专业能力的特殊人才从事职业化企业管理，如聘请擅长企业管理的人才、人力资源方面人才、财务专业人才、营销人才等。职业经理人的职责就是管理好、服务好企业，负责抓好企业的生产经营、营销及相关活动。一般来讲，职业经理人可以理解为一种职业，从狭义上看也可以理解为专业从事企业管理或企业管理相关的非股东型人士。从企业的角度来说，职业经理人掌握着企业的重要事项，负责企业的一切大小事务，它不仅仅属于企业自身的特殊员工，更是企业决策的参与人和实际执行人，是企业这艘"大船"的掌舵人，控制着"大船"航行的方向。企业对职业经理人的基本要求是要有良好的职业道德素养，并具备企业要求的某方面管理能力和专业能力，能对企业的产品、服务、营销、售后等各环节有丰富的管理经验；最关键的是还须具备大局意识，对市场拥有敏锐的洞察力和战略部署的意识，具备处理各种繁杂的内外关系的能力。

（二）高管任职的现状

我国民营企业高管产生的主要形式是由董事会或股东会聘任，国有企业的董事会成员由国有资产监督管理机构委派，但董事会中的职工代表由职工代表大会选举产生，国有独资公司的经理由董事会聘任，任职资格体系单一。纵观我国高管任职的制度发展，其局限性主要集中表现在以下几个方面。

1. 相关制度不完善

经过多年的摸索，我国企业职业化管理的相关制度建设还没有取得一个很好的效果，相关制度的不完善让高管不能完全尽其所能地管理企业。无论是国企还是民企，专门的制度尚有欠缺。21世纪以来，我国民营和国企有关管理层面的体制经过了无数变革，有了一些框架性的制度，但配套操作的运行规则依旧不健全，导致高管体制不能完全发挥自身的优势。比如，公司招聘总经理时要求非常高，要么高学历，要么有从事相关领域的丰富经验，但当总经理到岗任职后，企业投资人对其不完全信任，其履行职务时管理权受到限制，如没有财政审批权、自由决定权等。

2. 高管能力不足

目前大部分的企业用工都是向社会公开招聘，这种人力资源机制能让企业找到基本满足当前条件的人员。但随着企业的发展，所需要的是综合性素质较高的高管人才，市场上就比较缺乏，很多高管是从企业的中低层管理岗位慢慢成长起来的，这些高管在任职前主要从事专一业务领域，或许对单一业务或单一部门管理非常娴熟，但对企业的整体把控却不到位。

除此之外，还有一些国企出身的高管，行政工作经验非常丰富，但其工作模式非常单一，缺乏自主决定权，一般是执行上级的指令，管理工作极其被动，在混合所有制改革背景下，如果突然担任混合制企业的高管，他们很难经受市场的考验。我国企业高管能力的不足还体现在很多方面，如高管为人处世、应急处理等方面的能力不均衡。在当前我国弘扬"以人为本"理念模式下，企业各方面的工作尤其是管理工作更应讲求"人本管理"。这就要求高管在增强自身业务素质的同时，要不忘提高自己的人际沟通能力与人文关怀能力，努力做到全面发展。

3. 高管角色定位不清

企业高管即是企业的员工，又是企业的领头人，经营管理企业并以输出专业知识和专业能力的方式带领企业完成一定的经营目标。高管既不是企业的所有者，又不是企业的投资人，但其经营管理企业的一切决定和行为都掌握着企业的生命力，决定企业的兴衰，这是高管这一角色在企业中的定位。实践中，民营企业和国有企业的高管在角色定位上或多或少都会存在一定的问题，民营企业的高管并非企业实际控制人，但其可能会争夺更多的企业控制权，甚至会逾越职权，违背企业所有权人的意愿，或是疏忽自身的管理职能，损害所有权人的利益。国有企业的高管往往会把重心偏向于服从上级领导的指令，容易疏于管理企业，容易形成"跟着领导走"的思维模式，原因可能是"跟着领导走"的结果回报要远远高于实现企业业绩后的回报。民营企业高管的本职工作就是经营、管理好企业，使企业利润实现最大化。

4. 高管激励机制不健全

对高管的激励方式有很多，有物质性的，也有非物质性的，主要体现在物质层面和精神层面。物质层面的激励可以是薪金也可以是股权，精神层面主要是心理和精神的勉励。现实中，大部分企业采用较多的激励方式是为高管提供丰厚薪酬和绩效奖金，少部分企业采用股权激励等方式激励高管，将企业的发展与高管的利益进行捆绑。但是由于企业相关制度的不完善，很多高管的薪资奖金达不到高管的期望，股权激励也仅仅是停留在表面并未规范化操作，或中途夭折，最终导致高管丧失工作热情。

二　高管的职权与责任

企业的高管作为企业发展的中坚力量与中流砥柱，是企业战略定位、执行系统导入的支持者与实施者。

（一）高管的职权

1. 经理的职权

经理是企业的执行机构，在企业中独立行使职权，职权的来源主要有三项：一是法律规定，二是公司章程的规定，三是董事会授予职权。其中法定职权是最基本的权力，后两项职权都以法定职权为基础，不能与法定职权相违背。

经理的法定职权包括：（1）主持企业的生产经营管理工作，组织实施董事会决议或执行董事决定；（2）落实企业年度经营计划和投资方案；（3）拟订企业内部机构设置方案；（4）拟订企业的基本管理制度；（5）制定企业的具体规章；（6）提请聘任或者解聘企业副经理、财务负责人；（7）聘任或者解聘除应由董事会聘任或解聘以外的负责管理人员；（8）公司章程和董事会授予的其他职权。

除上述职权外，经理还有一项特殊的权力，即作为董事会会议的法定列席人员，能直接洞悉董事会的决策情况，与董事会成员沟通。

2. 副经理的职权

副经理是企业行政班子的组成人员，由总经理提名，董事会聘任，是总经理的助手，是董事会授权的企业某个领域的负责人。协助总经理制定并实施企业战略、经营计划等政策方略，实现企业的经营管理目标及发展目标。受总经理的委托，行使对企业日常运作的指导、指挥、监督、管理的权力，并承担执行各项规程、工作指令的责任，主持企业经营管理工作，对企业各营业部的管理与协调，主要职责包括：（1）协助总经理制定企业发展战略规划、经营计划、业务发展计划；（2）协助总经理将企业内部管理制度化、规范化；（3）协助总经理制定企业组织结构和管理体系、相关的管理、业务规范和制度；（4）协助总经理组织、监督企业各项规划和计划的实施；（5）协助总经理开展企业形象宣传活动；（6）协助总经理按时提交企业发展现状报告、发展计划报告；（7）协助总经理参与企业人才队伍的建设工作；（8）协助总经理对企业运作与各职能部门进行管理，协助监督各项管理制度的制定及推行；（9）协助总经理推进企业文化的建设工作；（10）完成总经理临时下达的任务，对总经理负责。

3. 财务负责人的职权

企业的持续发展要以不断赚取利润为基础，企业是否能存续下去，取决于企业的日常财务状况、市场竞争优势及盈利潜能。现代企业会计功能不只表现在计算企业利润多少，更体现在预测、规划、计划获取更多盈利的目标和方案，以及实现方案的控制手段。

企业的财务部门负责企业资产、负债及成本和利润的核算，甚至负责企业投资、融资与股权管理等职能。作为企业财务方面的负责人，代表所有者对企业进行财务上的监管，也要协助企业管理者参与经营管理。财务负责人负责企业内部管理控制系统的内部受托职责，代表出资者实施外部资本的控制。财务负责人的职责有：（1）制定本单位财会制度；（2）组织领导财会部门工作；（3）日常财会管理和成本控制；（4）保证按时纳税及应交利润；（5）负责定期财产清查；（6）做好财务部门人力资源管理。

（二）高管的义务

我国企业正逐步向规范化、现代化、国际化方向发展，在企业快速发展的同时，为确保所有股东及企业自身的权益，实现企业的壮大和创收目标，防止企业高管为谋取自己利益而损害企业、股东及其他人的利益，对具有一切重要职能的高管的权利、义务进行规制至关重要。在法律层面上，义务是指相关主体根据法律规定或合同约定应当实施某种行为或不能实施某种行为的约束或限制。高管义务就是指高管根据《公司法》、相关法律法规及公司章程的规定，对企业负有勤勉尽责的义务和忠实义务。

1. 勤勉义务

勤勉义务是指董事、监事和其他高管等人员应谨慎、勤勉地履行职责，在管理企业的过程中，尽到合理的注意义务，依照法律法规、公司章程或有关合同履行管理义务，提高企业效益及保障企业的利益。企业高管的勤勉义务要求高管在履行职务时必须尽到合理的谨慎，否则将对企业承担一定的赔偿责任。我国《公司法》规定，董事、监事、高级管理人员因执行职务时违反法律、行政法规或者公司章程的规定，造成企业损失的，应当承担赔偿责任。可见，董事或其他高管只要违反一般勤勉义务、给企业造成了损失，就需要承担赔偿责任。如董事的勤勉义务包括：董事应当出席董事会会议，应就企业董事会所讨论和决议的事项加以合理、谨慎的注意；

应当在法律、公司章程允许的范围之内和其应有的权限内做出决议；就董事会决议的事项有异议时，应当将其异议记入董事会会议记录；在发现董事会聘任的经营管理人员不能胜任时，应当及时建议董事会将其解聘；当其不能履行董事职责时，应当及时提出辞任，等等。

2. 忠实义务

忠实义务是指企业高管必须一切以企业利益为重，忠诚地履行企业所赋予的职责，在追求个人利益时，应优先保障企业的利益。忠实的前提条件是高管应按照法律法规或者公司章程或合同约定的职权范围行权，不得逾越，如高管应遵守竞业限制和保密的有关规定及约定。企业高管做到忠实的核心原则是，坚持企业利益高于个人利益。概括起来，高管的忠实义务主要包含以下三个方面内容。

一是不得自我交易。自我交易包括直接和间接两种情况。直接自我交易是一种高管直接与企业签订合同的行为；间接自我交易是除直接自我交易外的交易，如由企业提供财产为高管担保或其他有损企业利益的交易等。

二是不得擅自利用公司交易机会。该义务是指高管不能将企业的交易机会占为己有，不能损害企业的预期利益。高管由股东会或董事会聘任，具体执行企业事务，忠实义务是其对企业最基本的义务。高管的工作应以企业的利益为核心，不能因追求自身利益去损害企业及企业股东的权益。但在实践中，高管凭借其自身的专业能力、专业知识及在企业中高层管理人员的优势地位，获得大量企业秘密，谋取个人利益和损害企业利益的案例屡见不鲜。对此，我国在法律上做了一定限制。但是，法律法规的规定并不是面面俱到的，有时也有例外，那便是高管履行了披露义务后，企业股东会或董事会同意让与交易机会的情形。

三是竞业禁止义务。竞业禁止义务属于忠实义务的范畴，是指高管受股东会或董事会聘任，在任职期间或离职后一段时间内，不得经营或者与他人经营任职企业相同或相竞争的业务。竞业禁止义务的核心是不能违反法律、章程或合同的规定进行某种行为，是一种不作为义务。竞业禁止是企业和高管间的法律屏障，分为同业、兼业及副业方面的禁止。竞业禁止的目的是维护企业利益，避免高管侵犯企业利益的情形出现。但并非一切竞业行为都不被允许，只有那些故意损害企业利益的竞业行为被禁止。

（三）高管的责任

高管作为企业的代理人，拥有广泛的经营决策职能，但也应负一定法定义务，如果高管滥用职权，可能会导致民事、行政以及刑事方面的责任。

1. 高管的民事责任

根据责任对象的不同，高管需要承担对企业的责任以及对利益第三人的民事责任。

（1）企业高管和企业之间存在着直接的雇佣和授权法律关系，企业对高管基于高度的信任以希望其通过经营管理使企业利益最大化，当高管违背法定义务损害企业利益时，其需要对自己的违规行为承担一定的民事责任。

由于高管的原因给企业造成损害的，需要承担相应的民事赔偿责任。企业高管由于具有与普通员工不一样的管理经验、专业能力及工作技能等，在企业中的身份及所起的作用也不同，最终给企业带来的影响也不同。一般员工只需要提供初级劳务即可获得相应报酬，一般不会给企业造成实质性的损害。而企业高管是企业的决策参与人和执行人，掌握企业的核心资源和商业秘密，拿着企业优厚的待遇，被企业寄予厚望，如果因其原因造成企业的损失，那将是致命的打击。所以，法律规定其应当负一定的民事赔偿责任。在一般的合同纠纷中，只要行为人违约，无论其过错大小均应追究违约赔偿责任。高管的赔偿责任有所不同，一般是根据高管的过错确定赔偿责任。这一原则可以在一定程度上减少高管害怕担责的心理担忧，让高管充分履行职责并发挥其应有的作用。为了挽回企业的损失，法律赋予企业享有剥夺高管不当利益的权利，即企业有权将高管擅自利用企业的资源所获取的利益归入企业，保证交易的安全和经济交往的连续。

（2）除了对企业的法定义务外，高管在一定限度内也要履行对股东的勤勉、忠实义务，主要体现在对股东承担的民事责任方面，《公司法》规定，高管损害了股东权益的，股东可以提起代表诉讼。

2. 高管的行政及刑事责任

我国现有立法中除规定了高管需要承担民事责任外，还对高管的行政责任、刑事责任进行规定。

对于高管滥用职权的行为构成犯罪的，将依法追究高管以下刑事责任：

（1）高管利用职权非法收受商业贿赂的行为，按照我国《刑法》规定，国有企业的高管构成受贿罪；民营企业的高管则涉嫌非国家工作人员受贿罪。（2）高管随意侵占、挪用企业财产的，根据《刑法》规定，如属于国家工作人员的，涉嫌贪污、挪用公款等罪，普通工作人员则涉嫌职务侵占罪或者挪用资金罪。（3）对于国有企业高管违反竞业义务的行为，按照我国《刑法》规定，可能构成非法经营同类业务罪，且获取非法利益的数额与定罪量刑息息相关；企业高管侵犯企业商业秘密的，可能构成侵犯商业秘密罪。

按照高管违反法定义务情节轻重的程度，高管可能会承担行政责任，如上市企业的高管违反信息披露义务造成企业损失的，《证券法》对此规定的是行政责任；高管侵犯企业商业秘密的，我国《反不正当竞争法》规定有关监管部门除责令高管停止侵害行为外，还可根据侵害行为的严重程度对高管处以罚款，也属于行政责任。

三　高管任职协议的签订

高管也是企业员工的组成部分，也要与企业签订劳动合同，但又与普通劳动者有所区别。高管因其特殊的岗位与能力，很多企业会单独与高管签订聘用合同或任职协议，以此保障企业利益，也给予高管更多的限制和约束。

（一）　岗位职责确定

岗位职责是根据工作岗位的性质和业务特点所确定的义务性规定，主要是为了明确高管的职责和权限，并确定高管的工作标准、考核及奖惩机制。一般而言，岗位职责包括企业管理、业务运营、商业规划等方面。

1. 企业管理

如全面负责企业的市场化运作和管理；组织制定企业整体经营目标与计划，并审核上报；指导落实企业经营规划，对企业各部门工作进行监督、指导；人员结构塑造，招聘培训，人力薪酬管理等等。

2. 业务运营

如制定企业的营销策略、政策、机制、年度中长期规划；对市场开拓、销售运营和管理过程的追踪分析、评估有效性负责；对同业、消费者、市场环境、企业产品、顾客满意度的研究、分析报告效果负责；对企业各类销售方案、运营模式的效果负责；对营销工作进行监督、指导、考核；对客户信息、客户关系管理效果负责等。

3. 商业规划

如统筹、推动企业进一步发展；建立健全适合企业投融资与资本运营的体系；研究金融政策、拓展融资渠道、完成融资目标；把控重大投资项目研究、筛选、尽职调研、投资策略、趋势研判、运营规划等环节；依托企业资金现状，深化产融结合，完成企业产品战略规划；企业商业模式方案设计及实施等。

（二）薪酬合理约定

薪酬是高管重点关注的内容，也是企业运营成本的重要组成部分，合理的薪酬可以激发高管的潜能，与企业的目标趋于一致，不当的薪酬设计可能违背竞争性和公平性，难以满足高管的心理预期，或者加大企业的支出成本。薪酬的制定应按照以下原则来进行。

1. 合法的决策程序

根据《公司法》的规定，企业高管的薪资由董事会决定。但现实中，董事会的职权来源于股东会的授权，所以，股东尤其是控股股东的意见非常重要，一些高管的薪酬完全取决于股东会的决定，如董事长。其他高管的薪酬最好也在股东会上决定，当然薪酬的提议由董事会做出较为合适，毕竟日常的管理都由董事会完成。

2. 薪酬构成和比例

薪酬可由几部分构成，不同的薪资组成所产生的效果是有差别的。薪资结构不能单一，应重视浮动工资、福利等在薪酬体系中的作用，从不同角度来增强薪资的激励效果。薪酬的组成一般有以下几个部分。

（1）固定薪资。按月或按年发放的固定现金收入，即使高管的业绩情况不好，也可以保障其基本生活。一般情况下，固定的薪资不宜设定得过高，以防高管怠于行使职责造成企业成本负担过重。

（2）浮动薪资。包括长期和短期浮动薪资，短期浮动薪资主要是基于对高管当期业绩的肯定；长期浮动薪资主要是激励高管对企业长远利益的考虑，发放具有长期性。这是由高管的职能地位所确定的，高管的管理效能有些不会在短期内体现出来，需要长期的观察和发酵。

（3）福利。除五险等法律规定的福利外，还可以设计相应的补充性福利，如医疗保健、安家费、出国旅游等。

3. 合理的业绩目标

选择恰当的业绩考核标准对高管进行有效考核极其重要。在确定考核标准时，须注意规模、效益及风险三者的平衡，在每个阶段侧重点应有所区别。在设定业绩目标时，要充分考虑高管所管辖的范围，要将其涉及的团队业绩充分纳入进去，要体现高管的"管理"作用，不能太强调其个体能力。

（三）职能考核确定

合理的考核标准是核定高管绩效的基础，企业应组建专门核定组织对高管进行考核。考核应根据企业上年度经营状况、所处发展阶段（初创期、成长期、成熟期、衰退期等类型）等因素来确定各项经营目标；根据企业新一年工作重点等确定管理指标，指标确定后，再确定每个指标的权重。

（四）退出机制约定

企业人才退出机制是根据企业发展的需求，在企业不断发展中，对高管能力、绩效和薪酬都要做动态协调，通过绩效考核的方式判定结果，对不符合企业发展要求和不满足绩效考核要求的人员，依据程度的不同进行相应的处罚，轻则约谈、培训、调整岗位，重则核减绩效、解雇。其中，退出机制是重要的方式之一，既要考虑高管曾经的贡献，也要否定不认真履行职责的高管或者不合格的高管，要根据实际情况，对不同类型的高管给予肯定或否定的评价。

1. 退出方式的种类

通过不断地实施人事制度变革，让企业拥有一支能力强、效率高的人才队伍，是企业人力资源管理工作的重要任务。有进入必然有退出，选择高管退出机制一定要慎重，否则可能会引发纠纷给企业带来损失。

（1）届满退出方式。要对高管的任期有严格的限制，企业在高管任职到期后经评定不继续聘用的，企业要解除与高管的聘用关系，高管即退出企业的经营管理，是一种正常的退出机制，企业可根据高管的原来贡献，给予相当程度的待遇，如一次性补偿或者一定时期的待遇等。

（2）问责退出方式。指高管故意或过失的原因在经营管理企业过程中造成企业的重大损失，企业的经济效益受到极大的影响，继续聘用会严重损害企业的利益，最终通过追究高管的责任强制性让其退出。有下列行为的应予以问责追究：不作为、违法违规、缺乏工作能力、违反效能规定、违反廉政规定等。

（3）到龄退出方式。指高管因到法定退休年龄或者因自身因素可以申请退休，包括申请退休和法定退休两种方式，法定退休即高管年龄达到国家法律法规或政策的规定，从而退出企业的一种方式，或者当高管因其原因无法胜任工作而离开高管职位。申请退休，即由高管提出申请从而退出企业的方式，它是高管根据自身的意愿提出申请而离开岗位。

（4）辞职退出方式。高管因企业工作或因自身问题主动辞职，或者企业责令其辞职等，都是对无法落实岗位工作的高管最为普遍的处理方式，其中一般较为有效的处理方式是主动辞职、责令辞职这两种。

（5）考核退出方式。企业可以规划相应的经营目标、部门目标，确定高管的管理目标，从而结合目标的完成情况落实高管的考核体系，以便更好地根据该考核体系定期对高管进行绩效考核。最终根据考核结果决定高管从本岗位上予以淘汰或是进行降职。

（6）调岗退出方式。很多高管都是从基层岗位慢慢成长起来的，精通一些特定的业务，但对于全局性的工作岗位却不一定擅长。为此，让不适合管理岗位的高管调去担任一些专业性工作。调岗退出方式一般由高管自行申请或由企业进行调配。

（7）高管竞聘上岗。竞聘上岗，即只要符合竞聘条件，都能参与竞选，是较为公平的一种用人机制，让有能力的人出任，能力不足的人退出的一种方式。

（8）创业退出方式。有一些企业高管，心里一直有一个创业梦，但却缺乏一定的资本。为此，企业支持这些高管成立独立的小企业，承包企业内部的具体业务，或者由企业控股，高管作为投资人成立新的子公司，与企业分享发展成果。这种退出方式既减少企业的用工成本，又能保障企业的效益；既能调动高管的积极性，又能革新企业的内部分配机制，减少企业风险。

2. 退出机制的设定原则

退出机制的设定应结合企业发展的战略规划进行，并注意把控以下几个原则。

（1）明确退出标准和程序。退出标准和程序应在聘用高管时向高管予以说明，确保企业以后执行高管退出机制时，避免劳资纠纷；同时也是给予高管的一种预期提示。

（2）考核方式公平公开。公平公开的考核方式能使高管心服口服，企业能较为顺利执行，丧失公平、公开的考核不仅不会达到应有的效果，还会影响企业高管的士气和忠诚度。

（3）操作程序切实可行。有退出必然有进入，高管的退出就是特殊意义上的员工离职，不管是对企业还是对高管，都极为敏感。操作层面稍不注意，不但会影响其他高管的士气和忠诚度，还会给企业的形象带来不可估量的损害。因此，切实可行的高管退出操作程序是一个企业管理成熟的象征。

（4）拓宽职业发展道路。退出机制的目的是在于引进人才，引进人才需要花费企业不小的成本，如果企业能培养人才、留住人才，确保人才储备，必然会减少企业成本，给企业带来效益。所以，企业应拓宽职业发展道路储备人才。促进高管能进能出、能升能降，让真正有才能的人能到核心岗位，发挥他们的优势；才能、绩效低下的人及时剔除，避免企业效率低下、人力资源的浪费。

（5）多机制互相配合。高管退出机制是人力资源管理工作的一部分，与人力资源的其他管理活动密不可分，所以，需要人力资源管理中各机制之间能互相融合。制定高管退出机制时，应同时建立其他配套机制，包括：

一是考核机制和约束机制。不管是奖惩、升职、加薪、岗位调动、降职，还是高管的退出，绩效考核都是极其重要的配套机制。高管的积极性、忠诚感需配合企业的激励机制才能完美地体现。考核总是和激励约束机制整合利用，一起引导高管朝着企业成功的方向行进，形成良性循环系统。

二是人才培训机制和储备计划。有针对性的培训，可以激发高管的潜能，提高工作能力，培训机制是确保退出机制有效运行的根基。为了避免高管退出后，企业无法找到继任者而遭受损失，企业务必要有持久发展的人才战略目光，设计企业的人才储备计划。

三是打造好企业文化。优秀的企业文化能深入人心，把退出机制融入企业文化，转变管理者观念，使其在思想上认同退出机制也尤为重要。

高管退出的方式很多，企业制定退出机制时，要根据自身的情况选择或组合适于自身企业的方式。另外，还要结合法律法规、国家政策和企业实际情况，以免走入误区。

四 高管任职协议示范文本

总经理聘用合同

甲方（聘用方）：_____

法定代表人：_____

乙方（受聘方）：_____

身份证号码：_____

甲方经董事会决议，聘请乙方担任甲方的总经理。根据相关法律、法规的规定，双方按照自愿、平等、协商一致的原则，签订本合同。

第一条 聘用期限

1. 聘用期限：____年，自____年____月____日起至____年____月____日止。

2. 聘用合同期满前一个月，经双方协商同意，可以续订聘用合同。

第二条 乙方的权利与义务

1. 乙方受聘为总经理后，对公司董事会负责，享有国家有关法律、公司章程和公司董事会赋予的职权和履行同等义务。具体享有以下职权：

（1）负责公司的管理经营工作，组织实施董事会的各项决议并向董事会报告工作；

（2）组织实施董事会决议、公司年度计划和投资方案；

（3）遵守法律法规和财务会计制度，根据实际需要，拟订公司内部管理机构设置方案，组织编制公司的各项具体规章和基本管理制度；

（4）提请董事会聘任或者解聘副总经理，财务负责人和其他应由乙方提名的中层以上管理人员；

（5）聘任或者解聘除应由董事会聘任或者解聘以外的管理人员；

（6）拟定公司职工的工资、奖惩及其他福利待遇的分配方案，经董事会审核后执行；

（7）受董事会委托代表公司参加各项社会活动；

（8）遵照财务制度和审批规程，根据公司批准的年度、季度、月度资金收支计划和费用支出计划，审批公司各项资金收支和费用支出，并向董事会、监事会提交公司经营中的前期工作报告和述职报告；

（9）对于超越本人职权范围需由董事会讨论的重大事项，应及时向董事会报告并可提议召开临时董事会；

（10）乙方虽非公司董事会成员，但有权列席董事会会议；

（11）主持和召集总经理办公会等工作会议；

（12）公司章程或董事会授予的其他职权。

2. 乙方对下列事务享有审批权：

（1）＿＿＿元人民币以下的公司业务管理支出；

（2）＿＿＿元人民币以下的单项财务费用；

（3）＿＿＿元人民币以下所属员工一次性借支；

（4）经董事会审核后的员工工资审批；

（5）凡超出上述1至4项权限范围者，均报董事会批准；

（6）董事会赋予的其他审批权限。

乙方违反上述第2项各项审批权限规定所做出的审批为无效审批，若对公司造成实际经济损失的，由乙方承担赔偿责任。

3. 乙方作为甲方的总经理，在合同有效期内，应完成以下任务或达到以下工作目标：

（1）根据公司目前的管理模式，把公司文化和管理制度有机结合，建立科学规范化的企业管理模式；

（2）根据公司现有人力资源，有计划地进行组织培训，为公司培养一支业务能力强、凝聚力强、学习氛围浓厚的高素质领导团队。加强对员工的培训和在职教育工作，不断提高员工的劳动素质和政治素质，注重员工身心健康，充分调动员工的积极性和创造性；

（3）按照董事会批准的公司战略规划和企业发展总目标，推广和固化公司品牌形象，维护和增强公司现有荣誉和信誉；

（4）拟定切实可行的项目策划方案和营销方案，节约销售成本，实现公司利益的最大化；

（5）董事会要求乙方完成的其他工作任务。

4. 乙方应向公司做出以下承诺。

（1）直接对董事会负责，执行董事会的决策，在董事会的领导下开展各项工作。

（2）在职责范围内行使权利，不越权。

（3）严格履行董事会赋予的职责和权利。

（4）遵守公司各项规章制度规定，维护公司利益。

（5）充分发挥个人的领导能力和管理能力，推动公司业务的迅速增长，为公司谋取最大利益。

（6）建立科学的管理体系，并检查执行情况。

（7）当自身的利益与公司和股东的利益有冲突时，应当遵循公平合理和诚信的原则。此原则包括但不限于履行下列义务。

忠实义务：不利用职权收受贿赂或者其他非法收入，不得侵占公司的财产；不挪用公司资金；不将公司资产或者资金以其个人名义或者其他个人名义开立账户存储；不违反公司章程的规定，未经股东大会或董事会同意，将公司资金借贷给他人或者以公司财产为他人提供担保；不违反公司章程的规定或未经股东大会同意，与本公司订立合同或者进行交易；未经股东大会同意，不利用职务便利，为自己或他人谋取本应属于公司的商业机会，自营或者为他人经营与本公司同类的业务；不私自接受与公司交易的佣金为己有；不擅自披露公司秘密；不利用其关联关系损害公司利益；不利用内幕信息为自己或他人谋取利益；对公司的财产无处分权，包括但不限于转让、转移、抵押、质押、出租、赠与等；聘用经营期间，若以公司的名义贷款，须经公司董事会同意；法律、法规及《公司章程》等规定的其他忠实义务。

乙方违反上述忠实义务所得的收入，应当归公司所有；若对公司造成实际经济损失的，由乙方承担赔偿责任。

勤勉义务：对公司的定期报告签署书面确认意见，保证公司所披露的信息真实、准确、完整；如实向董事会提供有关情况和资料，不妨碍董事会行使职权；接受董事会对其履行职责的合法监督和合理建议；法律、法规及《公司章程》等规定的其他勤勉义务。

第三条　薪酬与期权、股权

1. 乙方的薪酬：

（1）乙方薪酬采取（税前）年薪制，年薪标准为人民币_____元（大写：____元整）；

支付方式：每月支付¥____元（税前），余款年终支付，但最迟不得超过次年的____月____日；

（2）董事会根据当年公司盈余情况酌定给予乙方年终奖金，当公司盈余达到_____时，每年年终奖金为_____万元（税前），于公司发放年终薪酬时统一发放。

2. 乙方的期权：

（1）乙方在第一年期满经董事会考评合格可获得公司____%的期权，第二年为____%，第三年为____%；

（2）乙方取得的第一年____%期权应在第一年期满之日起的半年内由公司协助完成相关法律程序及手续；第二年_____%期权、第三年_____%期权均须在另行指定的时间内完成所有法律程序及手续。

第四条　培训

1. 聘用期内，为更好地提高乙方的管理经营能力，实现双方的共同发展，公司将安排乙方参加相关培训课程，课程总价值_____万元。

2. 相关培训费用应由公司直接支付。若公司要求，可由乙方先行垫付，在培训课程结束后_____日内，公司予以报销。

3. 乙方因参加培训所产生的食宿费、交通费、通信费等必要费用，均由公司承担。

第五条　合同解除与终止

1. 出现《劳动合同法》规定的解除或终止劳动合同的情形时，双方或单方可依据《劳动合同法》解除劳动关系，同时相应解除本合同。

2. 下列情形下，公司有权解除本合同，且无须承担违约责任：

（1）乙方有《劳动合同法》第39条规定的情形之一的；

（2）乙方违反本合同约定，经公司要求后在15日内仍未改正的。

（3）乙方聘用满____个月以后，如公司董事会认为乙方不能胜任工作（包括不能达成目标要求的），经公司董事会决议，可对乙方进行解聘。

解聘后双方另行协商乙方岗位。如不能达成一致的，公司有权聘用乙方为____部门经理，薪酬标准参照其他部门经理的薪酬，由公司确定。

3. 发生提前解除劳动关系及本合同的情形时，解除劳动关系的经济补偿是否发放以及发放标准，依据《劳动合同法》的规定确定。

发生提前解除劳动关系及本合同的情形时，工资报酬等按实际聘用期限结算。

4. 甲方违反本合同第三条、第四条约定，经乙方书面催告后 30 日内不予履行的，乙方有权单方面解除合同，并要求甲方支付当年年薪及年终奖，此外甲方还应向乙方支付违约金人民币＿＿＿万元。

5. 除本合同约定的以外，甲方不得单方终止本合同。若甲方未到合同履行期限终止合同，乙方有权要求甲方支付当年年薪及年终奖，此外，甲方还应向乙方支付违约金人民币＿＿＿万元。

6. 乙方所任职位不能达到以上合同约定要求的，甲方调整乙方薪酬或调整岗位，若达不成一致的，甲方可单方面解除合同。

第六条 目标要求

聘用期内，乙方应达成以下目标要求：＿＿＿＿＿＿＿＿＿＿＿。

乙方未完成上述目标要求的，视为不能胜任工作，甲方有权调整乙方岗位。

第七条 附则

1. 双方若已签署了劳动合同，劳动合同与本合同不一致的，以本合同为准；双方若未签署劳动合同，则本合同作为双方签署的劳动合同。

2. 本合同经双方签署后生效，一式两份，双方各执一份，每份具有同等法律效力。

甲方（盖章）：
法定代表人或授权代表（签字）：

乙方（签字）：

签署时间： 年 月 日

第三章　人事法律风险及防范

第一节　招聘的法律风险防范

　　企业是一个抽象的组织，具体事务需要人来完成。在企业劳动用工管理中，招聘是非常关键的一个环节，企业的大部分员工都是通过招聘而来，企业招聘员工具有一定的法律风险。随着我国劳动用工领域立法逐步完善，劳动者的维权意识也不断增强，但部分用人单位却因法律观念淡薄，在员工招聘过程中没有做好法律风险的预防工作，导致企业用工纠纷增多。在新形势下，用人单位应仔细研读新近劳动法规，加强招聘管理，主动应对，依法招聘，降低相应法律风险。企业招聘的法律风险一般表现在商业方面和法律层面，招聘会产生人力资源管理成本，如广告成本、培训成本、薪酬福利成本等；另一方面，招聘时的疏忽很有可能给企业带来纠纷甚至赔偿责任。

一　招聘员工的注意事项

（一）岗位描述不当的风险

1. 招聘岗位描述真实

　　招聘广告对工作岗位的描述应当符合实际，要避免虚假性描述。如某企业在招聘广告中描述"员工福利包含五险一金、免费工作餐"，但员工入职后发现企业仅为员工缴纳五险，没有缴纳公积金，提供的自助工作餐虽然很丰盛，但需每份5元。根据我国目前的法律规定，住房公积金并非企业必须为员工缴纳的福利项目，5元/份丰盛的工作餐也相当划算，但是企业的实际做法与其在招聘广告中的描述不一致。根据《就业服务与就业管理规定》第六十七条的规定，应当由劳动保障行政部门责令企业改正，并可对企业处以一千元以下的罚款，给应聘人员造成损害的，还应当承担赔偿责任。

2. 招聘信息避免歧视

招聘信息中最常见的歧视性要求条款主要有三类：性别歧视、地域歧视、健康歧视。

（1）性别歧视。一般认为，在招聘信息里出现"女士优先"或"男士优先"的字样并不构成性别歧视。虽然说男女平等，但男女生理的天然性差异，导致男女更适应和擅长的工作会有所不同，对于这种差异应当给予正视，如女士更适合幼教、护士等岗位，而长途汽车司机、搬运工等则更适合选用男士。招聘信息中常见的性别歧视更多表现为对女士的歧视，如要求应聘者承诺多少年内不结婚生育，或要求应聘者为已婚已育女士等。

（2）地域歧视。地域歧视主要表现为对户口、籍贯不能一视同仁，如要求应聘者具有某城市户口或排斥某地域应聘者等。但是判断招聘信息是否构成地域歧视时也要结合实际情况而定，如某企业需招聘某外派岗位人员，如考虑到降低用工成本的问题，优先录用外派地人员则属合理要求，并非地域歧视。

（3）健康歧视。健康歧视主要表现为招聘企业对某些应聘者患有的并不影响工作的健康问题、残疾问题过分排斥。比如对艾滋病毒携带者的歧视，对乙肝病毒携带者的歧视，对色盲、色弱者的歧视，甚至因贫血、肥胖、性病等淘汰应聘者，这方面的新闻报道屡见不鲜。

无论是性别歧视、地域歧视、健康歧视，本质上都是人力资源管理的惰性所致，或对人力成本的刻意压低行为所致，是有社会责任感的企业应当避免的。

（二）岗位职责告知的风险

企业在设计岗位职责时，应当根据该岗位工作任务的需要确立岗位名称、编制数量、职责细则等基本情况；还应根据岗位的性质确定该岗位的任职资格、工作质量、效率、目标和责任等；根据基本情况确定岗位需要的设备、工具、工作环境等劳保条件；另外，还要从上下级管理方向和同级协调方向两个方面确定各个岗位之间的相互关系。总而言之，岗位设计时不仅要关注劳动用工的科学配置，激发企业内部竞争活力，提高员工工作效率和工作质量，规范员工操作行为，还应当同时确定招聘员工时的告知内容。《劳动合同法》规定，企业招用员工时，应当如实告知员工工作内容、工作条件、工作地点、职业危害、安全生产状况、劳动报酬，以及员工要求了解的其他情况。因此，与员工知情权密切相关的岗位职责相关条款应当纳入招聘告知内容。

二　录用员工须核实的事项

面试时，除了通过层层笔试、面试、情景测试来确定拟录用员工的能力，核实员工的基础信息是否属实同样重要。基础信息的真实情况不仅与员工的真实工作能力相关，而且决定录用该员工是否合法，是否会带给企业潜在的法律风险。人力资源部门必须核实拟录用员工的以下基础信息。

（一）年龄状况

少年儿童身体发育尚不充分，心智还不健全，从事繁重劳动可能影响他们的身体发育，还会占用学习时间，与现代社会的教育理念相背离。因此，大多数国家都禁止使用童工。

一般来说，年满 18 周岁才是完全民事行为能力人，才可以成为企业雇佣的对象。但是我国法律还规定，年满 16 周岁以自己的劳动作为生活来源的，视为完全民事行为能力人。因此，在我国，童工是指未满 16 周岁、被企业雇佣从事劳动的人员，我国法律明确规定禁止使用童工。企业在与员工签订劳动合同时，应查验员工是否年满 16 周岁，否则，面临使用童工被行政处罚的风险。根据《劳动法》和《禁止使用童工规定》的相关条文，单位擅自使用童工是违反法律强制性规定的行为，需要承担如下法律责任：

1. 行政责任

企业使用童工的，由人社部门按照每使用一名童工每月处 5000 元罚款的标准对企业进行处罚；在使用有毒物品的作业场所使用童工的，按照国务院制订的《使用有毒物品作业场所劳动保护条例》规定的罚款幅度，或者按照每使用一名童工每月处 5000 元罚款的标准，从重处罚。人社部门同时应当责令企业限期将童工送回原居住地交其父母或者其他监护人，所需交通和食宿费用全部由企业承担。

企业使用童工经人社部门责令限期改正，逾期仍不将童工送交其父母或者其他监护人的，从责令限期改正之日起，由人社部门按照每使用一名童工每月处 10000 元罚款的标准处罚，并由市场监管部门吊销其营业执照或者由民政部门撤销民办非企业单位登记；企业是国家机关、事业单位的，由有关单位依法对直接负责的主管人员和其他直接责任人员给予降级或者撤职的行政处分或者纪律处分。

童工患病或者受伤的，企业应当负责送到医疗机构治疗，并负担治疗期间的全部医疗和生活费用。童工伤残或者死亡的，企业由市场监管部门吊销营业执照或者由民政部门撤销民办非企业单位登记；企业是国家机关、事业单位的，由有关单位依法对直接负责的主管人员和其他直接责任人员给予降级或者撤职的行政处分或者纪律处分；企业还应当一次性地对伤残的童工、死亡童工的直系亲属给予赔偿，赔偿金额按照国家工伤保险的有关规定计算。

2. 刑事责任

拐骗童工，强迫童工劳动，使用童工从事高空、井下、放射性、高毒、易燃易爆以及国家规定的第四级体力劳动强度的劳动，使用不满 14 周岁的童工，或者造成童工死亡或者严重伤残的，依照刑法关于拐卖儿童罪、强迫劳动罪或者其他罪的规定，依法追究刑事责任。

当然，也有一些特殊岗位可以使用未成年人，如根据《劳动法》的规定，文艺、体育和特种工艺单位招用未满 16 周岁的未成年人，必须依照国家有关规定，履行审批手续，并保障其接受义务教育的权利。

（二）失业状况

招聘时，企业还应当核实应聘员工与其他企业是否有未到期劳动合同关系。在我国，一般情况不承认双重劳动关系，这就是职场上的"一夫一妻"制度。如果企业招聘的员工尚未与其他单位解除劳动关系，给原企业造成损失的，企业要承担连带赔偿责任，赔偿的数额远远高于员工的赔偿数额。因此，为防范这一风险，企业在招聘员工时，除新参加工作的员工外，一定要查验应聘员工是否已经与先前单位解除劳动合同关系，要求应聘员工提交与先前单位解除、终止劳动合同的证明书或其他有相同证明力的证据。若原企业允许员工在保留劳动关系的情况下另行寻找工作，需让员工及原工作单位出具相关证明方可录用。

根据《劳动法》、《违反〈劳动法〉有关劳动合同规定的赔偿办法》、《关于实行劳动合同制若干问题的通知》的有关规定，企业招用尚未解除劳动合同的员工，对原企业造成经济损失的，该企业应当依法承担连带赔偿责任；其连带赔偿的份额应不低于对原企业造成经济损失总额的70%，向原用工单位赔偿对生产、经济和工作造成的直接经济损失，以及因获取商业秘密给原企业造成的经济损失。

（三）竞业状况

正处在竞业限制期限内的员工，不被竞争性企业聘用的，并不会产生直接的不利法律后果；若是被竞争性企业聘用，则会产生不利后果。员工因为受到竞业限制协议约束，需要承担相应法律后果，企业可能会因为雇佣有竞业限制协议在身的员工而承担相应的赔偿责任。如员工可能会面临被停止聘用、支付违约金、赔偿损失，甚至退回竞业限制补偿，相应的企业可能面临商务风险、人力资源管理方面的经济和时间成本的浪费，甚至可能承担连带赔偿责任。若员工因违反竞业限制约定侵犯原公司商业秘密的，企业有可能承担侵权赔偿责任，甚至承担刑事责任。此时，企业不论是否知道员工违反了与原企业的竞业限制约定，如果使用该员工披露的原企业的商业秘密，则已经构成了侵权。企业和员工将根据情节严重程度，面临承担行政责任、民事责任甚至刑事责任的法律风险和后果。

具体而言，根据《民法典》、《反不正当竞争法》、《刑法》的规定，如果企业聘用的员工正处在竞业限制期限，且在该企业属于竞争性企业或该员工应聘入职的岗位属于竞争性岗位，则需要承担如下法律责任。

1. 民事责任

经营者违反法律规定，给他人造成损害的，应当依法承担民事责任，向因不正当竞争行为受到损害的经营者赔偿，具体数额按照其因侵权所受到的实际损失确定；实际损失难以计算的，按照侵权人因侵权所获得的利益确定。经营者恶意实施侵犯商业秘密行为，情节严重的，可以按照上述方法确定一倍以上五倍以下的赔偿数额，赔偿数额还应当包括经营者为制止侵权行为所支付的合理开支。权利人因被侵权所受到的实际损失、侵权人因侵权所获得的利益难以确定的，由人民法院根据侵权行为的情节判决给予权利人赔偿。

2. 刑事责任

以盗窃、利诱、胁迫或者其他不正当手段获取权利人的商业秘密的；披露、使用或者允许他人使用以前项手段获取的权利人的商业秘密的；违反约定或者违反权利人有关保守商业秘密的要求，披露、使用或者允许他人使用其所掌握的商业秘密的，给商业秘密的权利人造成重大损失的，处三年以下有期徒刑或者拘役，并处或者单处罚金；造成特别严重后果的，处三年以上七年以下有期徒刑，并处罚金。

因此，在招聘的时候，公司应审查员工是否负有竞业限制义务。可以由入职员工做出与上一家单位无纠纷、不处于保密期、无竞业禁止协议在身的书面承诺，如因虚假承诺使公司蒙受损失，由员工负完全赔偿责任。

（四）身体状况

企业应在员工应聘时核实员工是否有职业病。有些企业在招聘员工时，为了节约成本，往往不对入职的员工进行严格体检。签订劳动合同后，在劳动合同履行过程中，才发现员工先前就存在职业病。根据《劳动法》的规定，企业不能辞退处于医疗期内的员工，即便医疗期届满，辞退员工也需要履行相应的程序，并支付经济补偿金。《劳动合同法》规定，员工患病或者非因工负伤，在规定的医疗期满后不能从事原工作，也不能从事由企业另行安排的工作的，企业在提前 30 日以书面形式通知员工本人或者额外支付员工 1 个月工资后，可以解除劳动合同。

《职业病防治法》规定，员工被诊断患有职业病，但企业没有依法参加工伤保险的，其医疗和生活保障由该企业承担。可见，员工入职前审查其是否存在职业病更加重要。现实操作中，在招聘员工时可以要求其提供近期的健康检查报告；为了更好地了解员工的身体基本情况，企业应当组织新聘员工进行入职体检，还可以将两份入职体检报告做对比，可以更好地防范风险。

（五）从业资格

1. 检查特种岗位执业资格

特殊岗位，应核实应聘者是否具有执业资格或特种作业资格。执业资格是政府对某些责任较大、社会通用性强、关系公共利益的专业技术工作实行的准入控制，是专业技术人员依法独立开业或独立从事某种专业技术工作学识、技术和能力的必备标准。如：注册建造师执业资格证、注册建筑师执业资格证、房地产估价师执业资格证书、律师执业资格证、医师执业资格证书、会计从业资格证等。执业资格证一般通过考试方法取得。考试由国家定期举行，实行全国统一大纲、统一命题、统一组织、统一时间。执业资格实行注册登记制度，取得相关的执业资格证书后，要在规定的期限内到指定的注册管理机构办理注册登记手续。取得的执业资格经注册后，在注册指定执业范围内有效。超过规定的期限不进行注册登记的，执业资格证书及考试成绩就不再有效。执业资格实行年检制度，年检不合格者次年不能执行。未取得相应执业资格证从事相关工作则属于违法，情节严重者要负刑事责任。鉴于执业资格有如上方面的规定，在招录特定岗位的员工时，一方面可以要求员工提交相应的证书；另一方面，可通过在相应的主管机关网站或者登记机关进行核查资格证书是否真实存在。

特种作业是指容易发生事故，对操作者本人、他人的安全健康及设备、设施的安全可能造成重大危害的作业，特种作业的范围由特种作业目录规定。常见的特种作业如电工作业、焊接与热切割作业、制冷与空调作业、煤矿安全作业、金属非金属矿山安全作业、高处作业、危险化学品安全作业等。我国《安全生产法》规定，特种作业人员必须经安全作业培训，取得相应资格，才能上岗作业。2010 年 7 月 1 日起施行的《特种作业人员安全技术培训考核管理规定》对特种作业相关的总则、培训、考核发证、复审、监督管理、处罚等内容做了详细的规定。在正式录用前，一定要根据相关的规定确定拟录用的员工是否持有合格的证书。

2. 招录外国人的特殊规定

招用外国人，应核实其是否办理有外国人就业手续。《外国人在中国就业管理规定》中明确："企业聘用外国人须为该外国人申请就业许可，经获准并取得《中华人民共和国外国人就业许可证书》后方可聘用。"因此，如果企业招用外国人，应当审查并为其办理相应手续，除《外国人在中国就业管理规定》明确免办的人员外，其他均须申请办理《外国人就业证》和《外国人就业许可证书》。可免办就业证在华工作的情况包括：持有《外国专家证》的外国人；持有《外国人在中华人民共和国从事海上石油作业工作准证》从事海上石油作业、不需登陆、有特殊技能的外籍劳务人员；经文化部批准持《临时营业演出许可证》进行营业性文艺演出的外国人。不符合以上规定的外国人在华就业的，必须办理相应的手续。如果企业没有按照要求办理有关手续就擅自招用外国人在华就业的，属非法就业，为我国法律所不允许。

此外，外国人就业还须具备下列条件：从事的岗位应是我国有特殊需要，国内又暂缺适当人选，且不违反国家有关规定的岗位；国内企业录用的外国人应年满 18 周岁，身体健康，具有从事其工作所必需的专业技能和相应的工作经历，无犯罪记录；持有有效护照或能代替护照的其他国际旅行证件。

3. 从业禁止审查

从业禁止审查内容包括是否存在公司法中的同业禁止和是否存在刑法中因违反职业规范被禁止从业两个方面。

《公司法》禁止公司的董事以及高级管理人员自营或者为他人经营与所任职公司同类的业务。因为公司的董事或者是高层管理人员很容易就能接触到公司的核心机密，如果再利用职务之便经营和公司同类的业务，势必就会对公司的利益造成重大损害。

因利用职业便利实施犯罪，或者实施违背职业要求的特定义务的犯罪被判处刑罚的，人民法院可以根据犯罪情况和预防再犯罪的需要，禁止其自刑罚执行完毕之日或者假释之日起从事相关职业，期限为 3 年至 5 年。典型案例：2020 年 12 月，李某某、郑某某侵犯著作权、销售侵权复制品案件经贵州省高级人民法院审理做出终审判决，禁止李某某在缓刑考验期限内从事与书画交易相关的活动；禁止郑某某自刑罚执行完毕之日或者假释之日起从事与书画交易相关的职业，期限为 5 年。

第二节　劳动合同风险防范

随着我国社会保障体系的不断健全，劳动保障法律规范的日益完善，企业用工环境也不断得以优化。与此同时，劳动者的维权意识也不断增强，导致企业与劳动者之间的用工关系日益复杂，双方之间的矛盾不断加剧，这也给我国企业发展带来全新的挑战。如果企业对这些法律风险不能做到有效识别，并针对性地采取相应的防范措施来有效规避相关法律风险，必将影响企业正常有序的运转。因此，各企业也应立足于《劳动合同法》，采用合理规范的用工合同形式，避免劳动用工风险。

一　劳动合同的核心条款

劳动合同具备签约当事人意思自治优先的特点。但是，由于企业与劳动者的话语权不对等，为防止企业滥用优势地位和意思自治原则，《劳动合同法》又对劳动合同的条款应如何约定做了许多强制性规定。企业和员工在签订劳动合同时，既要注意充分体现各自的真实意愿，又要注意不要违反法律强制性规定。劳动合同可约定的内容很多，企业和员工须关注的是核心事项如何约定。

（一）　合同主体的信息

1. 企业基本信息

包括企业名称、住所和法定代表人或者主要负责人等信息，在签订时，企业和员工应当仔细核对该信息是否与企业主管部门注册的信息一致，避免主体资格不当发生的合同效力纷争。

2. 员工基本信息

包括姓名、住址和居民身份证或者其他有效证件号码等。企业应当仔细核对，该信息是否与员工身份证件信息一致。对于有执业资格的员工，还应当包括其执业资格证的情况或特种行业从业资格的情况。为确保员工信息的准确，企业应当留存相关证件复印件作为劳动合同的附件。

（二）　劳动期限及地点

1. 劳动期限

签订劳动合同的目的主要是建立劳动关系，建立劳动关系必须明确期限的长短，因为合同期限不明确则无法确定合同何时起止，如何给付劳动报酬、经济补偿等，这些都容易引发争议。劳动合同期限可分为固定期限、无固定期限和以完成一定工作任务为期限。《劳动合同法》第 19 条规定，劳动合同期限 3 个月以上不满 1 年的，试用期不得超过 1 个月；劳动合同期限 1 年以上不满 3 年的，试用期不得超过 2 个月；3 年以上固定期限和无固定期限的劳动合同，试用期不得超过 6 个月。同一企业与同一员工只能约定一次试用期。以完成一定工作任务为期限的劳动合同或者劳动合同期限不满 3 个月的，不得约定试用期。试用期包含在劳动合同期限内。劳动合同仅约定试用期的，试用期不成立，该期限为劳动合同期限。从该规定可以看出，虽然试用期并非劳动合同的核心事项，但其实都与劳动合同期限有或多或少的密切关系，签订时应当注意：

（1）试用期应和劳动合同期限挂钩，最长不得超过 6 个月。《劳动法》第 21 条规定："劳动合同可以约定试用期。试用期最长不得超过 6 个月"；《劳动合同法》第 19 条对此又做出了更详尽的规定。

（2）单独签订的试用期合同是无效的。如果约定试用期，只能在劳动合同中约定，劳动合同是试用期存在的前提条件，不允许只签订试用期合同，而不签订劳动合同，这样签订的"试用期合同"是无效的。但"试用期合同"的无效，并不导致劳动法对员工的保护失效，此时"试用期合同"按无试用期的劳动合同处理，原"试用期期限"即为劳动合同期限。

2. 工作地点

工作地点是劳动合同的履行地，是员工从事劳动合同中所规定的工作内容的地点，它关系到员工的工作环境、生活环境，员工有权在与企业建立劳动关系时知悉自己的工作地点。这关乎员工是否能够在认识正确的情况下行使就业选择权。因此，劳动合同里应当写明工作地点。

如果劳动岗位要求在一定范围内长期出差、驻外，企业应当在建立劳动关系时告知员工，也应当将相关出差、外派的情况写进劳动合同。否则在劳动合同履行过程中，如果员工拒绝较长期的出差、外派，认为这涉嫌变相变更工作地点，将给企业的管理带来困难。

（三）工作内容及报酬

1. 工作内容

所谓工作内容，是指劳动法律关系所指向的对象，即员工具体从事什么种类或者内容的劳动，这里的工作内容是指工作岗位和工作任务或职责。它是企业使用员工的目的，也是员工通过自己的劳动取得劳动报酬的缘由。劳动合同中的工作内容条款应当规定明确，便于遵照执行。

从员工的角度看，如果劳动合同没有约定工作内容或约定的工作内容不明确，企业将可以自由支配员工，随意调整员工的工作岗位，难以发挥员工所长，也很难确定员工的劳动报酬，造成劳动关系的极不稳定。因此，明确的工作内容是劳动合同中必不可少的条款。

从企业的角度看，如果员工不能胜任劳动岗位的要求，企业也有权按照法律规定的程序对员工进行培训、调岗甚至辞退。如果劳动合同没有约定工作内容或约定的工作内容不明确，企业对不能胜任工作岗位的员工进行培训、调岗甚至辞退就无据可依，不利于企业对员工进行管理。

2. 劳动报酬

劳动报酬是员工在企业工作的工资。劳动合同中的劳动报酬，是指员工与企业确定劳动关系后，因提供了劳动而取得的报酬。劳动报酬用于满足劳动者及其家庭成员物质文化生活的需要，是其收入的主要来源，也是劳动者付出劳动后应该得到的回报。因此，劳动报酬是劳动合同中必不可少的内容。劳动报酬主要包括以下几个方面：企业工资水平、工资分配制度、工资标准和工资分配形式；工资支付办法；加班、加点工资及津贴、补贴标准和奖金分配办法；工资调整办法；试用期及病、事假等期间的工资待遇；特殊情况下员工工资（生活费）支付办法；其他劳动报酬分配办法。劳动合同中有关劳动报酬条款的约定，要符合我国有关最低工资标准的规定。

（四）劳动条件和福利

1. 劳动条件

劳动保护是指企业为了防止劳动过程中的安全事故，采取各种措施来保障员工的生命安全和健康。在劳动生产过程中，存在着各种不安全、不卫生因素，如不采取措施加以保护，可能会发生工伤事故。如化工产品生产中可能存在的爆炸、有毒有害物质泄漏、火灾等事故；建筑施工可能发生物体打击和碰撞、高空坠落等。如果发生此类事故，会危害员工的安全健康，妨碍工作的正常进行。

劳动条件是指员工在劳动过程中所必需的物质设备条件，如有一定空间和阳光的厂房、通风和除尘装置、安全和调温设备以及卫生设施等。对于一些较为艰苦的工作，劳动条件的好坏也对员工应聘与否有一定的影响。所以，企业应当如实告知劳动条件，并将其明确写入劳动合同。

职业危害是指企业的员工在职业活动中，因接触粉尘、放射性物质等其他有毒、有害物质而对生命健康所造成的危害。根据《职业病防治法》的规定，企业与员工订立劳动合同时，应当将工作过程中可能产生的职业病危害及其后果、职业病防护措施和待遇等如实告知员工，并在劳动合同中写明，不得隐瞒或者欺骗。《职业病防治法》中还规定了企业在职业病防护中的义务：企业应当为员工创造符合国家职业卫生标准和卫生要求的工作环境和条件，并采取措施保障员工获得职业卫生保护；应当建立、健全职业病防治责任制，加强对职业病防治的管理，提高职业病防治水平，对本单位产生的职业病危害承担责任；必须采用有效的职业病防护设施，并为员工提供个人使用的职业病防护用品；应当对员工进行上岗前的职业卫生培训和在岗期间的定期职业卫生培训，普及职业卫生知识，督促员工遵守职业病防治法律、法规、规章和操作规程，指导员工正确使用职业病防护设备和个人使用的职业病防护用品。

2. 劳动福利

社会保险是政府通过立法强制实施，由劳动者、劳动者所在的工作单位或社区以及国家共同筹资，帮助劳动者及其亲属在遇到年老、生育，或遭遇疾病、工伤、失业等风险时，防止收入的中断、减少甚至丧失，以保障其基本生活需求的社会保障制度。社会保险由国家成立的专门性机构进行基金的筹集、管理及发放，不以赢利为目的。一般包括医疗保险、养老保险、失业保险、工伤保险和生育保险。

（五）工作与休息时间

1. 工作时间

工作时间是指员工用来完成其所担负的工作任务必需的时间。一般由法律规定员工在一定时间内（工作日、工作周）应该完成的工作任务，以保证最有效地利用工作时间，不断地提高工作效率。这里的工作时间包括工作时间的长短、工作时间方式的确定，如是 8 小时工作制还是 6 小时工作制，是日班还是夜班，是正常工时还是实行不定时工作制，或者是综合计算工时制。在工作时间上的不同，对员工的就业选择、劳动报酬等均有影响，因此，工作时间成为劳动合同不可缺少的内容。

2. 休息休假

休息休假是指企业、事业、机关、团体等单位的员工按规定不必进行工作，而自行支配的时间。休息休假的权利是每个国家的公民都应享受的权利。劳动法规定，企业应当保证员工每周至少休息 1 日，在劳动合同中也最好确定好休息休假的规定，避免企业与员工在执行休息休假方面产生不同的认识偏差。

（六）其他事项

除前述限定的必备条款外，企业与员工还可协商培训事宜、保守秘密、增加保险和福利待遇等其他事项，充分体现企业和员工意思自治的内容，更好地建立起双方的信任关系，也便于和谐劳动关系的维护。

二 劳动合同所涉风险

书面劳动合同是员工与企业依据《劳动法》建立劳动关系，明确双方权利义务的书面凭证，也是企业强化劳动管理、员工保障自身权益、稳定双方劳动关系、处理双方争议内容的重要依据。《劳动法》规定企业和员工建立劳动关系应当签订书面劳动合同。签订书面劳动合同对企业和员工都有重要作用：首先，签订书面劳动合同可以强化企业和员工双方的守法意识。以书面形式明确员工和企业双方的权利和义务，企业依据合同管理员工，行使权利和履行义务；员工也依据合同保护自身的权益、履行相应的义务，在此过程中，双方的守法意识都将得到增强。其次，签订书面劳动合同有利于及时处理劳动争议，维护企业和员工双方的合法权益。如果企业和员工就劳动关系产生矛盾，书面劳动合同的约定内容将作为处理双方纠纷的重要依据，这就有利于迅速便捷、合法合理地解决纠纷，有利于维护双方的合法权益。签订书面劳动合同，不仅是企业和员工的权利，也是法律规定的企业和员工的义务。

（一）企业不签劳动合同的风险

1. 支付 2 倍工资

《劳动合同法》规定，企业自用工之日起超过 1 个月不满 1 年未与员工订立书面劳动合同的，应当向员工每月支付 2 倍的工资。如果企业违反法律规定不与员工签订书面劳动合同，员工可以向劳动仲裁委员会申请解除劳动合同，并要求企业支付员工在企业工作的第 2 个月至第 12 个月期间的 2 倍工资。2 倍工资是一种惩罚性赔偿，会大大增加企业的用工成本。

2. 难以保护商业秘密

每个企业或多或少都有商业秘密，商业秘密可以为企业带来利润。不签订书面劳动合同，无法将员工的保密义务明确、细化，也无法固定员工违约泄露企业商业秘密时应当承担的违约责任，增加了企业保守商业秘密的困难。

3. 难以进行竞业限制

企业要对高技能人才进行竞业限制，可以通过书面劳动合同增加竞业限制条款，或另行签订竞业限制协议对高技能人才进行限制，这两个方法都需要企业首先通过书面劳动合同与员工固定双方的基础关系。

4. 培训员工的商业风险增大

如果企业与员工不签订书面劳动合同，员工可以说走就走，无须提前一个月打离职报告，法律不追究其责任。企业一般都会对新入职的员工进行一些岗前培训，如岗位规范、公司制度、安全教育等，这样的培训虽小，也会增加企业的成本，如果刚刚培训完，员工就离职，肯定增加企业的成本。《劳动合同法》规定，企业为员工提供专项培训费用，对其进行专业技术培训的，可以与该员工订立协议，约定服务期。员工违反培训服务期约定的，应当按照约定向企业支付违约金。但是，如果企业不与接受培训的技术人员签订书面劳动合同或其他包含劳动合同应有内容的协议，接受专项培训的员工不仅可以说走就走，还无须承担培训费用。

5. 视同签订无固定期限劳动合同的风险

企业不与员工签订劳动合同可能导致企业被迫与员工签订无固定期限劳动合同。《劳动合同法》第 14 条第 3 款规定："用人单位自用工之日起满 1 年不与劳动者订立书面劳动合同的，视为用人单位与劳动者已订立无固定期限劳动合同。"

6. 增加处理工伤事故成本

理论上，企业为员工办理工伤保险并不以企业与员工签订书面劳动合同为前提，实践中，各地的人社部门往往要求企业在为员工缴纳社会保险前备案劳动合同，将劳动合同的内容作为社会保险登记的依据。因此，不签订劳动合同就无法为员工办理社会保险，如果遇到工伤事故，所有工伤赔付款项均需由企业支付，大大增加了企业处理工伤事故的成本。

（二）员工不签劳动合同的风险

1. 劳动争议举证困难

员工如果不与用人单位签订书面劳动合同，劳动关系的成立时间、劳动报酬、工作岗位、工作地点、工作时间都不明确。当发生企业拖欠工资、强制调岗调薪、强制调动工作地点等侵犯员工权益的情况时，员工要维护自己权利往往面临举证不能的尴尬局面。

2. 发生工作伤害维权困难

工伤事故与提供劳务者受害责任纠纷是两类常见的纠纷，两者都是在工作中发生的伤害事故，之间有很多相似的地方。虽然在两种事故中受伤的人员都会受到法律保护，但是由于工伤事故适用无过错责任原则，而提供劳务者受害责任纠纷适用过错原则；工伤事故有视同工伤的保护范围规定，提供劳务者受害责任纠纷没有类似的保护范围规定。因此，在伤害程度相似的情况下，工伤事故中工伤员工受到的保护力度会更大。现实中，有部分没有与员工签订书面劳动合同的用工企业将工伤事故强行辩解成提供劳务者受害事故，增大了员工的维权难度。如果有书面劳动合同，则极大减少了员工的举证难度。

（三）劳动合同没有备案的风险

现行法律并未规定劳动合同需要提交相应部门备案，即劳动合同备案不是必经程序。《劳动合同法》第16条规定："劳动合同由用人单位与劳动者协商一致，并经用人单位与劳动者在劳动合同文本上签字或者盖章生效。"可见，劳动合同一经签订即生效，不备案也不影响合同效力。但是，很多情形下企业还是应当进行劳动合同备案，否则会影响相关工作进行。

1. 缴纳社保需要备案劳动合同

实践中，多数地方人社部门要求企业在给员工缴纳社会保险前进行劳动合同备案，如果给员工办理失业金领取手续，需要到人社部门办理劳动合同解除手续。此时，要求进行劳动合同备案工作往往是为了更好地管理社会保险工作。

2. 集体劳动合同应当进行备案

集体合同应当报送人社部门备案。《劳动合同法》第 54 条规定："集体合同订立后，应当报送劳动行政部门；劳动行政部门自收到集体合同文本之日起十五日内未提出异议的，集体合同即行生效。"

3. 避免签订无效条款

企业将劳动合同报送人社部门备案时，人社部门会对报备的合同进行审查，如果发现签订内容违反法律强制性规定，会对企业和劳动者进行告知，可以有效防止企业和劳动者签订无效条款，有利于降低劳动纠纷发生的概率。

三　劳动合同示范文本

劳动合同
甲方（企业）简明情况

名　　称			
地　　址			
所有制性质		法定代表人	
备　　注			

乙方（员工）简明情况

姓　名		性别		出生年月		照片
民　族		文化程度		籍贯		
居民身份证号码						
职称或技术等级				技术专长		
住　址						
本人简历（包括主要学历）	年　月至　　年　月			在何处任何职（工种）		

第一条 劳动合同期限

1. 固定期限：本合同期限自＿＿＿＿＿年＿＿＿＿＿月＿＿＿＿＿日起至＿＿＿年＿＿＿＿＿月＿＿＿日止。其中，试用期自＿＿＿年＿＿＿＿＿月＿＿＿＿＿日起至＿＿＿＿＿年＿＿＿＿＿月＿＿＿＿＿日止。

2. 无固定期限：本合同期限自＿＿＿＿＿年＿＿＿＿＿月＿＿＿＿＿日起。其中，试用期自＿＿＿年＿＿＿＿＿月＿＿＿＿＿日起至＿＿＿＿＿年＿＿＿＿＿月＿＿＿＿＿日止。

3. 以完成＿＿＿＿＿＿＿＿＿＿＿＿＿＿等工作任务为期限：本合同自＿＿＿＿＿年＿＿＿＿＿月＿＿＿＿＿日起，预计至＿＿＿＿＿年＿＿＿＿＿月＿＿＿日止。工作任务完成经甲方验收后，则本合同即行终止。

第二条 工作内容和工作地点

甲方安排乙方的工作岗位（工种）为＿＿＿＿＿＿＿，工作地点为＿＿＿＿＿＿＿，因生产工作需要，甲乙双方协商一致，可以变更岗位（工种）以及工作地点。

第三条 劳动保护、劳动条件和职业危害防护

1. 甲方应当遵守国家法律法规，依法建立和完善劳动规章制度，保障乙方享有劳动权利、履行劳动义务。乙方应当自觉维护国家利益和甲方的合法权益，遵守甲方依照国家法律法规制定的各项规章制度，在本岗位的职责范围内，服从甲方的工作安排。

2. 甲方依法为乙方提供符合国家规定的劳动安全卫生条件和必要的劳动防护用品。对从事有职业危害作业的，按国家规定进行定期健康检查。乙方应当认真履行工作职责，爱护生产工具和设备，按时、按质、按量地完成甲方规定的工作任务或劳动定额。

3. 甲方对乙方进行安全教育，为乙方提供本员工作所必需的职业技能培训。

4. 乙方应当保守甲方的商业秘密。对违反保密义务给甲方造成损失的，要承担经济赔偿责任。

第四条 工作时间和休息休假

1. 甲方安排乙方执行＿＿＿＿＿＿＿工作制。

执行标准工作制的，甲方安排乙方每日工作时间不超过 **8** 小时，平均每周不超过 **40** 小时。甲方保证乙方每周至少休息 **1** 日。甲方由于工作需要，

经与工会和乙方协商后可以延长工作时间，一般每日不得超过 1 小时，因特殊原因需要延长工作时间的，在保障乙方身体健康的条件下延长工作时间每日不得超过 3 小时，每月不得超过 36 小时。

执行综合计算工时工作制的，平均日和平均周工作时间不超过法定标准工作时间。

执行不定时工作制的，在保证完成甲方工作任务情况下，工作和休息休假由乙方自行安排。

2. 甲方执行《中华人民共和国劳动法》第四章及国家关于休息休假的相关规定，保障乙方的休息休假权利。

第五条　劳动报酬

1. 乙方在法定工作时间内为甲方提供了正常劳动后，甲方以货币形式按时支付不低于省人民政府规定的最低工资标准的工资。在履行合同期间，甲方支付给乙方的工资为：＿＿＿＿＿＿＿＿。

其中，试用期工资为：＿＿＿＿＿＿＿＿。

2. 非乙方原因造成的待岗，在待岗期间，甲方支付给乙方基本生活费，其标准为：＿＿＿＿＿＿＿＿。

3. 履行劳动合同期间，甲方视生产经营情况和乙方的工作实绩，按甲方的有关规定调整乙方的劳动报酬。

第六条　社会保险和福利待遇

1. 甲方依法为乙方缴纳各种社会保险，属乙方个人缴纳部分，由甲方从乙方工资中代为扣缴，甲方接受乙方对缴纳情况的查询。

2. 乙方履行合同期间，患病、负伤、因工伤残、患职业病、退休、死亡以及女员工生育等社会保险及福利待遇，按照国家法律法规及甲方依法制定的劳动规章制度执行。

第七条　劳动合同的解除、终止和续订

1. 履行合同期间，甲乙双方若需解除或者终止劳动合同，应当按《中华人民共和国劳动合同法》第四章的有关条款执行。

2. 符合《中华人民共和国劳动合同法》第四十六条规定情形的，甲方应当向乙方支付经济补偿。经济补偿在双方当事人办理工作交接时支付。

3. 固定期限的劳动合同期满前 30 日，甲方应将终止或续订劳动合同的意向通知乙方。届时办理终止或续订手续。

4. 甲方在解除或者终止劳动合同时为乙方出具解除或者终止劳动合同的证明，并在十五日内为员工办结档案和社会保险关系转移手续。乙方应当按照双方约定办理工作交接。

第八条　约定事项

经双方协商一致，约定以下事项：_____。

第九条　其他

1. 甲乙双方履行本合同期间如发生劳动争议，应当平等协商解决，协商无效时，可按法定程序申请调解、仲裁、提起诉讼。

2. 合同期内，所定条款与国家颁布的劳动法律法规不符的，甲乙双方均应按新规定执行。

3. 本劳动合同一式三份，甲乙双方各执一份，存乙方档案一份，自签订之日起生效。

（本页以下无正文）

甲方：（盖章）　　　　　　　　　　　　乙方：（签字）

法定代表人（委托代理人）：

合同签订日期：

第三节　员工合理薪酬设计

每个企业都有自己的员工薪酬体系。薪酬体系与员工缴纳社保基数、个人所得税缴纳基数、员工待岗工资等相关，需要关注企业发放给员工的哪些钱应当计入工资总额，哪些钱不应当计入工资总额。薪酬体系是企业的人力资源管理整个系统的一个部分。它向员工传达了其在企业中能够发挥多大的价值，并为此建立了支付报酬的制度和程序。一个科学合理的薪酬体系需要直接与企业的战略规划相联系，从而能够调动员工的工作积极性，帮助企业在市场中发展。薪酬体系的设计应该补充和增强其他人力资源管理系统的作用，如人员选拔、培训和绩效评价等。

一　员工薪酬的主要内容

1990 年国家统计局发布的《关于工资总额组成的规定》对员工薪酬的组成做了详细的规定。根据该规定，薪酬包括计时薪酬、计件薪酬、奖金、津贴和补贴、加班加点薪酬、特殊情况下支付的薪酬。企业在设计薪酬体系时，往往将上述六类薪酬重新组合分类，以提高管理效率，降低法律风险。常见的分类方式及薪酬内容为：

（一）基本工资与可变薪酬

1. 基本薪资

基本工资是员工工资组成中最基础的部分。基本工资一般由企业按照规定的工资标准支付，基本工资金额的制定往往根据各职位在企业中的相对价值来确定，与职位要求的技能水平、责任担当、努力程度等因素相关，基本工资较之工资额的其他组成部分具有相对稳定性。基本工资与员工工作安全感和稳定性有密切关联，基本工资是员工一般工作价值的体现，在企业内部，基本工资不能大幅度体现员工之间的收入差距。

2. 可变薪酬

可变薪酬又称浮动薪酬，是指员工收入中非固定发放的部分。可变薪酬通常与特定的考核指标相关联，并随业绩、工作效能的变化而变化，如公司整体业绩、部门业绩、个人业绩等指标。绩效奖金、销售提成、公司利润分享等等这些都属于可变薪酬，可变薪酬的实质就是将薪酬与公司、员工个人的业绩紧密结合，其基本特征是不稳定性，可变薪酬反映了潜在盈利、潜在能力与潜在风险并存的风险收益对称原则。

（二）内在薪酬与外在薪酬

1. 内在薪酬

内在薪酬相对于外在薪酬而言，是员工在工作中所获得的精神满足，如员工在工作中收获的责任感、成就感、胜任感、荣誉感、自由感等。企业可以通过增加员工参与决策的机会，赋予员工更多安排自己工作的自由空间，适当下放工作职权、开展多元化活动、充分发掘员工潜能等方式，执行内在薪酬，让员工从工作本身得到最大的满足。

2. 外在薪酬

外在薪酬，又称非货币性薪酬或非财务性薪酬，是指员工从企业或工作本身获得的成就感所反映出来的价值，能够激励员工更加积极投入工作且并非以货币形式直接表现和计量的"薪酬"，如社会和企业颁予的荣誉、贴心舒适的工作环境、温暖融洽的工作氛围和同事关系、给予进修、旅游、体检、疗养的机会等等。

（三）法定薪酬与福利薪酬

1. 法定薪酬

根据《关于工资总额组成的规定》，工资总额由计时工资、计件工资、奖金、津贴和补贴、加班加点工资、特殊情况下支付的工资组成。不列入工资总额范围的货币收入有：根据国务院发布的有关规定颁发的发明创造奖、自然科学奖、科学技术进步奖和支付的合理化建议和技术改进奖以及支付给运动员、教练员的奖金；有关劳动保险和员工福利方面的各项费用；有关离休、退休、退职人员待遇的各项支出；劳动保护的各项支出；稿费、讲课费及其他专门工作报酬；出差伙食补助费、误餐补助、调动工作的旅费和安家费；对自带工具、牲畜来企业工作员工所支付的工具、牲畜等的补偿费用；实行租赁经营单位的承租人的风险性补偿收入；对购买本企业股票和债券的员工所支付的股息（包括股金分红）和利息；劳动合同制员工解除劳动合同时由企业支付的医疗补助费、生活补助费等；因录用临时工而在工资以外向提供劳动力单位支付的手续费或管理费；支付给家庭工人的加工费和按加工订货办法支付给承包单位的发包费用；支付给参加企业劳动的在校学生的补贴；计划生育独生子女补贴。

2. 福利薪酬

福利薪酬又称间接薪酬，是指企业为员工的退休生活及部分种类的疾病、事故等意外事件所提供的经济保障。间接薪酬的费用部分或全部由企业承担，利益由员工享有。福利薪酬中有一部分是政府强制企业购买的法定福利，如养老保险、失业保险、职工医疗保险等；另外一部分是自愿性的，可由企业自行设置福利项目，以作为对法定福利的补充，如企业为员工购买的商业保险等。

二　员工薪酬的发放原则

指导员工薪酬发放的主要法律法规有《劳动法》、《劳动合同法》、《关于工资总额组成的规定》等。根据法律法规的规定以及现实实践中的经验，发放员工薪酬应注意以下基本规则。

（一）员工薪酬发放方式

员工薪酬应当以货币形式发放，这里的薪酬既包括人民币，也包括员工因在境外工作或为外资企业工作等根据劳动合同的约定而领取的合法的外国货币，但不包括任何非货币的有价证券及实物。员工需用工资负担生活中必需的开支，不同的员工及家庭的生活需要是不同的，强行发放同样的生活物资代替工资不仅侵犯了员工的权益，还可能严重影响员工及其家庭的正常生活，是法律所禁止的。

（二）员工薪酬发放时间

员工薪酬应当按月发放。按月发放是法律规定的最低频率，企业可以以更高的频率发放员工薪酬，如按周、日、时发放员工薪酬。在工资发放频率方面企业需要确保发放频率不低于每月一次，同时符合劳动合同的约定即可。由于我国法律并未严格规定员工薪酬的具体发放日期，企业可以根据自身的实际情况安排。企业有时会临时聘用短期工完成一次性临时劳动或某项具体工作，此时企业应按有关协议或合同规定在其完成劳动任务后即支付工资。

（三）员工薪酬发放金额

员工薪酬应当足额发放，不得无故克扣。在工资发放实务中，常遇到的与员工薪酬发放金额有关的问题主要集中于以下四方面。

1. 日工资的计算

日工资的计算关系到员工加班工资的计算以及员工休非带薪假期间工资的扣减，是人力资源部门工资计算的基本功。实务中经常有企业用"月工资÷当月天数"计算日工资，这是不正确的。因为周末这样的常规休息日是不计薪的，用这样的方式计算日工资比实际日工资低，计算出的加班工资比应发加班工资低，容易引起劳动纠纷。事实上，计薪天数包括员工实际上班的天数以及国家规定的 11 天法定节假日（元旦 1 天，春节 3 天，清明节 1 天，劳动节 1 天，端午节 1 天，中秋节 1 天，国庆节 3 天），不包括周末。计薪天数包括法定节假日，因为《劳动法》第 51 条规定，员工在法定休假日和婚丧假期间以及依法参加社会活动期间，用人单位应当依法支付工资。自然月份有 31 日的大月份，有 30 日的小月份，还有 28、29 天的二月份，有些月份有 4 个周末，有些月份有 5 个周末，所以每个月份的实际计薪日差别很大，如果逐月计算，给企业的人力资源管理工作带来诸多不便，同时给劳动仲裁院、人民法院等裁判机构的裁判工作也带来不便。为了统一标准，2008 年国务院劳动和社会保障部出台《关于职工全年月平均工作时间和工资折算问题的通知》。根据该通知的规定，月计薪天数＝（365天－104 天）÷12 月＝21.75 天；日工资＝月工资收入÷月计薪天数＝月工资收入÷21.75 天；小时工资＝月工资收入÷（月计薪天数×8 小时）＝月工资收入÷（21.75×8 小时）。

2. 加班工资的计算

企业安排员工加班应当依法依规，需要与员工协商一致，一般每日不得超过 1 小时，特殊原因在保障员工身体健康的条件下，延长工作时间每日不得超过 3 小时，每月不得超过 36 小时。企业合法安排员工加班也需要合法支付加班工资。根据加班时间的不同，加班工资的计算分为以下几种情况。（1）延时加班工资。企业依法安排员工在日法定标准工作时间以外延长工作时间的，应当按照不低于劳动合同规定的员工本人小时工资标准的150%支付员工工资。（2）休息日加班工资。企业安排员工在休息日加班，应当优选给员工调休补休，这样既可以保障员工的休息权利，又可以降低企业的用工成本。在确实无法安排员工补休的情况下，企业也可以选择按照不低于劳动合同规定的员工本人日或小时工资标准的200%支付员工工资。（3）法定节假日加班工资。法定节假日具有特殊的情感意义，如春节是阖家团圆的日子，清明节是祭祖扫墓的日子，如果员工因为加班而错过个人或家庭在这些特定日子的特定安排，其情感遗憾是无法用其他相等时间长度的休息弥补的，因此法律规定企业依法安排员工在法定休假节日工作的，按照不低于劳动合同规定的员工本人日或小时工资标准的300%支付员工工资。（4）实行计件工资的员工，在完成计件定额任务后，由用人单位安排延长工作时间的；经劳动行政部门批准实行综合计算工时工作制的，其综合计算工作时间超过法定标准工作时间的部分，也应当按照前述三项基本原则计算并发放加班工资。

3. 最低薪酬标准

最低薪酬标准是指员工在法定工作时间内或依法签订的劳动合同约定的工作时间内提供了正常劳动的前提下，企业依法应当支付的最低劳动报酬，其组成不包含延长工作时间工资，员工在夜班、高温、低温、井下等特殊工作环境、条件下的津贴，以及法律、法规和国家规定的员工福利待遇等。最低薪酬制度是国家以法律形式干预薪酬分配并保障低收入员工基本生活的制度，也是政府调节经济活动、保障员工权益、促进社会公平的重要手段和工具。最低工资的具体标准由省、自治区、直辖市人民政府规定，报国务院备案。企业支付员工的工资不得低于当地最低工资标准。确定和调整最低工资标准由各地区根据本区的实际情况科学合理确定，通过建立最低工资评估机制，科学合理确定最低工资标准增长幅度，一方面保障员工基本生活水平稳中有升高，另一方面避免给企业过大负担。根据《劳动法》第49条的规定，各地确定和调整最低工资标准应当综合参考下列因素：员工本人及平均赡养人口的最低生活费用；社会平均工资水平；劳动生产率；就业状况；地区之间经济发展水平的差异。人力资源和社会保障部公布的数据显示，近几年，最低工资上调频率和幅度呈放缓趋势。

4. 试用期薪酬

试用期薪酬由企业和员工协商一致确定。为了避免企业滥用权利，刻意压低员工的试用期工资，《劳动合同法》对试用期的长度及使用期工资发放标准都做了限制性规定。员工在试用期的工资不得低于本单位相同岗位最低档工资的80%，或者不得低于劳动合同约定的转正后工资的80%，并且不得低于企业所在地的最低工资标准。

（四）工资可扣减的金额

虽然法律规定企业不得克扣或者无故拖欠员工的工资，但这并不是说企业没有合法合理扣减员工薪酬的权利。如果员工没有按照劳动合同的约定向企业提供劳动，如果员工因故意或重大过失给企业造成损失，企业可以根据相关法律规定、有效的企业管理制度及劳动合同的约定扣减员工的工资。

根据《工资支付暂行规定》第15条的规定，出现以下情况时企业可以代扣员工工资：企业代扣代缴的个人所得税；企业代扣代缴的应由员工个人负担的各项社会保险费用；法院判决、裁定中要求代扣的抚养费、赡养费；法律、法规规定可以从员工工资中扣除的其他费用。

根据《工资支付暂行规定》第16条的规定，因员工本人原因给企业造成经济损失的，企业可按照劳动合同的约定要求其赔偿经济损失。经济损失的赔偿，可从员工本人的工资中扣除。但每月扣除的部分不得超过员工当月工资的20%。若扣除后的剩余工资部分低于当地月最低工资标准，则按最低工资标准支付。

三 员工薪酬的法律设计

企业一般认为薪酬设计属于人力资源部门的业务，不属于法务部门的业务，这固然没错，但是，由于员工薪酬与员工利益休戚相关，为充分保障员工的权益，《劳动法》、《劳动合同法》对员工薪酬的发放进行了一些强制性规定，企业在设计员工薪酬结构、员工薪酬发放制度时，应当注意要符合法律规定，避免无效甚至违法的薪酬设计。

（一）坚守试用期最低薪酬原则

在设计试用期工资时，我国法律给出了两个标准：（1）不得低于本企业同岗位最低档工资；（2）不得低于劳动合同约定转正后工资的百分之八十。企业与员工约定试用期工资时，如果不知道该按哪个标准执行，应当按前述两个标准分别计算，然后按相对较高的标准发放试用期工资。如果企业的试用期工资标准远高于这两个标准，就执行企业的标准即可。

（二）按劳分配和同工同酬结合

《劳动合同法》规定，工资分配应当遵循按劳分配原则，实行同工同酬。按劳分配和同工同酬都是法定分配原则，二者是辩证统一的关系，在设计薪酬时都需要加以考虑，不可偏颇。仅仅强调按劳分配而忽略同工同酬、过分强调效率则忽略了企业的社会责任和员工的基本需求；仅仅强调同工同酬而忽略按劳分配则可能打击员工的劳动积极性，不利于提高劳动效率。按劳分配和同工同酬的辩证统一关系要求在做薪酬设计时注意以下两点。

1. 岗位工资区间

同工同酬并非要求同一岗位所有员工收入必须一模一样，只是要求基础工资发放原则一致，即工作的岗位、职级、内容相同，工资待遇、社保、福利等应当一视同仁。因此，岗位工资无须为单一的具体金额，可以设计成带状区间，以便企业进行绩效管理，根据不同能力适当拉开收入差距。

2. 岗位工资计算

若员工的工作能力、工作态度、工作量有较大差异，允许将这些差异体现在员工的具体收入中。因此，在制定具体工资收入计算方式时，应当充分考虑不同员工的责任差异，劳动内容、劳动时间、劳动强度的差异，劳动成果差异等，并将其体现在岗位工资的具体计算中。

（三）合法合理地设计浮动薪酬

浮动薪酬与员工的工作量、工作成效有直接关联，可以起到激发员工创造力、能动性的效果。现实中，劳动仲裁部门在计算员工工资时，基本原则是按员工全部实际收入扣除法律明确规定不属于工资的部分，然后求取月平均值作为计算工资、加班费、经济补偿、经济赔偿金等的基数。如果将部分薪酬设计为季度浮动薪酬，部分薪酬设计为年度浮动薪酬，由于其与绩效相关，企业在支付该浮动薪酬时已经收获了员工创造的价值，有利于企业进行人力资源管理的风险防范。从员工的角度看，该浮动薪酬的获取与员工本人的工作息息相关，如果工作不尽人意，应当更多地反省自己，调整自己的状态和行动，不容易与企业起纠纷。

浮动薪酬对企业的管理水平要求较高。以绩效考核为例：首先需要企业制定行之有效的绩效考核制度，制定过程应当民主，制度确定后需要对员工进行宣导；其次，在每个考核周期开始前，应当将绩效考核目标告知员工并取得员工的认可；再次，在每个考核周期结束后，应当将绩效考核成绩告知员工并给予员工申诉的机会；最后，核算出的或实际发放的绩效考核工资应当取得员工的无异议签认。整个流程中任何一个环节出问题都有可能引发劳动纠纷。

（四） 适当增加员工的福利比例

员工社会保险支出，劳动保护支出，稿费、讲课费及其他专门工作报酬，出差伙食补助费、误餐补助、调动工作的旅费和安家费等等费用并不计入工资，但是提升这些福利项目可以增加员工的幸福感，让员工更愿意长期在企业工作。

企业可以充分利用这些费用类别提升管理水平，同时降低法律风险。如现在高校普遍使用高额安家费吸引高校年轻学者，一方面安家费并不属于工资，可以与劳动期限进行捆绑约定，如果工作不满一定年限辞职，需按比例退还安家费；另一方面因为安家费不属于工资，一旦企业与员工产生劳动纠纷，安家费并不会被计入工资，因而不会拉升经济补偿、经济赔偿金的计算基数。

第四节　竞业限制风险防范

进入 21 世纪，市场主体的核心竞争力已经从成本控制、精细化管理、生产资料垄断等要素转移为核心技术、管理执行、渠道控制、品牌营销。而核心竞争力的转移凸显出的是掌握核心竞争力的人才管理问题。企业为了生存发展需要留住核心人才，其中，竞业限制就是重要的法律手段。

一　竞业限制基本概述

（一） 竞业限制的沿革

1. 竞业限制制度的历史

竞业限制源于《公司法》中董事、经理等竞业禁止制度，目的是为防止董事、经理等利用其特殊地位损害公司利益，各国公司法都规定了高管的竞业禁止义务，尤其是西方国家首先建立了董事、经理等竞业禁止制度，之后逐渐发展成为具体的法律制度，其限制的主体也扩展到了除董事、经理外的其他掌握核心要素的专业人员。

由于企业核心员工常常对企业的运营流程和核心技术十分了解，员工在离职后也往往选择与其职业经历相同或者近似的职业，极易与原就职企业产生竞争，而且由于自己的习惯和工作需要，一般会下意识地使用原企业的商业秘密，为防止出现这种局面，西方国家率先将公司董事、经理竞业禁止制度移植到商业秘密和其他经营利益的保护中来，从而形成竞业限制。企业开始采取与员工订立竞业限制协议的方法，以保护企业的竞争利益和商业秘密。

2. 我国竞业限制的规定

中国特色的社会主义制度决定了我国社会主义市场经济的特殊性，而规范市场竞争的立法也受限于一边摸索一边实践的市场经济制度。一开始关于竞业限制还处于狭义的竞业限制即绝对的竞业禁止。竞业禁止在我国的相关立法中有所体现，《公司法》第 184 条第 5 项规定，董事、高级管理人员不得未经股东会或者股东大会同意，利用职务便利为自己或者他人谋取属于公司的商业机会，自营或者为他人经营与所任职公司同类的业务。《合伙企业法》第 32 条规定，合伙人不得自营或者同他人合作经营与本合伙企业相竞争的业务。除合伙协议另有约定或者经全体合伙人同意外，合伙人不得同本合伙企业进行交易。合伙人不得从事损害合伙企业利益的活动。《个人独资企业法》第 20 条规定，投资人委托或者聘用的管理个人独资企业事务的人员不得未经投资人同意，从事与本企业相竞争的业务；未经投资人同意，同本企业订立合同或者进行交易。《刑法》第 165 条规定，国有公司、企业的董事、经理利用职务便利，自己经营或者为他人经营与其所任职公司、企业同类的营业，获取非法利益，数额巨大的，处 3 年以下有期徒刑或者拘役，并处或者单处罚金；数额特别巨大的，处 3 年以上 7 年以下有期徒刑，并处罚金。这些都是对董事及高管的强制性规定，明确了竞业禁止的对象、内容与形式。

2007 年我国通过的《劳动合同法》第 23 条、第 24 条规定，用人单位与劳动者可以在劳动合同中约定保守用人单位的商业秘密和与知识产权相关的保密事项。对负有保密义务的劳动者，用人单位可以在劳动合同或者保密协议中与劳动者约定竞业限制条款，并约定在解除或者终止劳动合同后，在竞业限制期限内按月给予劳动者经济补偿。劳动者违反竞业限制约定的，应当按照约定向用人单位支付违约金。这标志着我国竞业限制从单一的禁止性条款发展成为适应市场经济竞争的半开放性法律条款。这一条款对竞业限制的主体、权责、时效等都做了概括性、框架性的约束，在此约束下，双方主体可以意思自治，这既有利于对双方主体权益的保护，又切实增加了协议的可履行性，正式成为劳动合同法的重要内容。

（二）竞业限制的本质

竞业限制是指用人单位和知悉本单位商业秘密或者其他对本单位经营有重大影响的劳动者，在终止或解除劳动合同后的一定期限内不得在生产同类产品、经营同类业务或有其他竞争关系的用人单位任职，也不得自己生产与原单位有竞争关系的同类产品或经营同类业务。至于限制的时间由当事人事先约定，但不得超过 2 年。在本质上，竞业限制是企业为了保守商业秘密，维持竞争优势，并不适用于所有员工，有其具体的适用对象，主要包括那些在工作中接触商业秘密的企业管理人员、技术人员或关键岗位人员。

竞业限制条款除了法律规定的适用情形外，主要是通过企业与员工签订竞业限制协议来实现其功能和目的。企业的商业秘密保护与员工的自主择业权成了竞业限制条款中需要做好平衡的双重目标。劳动者的劳动权和自主择业权来源于宪法，企业的商业秘密大多是一种无形资产，多以知识产权的形态呈现，同时，商业秘密也是企业进行市场竞争的核心要素。使企业与员工的利益达到一种相对平衡，正是竞业限制条款的法律价值所在。

二 竞业限制协议的主要内容

（一）主体条款

1. 适格主体

签订竞业限制协议的主体一方是企业，但并不是所有企业都是适格的主体。企业在与劳动者约定竞业限制协议之前应该明确满足法律规定的前提性条件，即企业有一定的商业秘密，而且劳动者对该商业秘密负有保密义务。

另一方主体需要科学谨慎决定，也就是用人单位该与谁签订竞业限制协议要认真加以斟酌，既不能为了降低成本而不签，也不能滥签。下面就是一个用人单位滥用竞业限制协议的典型案例。

赵某于 2009 年 1 月入职甲劳务公司，担任某楼宇的保安人员，每月工资 2000 元。2011 年，该劳务公司大量保安工作人员离职，并在此后入职乙劳务公司。甲劳务公司人事经理为保证公司人员稳定，要求赵某等保安人员与其公司签订《竞业限制协议》，协议中约定一旦赵某离职后入职乙劳务公司等竞争公司，需要向其公司支付违约金 10 万元。2012 年 3 月，甲劳务公司降低赵某工资为 1800 元，赵某不同意并以甲劳务公司违法降薪为由提出解除劳动关系，后入职乙劳务公司担任保安人员。甲劳务公司认为赵某违反了双方签订的《竞业限制协议》，向劳动仲裁机关提出仲裁申请，要求赵某支付违反《竞业限制协议》的违约金。仲裁机构经审理，认为双方签订的《竞业限制协议》无效，并驳回了甲劳务公司的申请请求。甲劳务公司不服，向法院提起诉讼，最终法院判决驳回了甲劳务公司的诉讼请求。《劳动合同法》第 24 条规定，"竞业限制的人员限于用人单位的高级管理人员、高级技术人员和其他负有保密义务的人员。"在上述案件中，赵某仅为从事基础体力性劳动的工作人员，并非掌握甲劳务公司商业机密的核心管理人员或员工，故不属于负有保密义务的主体，且甲劳务公司试图以"竞业限制协议"的形式限制劳动者再就业，从而保持用工的稳定，明显排除了劳动者的合法权益，应属无效约定，故甲劳务公司依据"竞业限制协议"要求赵某支付违约金，缺乏合法依据，不应得到支持。

实践中，有很多企业同所有的员工均签订《竞业限制协议》，认为可以最大限度地保护企业的利益，这种做法不完全恰当，因为竞业限制的人员仅限于企业的高级管理人员、核心技术人员和其他负有保密义务的人员。具体而言，和企业签订协议的人员主要包括如下几类。（1）高级管理人员、核心技术人员。这些人员范围的确定一般是由法律和企业的章程、规章制度来进行规范。（2）负有保密义务的人员。这类人员一般是指与企业签订了保密协议的人员。当然，保密协议的内容和人员范围也应当按照《反不正当竞争法》等相关法律、法规来确定。所以，对于企业而言，不是所有人员都适合签订《竞业限制协议》，要将其范围做必要的限定。

2. 确定要领

《劳动合同法》将竞业限制的主体限定为三类人员，分别是：高级管理人员、高级技术人员和其他负有保密义务的人员，具体在确定以上人员时要注意一些要领。

首先，用人单位应该在法律规定的基础上，结合本单位岗位设置的实际情况和劳动者的工作性质，依法科学确定竞业限制的主体，即因知悉、掌握、接触商业秘密而负有保密义务的劳动者。相比较而言，高级管理人员和高级技术人员的范围容易确定，所以企业的人力资源管理部门应该更加注重对"其他负有保密义务的人员"范围的界定。对此，可以结合人力资源管理和知识产权管理的具体内容和方法来确定该类人员的范围。例如，在知识产权管理制度中明确规定本单位商业秘密的种类、内容、保密级别等，然后根据企业管理中员工不同的管理层级和岗位类别，确定员工不同的涉密权限；明确规定何种岗位的员工可以接触商业秘密的内容和级别，严格控制涉密人员的范围和权限。这样就可以相对清晰地确定哪些员工应该负有保密义务，进而确定是否属于竞业限制的主体范围。

其次，竞业限制应该通过与特定员工进行个别约定的方式确定。企业不能通过格式合同或者规章制度等将所有员工都纳入竞业限制的主体范围，否则不仅会对员工的就业权造成不合理的侵害，也会使企业额外支付大量竞业限制经济补偿，增加企业的管理成本。

再有，因为企业内部的人员流动、岗位变化、技术更新发展，原有商业秘密因成为公知技术而丧失秘密性等因素，都会导致竞业限制主体的范围发生变化。企业必须对竞业限制主体的信息实时更新，定期核查、及时增减竞业限制的主体，既防止不必要地限制员工权利，又防止因遗漏约定而遭受巨大损失。

（二）权义条款

《竞业限制协议》实际是合同的一种类型，它既可以单独成为合同，也可以处理为劳动合同中的一个重要条款。以独立合同形式出现的竞业限制协议与其他合同一样，其中一定会出现权利与义务的条款。一般情况下，竞业限制协议的拟定者为用人单位，所以在协议中企业制定权利义务条款时，要在保护自身利益的同时，保证协议条款的公平性和可履行性，而不是仅仅将责任义务施加于员工；员工签订竞业限制协议时要在明确知晓自身义务的同时也要维护自身的合法权利。

1. 权利

权利在协议中是对等的，企业与员工都应有同等的权利，而不能只享有权利而不承担义务。"竞业限制协议"限制了员工离职后的择业范围和预期收益，对员工的劳动权益造成了一定影响，故为平衡劳动关系双方的权利、义务关系，劳动合同法在规定企业可以与员工订立"竞业限制"条款的同时，也规定企业需在员工离职后的竞业限制期间内按月支付经济补偿。下面可通过一个案例来看约定不平衡导致的纠纷。

张三是某科技公司技术部职员，曾与该公司签订《保密及竞业限制协议》，约定张三在离职后两年内不得到具有竞争关系的公司从事相关的技术工作，若违反约定，张三将承担 15 万元的违约金。在双方劳动合同到期后，王某在家待业 5 个月，公司未向张三支付竞业限制补偿金，后张三到另一公司就职，继续从事相关的技术工作。原公司得知后，认为张三违反了《保密及竞业限制协议》，于是要求张三支付违约金。但张三主张，双方虽有"竞业限制"约定，但未就补偿金额进行约定，且其离职后，原公司亦没有实际支付竞业限制补偿，故无须履行"竞业限制"约定。最终，法院没有支持原科技公司的诉讼请求。

上述案件中，《保密及竞业限制协议》并没有就补偿金额进行约定，张三离职后，科技公司未实际支付竞业限制补偿金，张三也未遵守竞业限制约定，故双方已通过事实行为的方式宣告"竞业限制"条款解除，故科技公司要求张三支付违反竞业限制约定的违约金，缺乏法律依据，不应得到支持。

2. 义务

实践中，员工签订竞业限制协议后往往只注重是否得到补偿金，忽视自身的义务，员工不履行保密义务违反竞业限制约定，企业可以停止支付经济补偿，员工应当按照约定向企业支付违约金；给企业造成损失的，还要依法支付损害赔偿金。违约金数额由双方约定，赔偿金数额按照企业的实际损失计算，如果双方事先未对违约金进行约定，员工即使违反了竞业限制，也无须支付违约金。对于因违反保密义务或竞业限制给企业造成重大损失或者严重后果的，有可能构成侵犯商业秘密罪，还要依据刑法追究刑事责任。对于企业来说，履行支付补偿金义务也要认真遵守。

（三）补偿条款

1. 补偿条款的设置

签订竞业限制协议的目的是保护企业商业秘密和自身权益，但同时也要对员工进行保护，经济补偿是对员工权益的重要保障手段。我国法律明文规定了竞业限制协议必须支付补偿金。

张三是某公司的一名销售经理，双方在劳动合同中约定了竞业限制条款，规定张三在解除劳动合同后两年内，不得到竞争对手公司工作。但双方签订的劳动合同中并没有约定竞业限制的补偿金。张三从公司离职后，为履行劳动合同中关于竞业限制的约定一直待业在家，后张三找到公司要求支付竞业限制的经济补偿，却遭到了拒绝。无奈之下，张三提起诉讼。公司辩称，双方在劳动合同中未就竞业限制约定经济补偿，竞业限制约定无效，故公司无须支付竞业限制的补偿。最终，法院判决支持了张三的诉讼请求。

实践中，许多企业将竞业限制经济补偿在劳动合同期限内支付，但是在劳动合同关系解除或者终止后，却不支付补偿金。显然，用人单位的这一做法违反法律规定。根据我国《劳动合同法》第 23 条的规定，用人单位支付竞业限制经济补偿的开始时间是在劳动合同解除或者终止之后，并且要按月支付。这是因为员工在解除或者终止劳动合同后其重新就业的范围受限，为保护员工的基本生活需支付补偿金。另外，许多企业向员工支付的竞业限制经济补偿金往往很少，有的甚至不支付，这一做法严重损害了员工的合法权益。为了保护员工的合法权益，最高人民法院《关于审理劳动争议案件适用法律若干问题的解释（四）》第 6 条明确规定，用人单位支付竞业限制经济补偿的标准为劳动者在劳动合同解除或者终止前 12 个月平均工资的 30%，且不得低于劳动合同履行地的最低工资标准。也就是说，如果企业和员工就竞业限制经济补偿数额没有进行约定或者约定不明，就要执行这一标准。如果企业 3 个月未向员工支付补偿金，员工有权请求解除竞业限制约定，协议解除后，员工不再受到竞业限制约束。此时，企业签订《竞业限制协议》所要达到的目的就不能实现。

2. 补偿条款的履行

目前，立法中有关经济补偿问题的规定可操作性较差，甚至还有一些空白，导致现实中因经济补偿问题发生的纠纷比较多。在这种背景下，企业与员工约定经济补偿时应当进行充分的平等协商，保证双方的约定既不违反法律的规定，又能够促进竞业限制协议切实履行。

企业与员工约定竞业限制必须给予其一定的经济补偿，以弥补员工因履行竞业限制义务而遭受的损失，否则，竞业限制协议可能会被认定为无效。即便是员工主动声明放弃经济补偿，企业也应当通过正当程序将双方协商的过程和员工主动放弃经济补偿的意思表示以合法证据的形式固定下来，以备不时之需。关于给离职员工多少经济补偿合适，实践中做法不一，但总体上来看这些标准都不能低于当地最低工资标准。对企业而言，具体可结合商业秘密的价值和员工掌握的程度、员工的薪酬水平、竞业限制的期限等因素确定补偿的数额。关于补偿的形式，最常见的做法是直接给予员工一定数量的货币。而对一些有特殊需求的员工，在特定条件下也可以采取分配入股、升职保证等其他较为灵活的补偿方式。关于补偿支付的时间，劳动合同法对此做了倡导性的规定，企业一般照此规定在员工离职后按月支付，这样可以与其他费用明确区分开来。

（四）违约条款

《劳动合同法》在第 23 条中规定了员工违反竞业限制协议需要支付违约金，但是却没有规定违约金的标准。部分企业凭借强势地位约定高额的违约金，而不考虑商业秘密的真正价值，员工只能承受此种不合理的约定。实践中让员工承担高额违约金的情况很多，一般都是数倍于员工在职时平均年薪，过高的违约金是非常不公平的。一般而言，员工的主要收入来源就是工资，若其违反了竞业限制协议，意味着其需要用维持其生活的积蓄来对企业进行赔付，企业也会停止经济补偿的发放，这种同时丧失一定收入和储蓄的困局对员工非常不利，即使员工在新的入职企业获得了更高的薪酬，但是突然的资金短缺依然会对其正常生活产生影响。倘若员工泄露了原企业的商业秘密，还有可能面临数额更加巨大的索赔。同时要指出的是，员工支付违约金后依旧需要承担竞业限制约定的义务，也就是说，支付违约金并不意味着竞业限制的解除。

在实践中，法院基于保障生存的原则，以不影响生存为最基本的要求，优先保障基本生存权利。违约金数额约定过高，即便约定数额并不违反法律法规，但是若对员工的生存产生不利影响，一方面使得员工难以正常生产生活，另一方面企业的违约金支付请求也难以得到满足，这时法院会主动调整违约金。法院在调整违约金时，首先考虑的是员工离职前的收入和竞业限制补偿的数额大小，做到违约金数额与员工的承受能力相匹配，防止违约金数额过高而严重影响其生活质量，以体现劳动法律倾斜保护的特点。

综上所述，企业在同员工签订竞业限制协议时，违约金条款不能为了起到震慑作用而一味往高处走，应当考虑到商业秘密的实际价值和员工平时的薪酬水平，不能对员工的权益产生不合理的侵害。

那么，竞业限制的违约金应该如何制定呢？首先，应该要保证公平合理；其次，因为国家相关的法律对劳动者有倾向性的保护原则，企业对劳动者提起的违约金惩罚，是不被法律所接受的，应该改为违约金索赔。在实际生活中，竞业限制违约金的标准，其参照的标准之一，就是违约人的违约行为对企业造成的损失的程度，违约金应该与损失相匹配，不能过高于损失。竞业限制违约金的另外一个参照标准，就是实际付给员工的竞业限制补偿金的数额，违约金不应该高出经济补偿金数额太多。最后，员工也要清楚哪怕竞业限制协议中没有约定违约金，但只要是因为离职员工的泄密行为造成企业损失，同样需要赔偿。还需要明确的是，员工在违反劳动合同或保密协议中约定的竞业限制义务时，应根据约定支付违约金。并且，在支付违约金后，如果企业要求员工按照原约定继续履行竞业限制义务的，员工仍需履行。

（五）其他条款

1. 范围、地域和期限

法律对竞业限制的范围、地域、期限等限制较少。因此，在不违反劳动法的基本原则和具体规定的前提下，对竞业限制的范围、地域、期限等双方可以在充分协商的基础上，做出较为灵活的约定。企业切忌直接简单套用有关法律条文，在对这些内容进行约定时，最好考虑自身商业秘密保护和员工就业权保障的实际需要，与员工约定有针对性和个性化的竞业限制协议，以保障竞业限制协议达到最好的实施效果。

关于竞业限制的范围，不要简单约定为"生产同类产品或者经营同类业务"，可以采取内涵概括加外延列举的方式确定员工不得从事的竞业活动的范围，概括式规定可以结合员工知悉或者可能知悉的商业秘密的范围、本单位从事的经营活动的具体范围和竞业限制协议的目的和性质，对员工离职后不得从事的竞业行为的范围做出定义。在具体列举限制的范围时，可以采取以下方式：（1）界定竞业行为的内涵；（2）约定技术，即离职员工不得自行成立或者就职于采用某种类似技术的企业；（3）约定产品，即离职员工不得自行成立或者就职于生产某种同类产品的企业；（4）约定服务，即在商业秘密涉及某类服务而非有形产品时，禁止员工离职后从事某项服务；（5）约定行为，即员工离职后不得利用本企业现有的客户资源，或者诱导本企业其他员工跳槽等；（6）约定具体企业，在竞争关系比较明确的市场中，可以直接明确约定不得到某个具体企业从业。

关于竞业限制的地域，可以结合本企业经营业务的影响范围和市场份额予以确定。另外，随着企业经营状况和市场环境的变化，需要进行竞业限制的地域范围也可能会发生变化，因此，应该建立一个动态调整机制，以企业的实际经营范围和竞业限制期间内可能涉及的经营范围确定竞业限制的地域范围。

关于竞业限制的期限，法律规定最多不得超过 2 年。实践中，一些企业把这一规定用到了极致，把所有竞业限制人员的竞业限制期限都约定为 2 年，甚至超过 2 年。这种做法的弊端在于：一方面，可能不必要地延长了某些员工竞业限制的时间，因而需要支付更多的竞业限制经济补偿金；另一方面，超过法律规定的上限可能导致约定无效或者部分无效，影响竞业限制协议目的的实现。实际上，竞业限制期限的长短一般取决于商业秘密在市场竞争中优势持续的时间；该商业秘密为他人通过反向工程等合法手段获得所需的时间；该商业秘密为员工掌握的程度等。因此，用人单位应该根据商业秘密保护的具体需求和不同商业秘密时效性的具体情况，科学合理地确定竞业限制的期限。

2. 协议形式

我国相关劳动法律法规并未对约定竞业限制的形式做出强制性规定。在实践中，企业大致可采取两种形式：一是在劳动合同或保密协议中明确约定竞业限制条款；二是专门订立一份详细的竞业限制协议。另外，企业应当注意，竞业限制只能通过个别协议的形式和特定的员工约定，而不应该在规章制度、条例、内部管理规程中对竞业限制问题做出笼统、普遍的规定。特别是一些规章制度不完善的企业，更不应该采取这种方式。

3. 签订时间

通常情况下，竞业限制协议一般会在招聘过程中同劳动合同一起签订，但劳动者离职时，订立协议时所依据的客观情况可能已经发生变化，因此，在为劳动者办理离职手续时，用人单位有必要对竞业限制协议的内容再次进行确认或者进行相应调整。

三 竞业限制协议示范文本

竞业限制协议

甲方：_____

乙方：_____

鉴于：

1. 乙方在甲方工作期间能够接触、掌握甲方及其关联公司的商业秘密；

2. 乙方理解并确认，在离职后从事与甲方有竞争业务的工作，将会严重损害甲方及其关联公司的经济利益，或使甲方及其关联公司处于非常不利的竞争地位。

现双方根据《劳动法》、《劳动合同法》、《公司法》等法律、法规，在自愿、平等、协商一致的基础上订立本协议，共同遵照执行。

第一条　竞业限制

1. 竞业限制期限为乙方与甲方终止或解除劳动关系（不论终止或解除的理由，亦不论终止或者解除是否有理由）之日起的_____个月内，乙方不得自营或为他人经营与甲方有竞争的业务。

2. 乙方不得为以下单位工作或任职：

（1）与甲方业务有竞争关系的单位（包括但不限于本协议附件所列明的单位）；

（2）与甲方有业务竞争关系的单位在中华人民共和国及甲方关联企业所在的其他任何地方直接或间接的设立、参股、控股、实际控制的公司、企业、研发机构、咨询调查机构等经济组织；

（3）其他与甲方有竞争业务的单位。

3. 乙方不得进行下列行为：

（1）与甲方的客户发生商业接触。该种商业接触包括为其提供信息、提供服务、收取订单、直接或间接转移甲方业务的行为以及其他各种对甲方的业务产生或有可能产生不利影响的行为，不论是否获得利益；

（2）直接或间接在本协议第一条第 2 款所列单位中拥有股份或利益、接受服务或获取利益；

（3）乙方本人或与他人合作直接参与生产、经营与甲方有竞争关系的同类产品或业务；

（4）直接或间接引诱、要求、劝说、雇用或鼓励甲方的其他员工离职，或试图引诱、要求、劝说、雇用、鼓励或带走甲方的其他员工，不论何种理由或有无理由，不论是否为自身或任何其他人或组织的利益。不得以其个人名义或以任何第三方名义怂恿或诱使甲方的任何员工在其他单位任职；

（5）向与甲方有竞争关系的单位直接或间接提供任何形式的咨询服务、合作或劳务。

4. 不论乙方因何种原因离开甲方，乙方均应在进入新用人单位就职前向甲方书面说明新的用人单位的名称、性质和主营业务。

第二条　义务的履行和解除

1. 乙方在离开公司时即承担竞业限制义务，但甲方可在乙方离职前或离职后通过书面通知的形式解除乙方的竞业限制义务；本协议所约定的竞业限制义务自上述通知指定之日起解除，同时甲方将不再支付竞业限制补偿金。

2. 在乙方完全履行竞业限制义务的情况下，甲方未按本协议约定支付竞业限制补偿金超过三个月的，员工可以依法解除竞业限制协议。双方如因竞业限制补偿发生争议的，在争议解决期间，员工继续履行竞业限制义务。

第三条　竞业限制经济补偿

1. 乙方不论在任何情况下与甲方终止或者解除劳动关系，在竞业限制期间内应严格遵守本协议有关竞业限制的规定，甲方才向乙方支付竞业限制补偿金。

2. 竞业限制补偿金为_____元/月，甲方按月支付，并代扣代缴个人所得税。

3. 乙方应在离职前向甲方书面提供其本人的银行账户用于甲方支付竞业限制补偿金，乙方未提供账户、提供账户错误、账户注销等各种原因导致甲方无法支付该等竞业限制补偿的，因此造成的损失由乙方自行承担，且在此期间不免除乙方的竞业限制义务。

4. 乙方拒绝接受、自行放弃、不领取竞业限制补偿金，或因乙方原因导致甲方无法正常发放竞业限制补偿的，因此造成的损失由乙方自行承担，且不免除乙方的竞业限制义务。

5. 若本协议约定的竞业限制补偿标准在发放时低于所在地最低标准的，由甲方补足到最低标准。

第四条　违约责任

1. 若乙方违反本协议约定，甲方将停止支付竞业限制补偿金，并有权利要求乙方纠正违约行为。

2. 若乙方违反本协议的，应当一次性向甲方支付违约金，违约金为____元；如果违约金不足弥补甲方实际损失的，甲方有权要求乙方按照实际损失向甲方承担赔偿责任。

3. 若乙方违反本协议约定，承担赔偿损失和其他民事责任后，甲方根据实际受损的情况仍保留追究乙方其他责任的权利。

第五条　争议处理

在本协议履行过程中发生争议的，双方协商解决，如果协商解决不成，任何一方可以提请甲方所在地的劳动争议仲裁委员会裁决或法院解决。

第六条　损失的范围界定

1. 甲方由于乙方违反竞业限制的行为所遭受的直接和间接的损失均为本协议所指的损失；

2. 甲方为了调查、处理、纠正乙方违反竞业限制的行为所付出的成本也是为本协议所指的损失，包括但不限于律师费、诉讼费、评估费、调查取证费等。

第七条　其他

1. 对本协议条款的修改须经双方协商一致并以书面形式确认或者另行签订补充协议，与本协议具有同等法律效力。

2. 本协议是甲乙双方签署的劳动合同（合同编号：_____）的重要组成部分，劳动合同终止或解除后，本协议继续有效。

3. 双方确认，在签署本协议前已仔细审阅过本协议的内容，并完全了解本协议各条款的法律含义，并同意遵守执行。

4. 本协议壹式贰份，双方各持一份，经双方签字盖章后生效，每份协议具有同等的法律效力。

（以下无正文）

甲方（盖章）：

乙方（签字）：

身份证号码：

签约日期：　　　年　月　日

附件：

与公司业务有竞争关系的单位名单

序号	名称	备注

第五节　培训协议如何签订

企业安排员工参加培训需要付出成本，自然需要员工在培训结束后的工作中做出成绩以回报企业。如果员工参加完培训后就离职，会给企业带来不小的损失。为了规避这些风险，企业与员工签订培训协议就显得尤为重要，但签订培训协议也要注意风险条款的设定与防范。如果对有关的培训重要内容没有约定或约定不明，不仅不能起到稳定企业与员工劳动关系的作用，相反会增大劳动纠纷产生概率。因此，在培训开始之前，签订内容全面、约定清晰的培训协议对企业和员工都非常必要。

一　员工培训中的常见风险

企业安排员工参加培训的目的是增加员工的工作技能，提升员工的工作效率和单位劳动时间内的产值，为企业创造更多的效益；员工参加企业组织培训的内在动力是提升自身的专业素养和价值，增强自身在劳动力市场上的竞争力。两者目标既有一定的一致性也存在差异，这就可能会产生一定的风险，在安排培训之初，这类风险很容易被企业和员工忽略，从而埋下隐患。员工培训往往在企业外部，参与培训的员工的正常生活、工作节奏被打乱。企业和员工虽然都有培训目标，但培训目标能否实现，有一定的不确定性。这些都是培训过程中的常见风险，具体分为如下几种。

（一）人身财产风险

企业为员工安排的培训既有内部培训，也有外部培训。外部培训中的人身财产风险需要企业和员工尤其关注。外部培训的地址往往在企业外部，甚至在市外、省外或者国外，员工参加培训就涉及出行过程中的交通安全、住宿安全、饮食安全等，且外驻培训地一段时间，整个过程中涉及员工的人身、财产等方面的安全问题。一旦出现风险，企业和员工都将面临损失。

（二）培训结果风险

有些培训需要员工取得一定的成绩或者要求考试通过，比如培训结束考取一定的上岗证书、执业证书等。对于这类培训，如果员工未能取得相应的上岗证书、执业证书，企业的培训目的就无法实现。如建设工程类的企业，若需要员工参加培训并取得造价工程师执业资格证等执业证书，一方面企业需要为员工付出高昂的学费或者其他成本，另一方面企业员工取得这些证件的数量将与企业的年检、等级、投标范围等息息相关，如果员工参加完培训无法取得相关证书，企业的潜在损失就很大。

（三）商务成本风险

企业付费输送员工参加培训，往往都希望员工参加培训后在公司服务的时间尽量长久一些，为公司多做出贡献，提高人力资源投资的回报率。员工参加培训后，个人技能、业务水平提升，往往会希望获得更好的职位和更高的薪酬福利待遇，因此，容易产生"跳槽"想法，给企业造成人力资源管理损失。如 A 公司是某知名品牌通信产品的合作伙伴，主要负责为该品牌供应给移动、联通等大型公司的设备提供安装及维护服务。2019 年，张某与 A 公司签订了为期一年的固定期限劳动合同，工作内容为设备安装及维护。同年 8 月，为适应该知名品牌新增产品线的安装维护工作，该公司为一批员工（包括张某）进行了半脱产式生产培训，培训包括产品线的安装、维护等。1个多月的培训结束后，A公司正式开始承接该产品线的安装、维护。2020年1月张某向该公司提出解除劳动合同。该公司要求张某赔付培训费用，否则拒绝接受张某离职申请。张某认为A公司提供的培训没有签订培训协议，不属于专业培训，拒绝赔付。双方协商无果后，张某申请了劳动仲裁。劳动仲裁委员会审理后认为，A公司与张某未签订培训协议，而且公司提供的证据无法证明该培训属于法定的专业培训，裁定徐某无需赔偿培训费，且该公司应在法定期限内为张某办理离职手续。在这个案件中，A公司就是因为没有签订专业的培训协议，遭受了较大的商务风险，公司产生了巨大的成本损失。

二　签订培训协议的注意事项

（一）签订培训协议的前提

《劳动合同法》第22条规定，企业为员工支出专业培训费用，对其进行专业技术培训的，可以与该员工订立协议，约定服务期。可以看出，企业与员工签订培训协议有两个前提条件：

1. 培训内容为专业技术培训

培训的内容应当为专业知识和职业技能培训，应当有一定技术含量，或对员工的专业知识、业务能力有明显的提升作用，如从国外购买一台机器，需要有能够操作的员工，为此，企业把员工送到生产该机器的工厂去培训；或为了提升员工的技术能力，送到专业的培训学校进行集中学习等。至于培训的形式，并无特别限定，脱产、半脱产、不脱产都可以，由企业根据实际需要灵活安排或与员工协商。企业为员工提供对专业技术和职业技能没有明显提升的培训，如团队拓展建设培训等，不属于《劳动合同法》规定可以签订培训协议的培训种类。

2. 企业支付了专项培训费用

企业为员工提供的培训应当是由专业机构或人员进行，需要支付一定的培训费用，如讲课费、差旅费、学费等。企业内部提供的无需企业额外支付费用的入职培训、纪律培训、安全教育、管理制度学习等职业培训，不属于可以签订培训协议的范围，不可以约定服务期。

总之，专业技术培训指的是有支付凭证的专业技能培训，比如进修、专业技能辅导培训（一般外出）、技术学习等，不包括上岗培训、企业文化培训、安全培训等。

（二）培训内容的档案管理

培训档案管理是人力资源工作的重要组成部分，它既反映了员工职业能力的成长轨迹，也呈现了企业文化的沉淀过程。当企业与员工就培训相关事宜发生争议时，培训档案又是重要的书面证据。完整的培训档案有助于还原培训之初的约定内容，有利于双方通过理性谈判解决纷争。因此，企业应当将与培训相关的内容作为员工档案的一部分，存档管理。具体的培训档案材料主要包括：

1. 培训批准资料

员工本人的培训申请表；单位的批准表；或企业指派员工参加培训的通知等。有些培训是基于员工的申请启动，有些培训是基于企业的安排启动。无论哪一种情况，实质性启动培训的具体工作，都是企业和员工协商一致的结果。此时，应当有相应的书面资料体现员工愿意参加培训的意思表达及企业同意员工参加培训的意思表达。

2. 培训课程资料

培训课程资料能完整地体现培训内容。人力资源管理部门搜集整理培训课程资料，有利于复盘培训过程，检验培训成果。培训课程资料往往种类繁多，如培训机构的招生简章、培训课程体系、培训讲义及其他学习资料、任课教师简历、考勤记录表、平时作业等等，可以将其分门别类，制定目录，装订成册，以备查询使用。

3. 学习成绩资料

如员工的考试成绩单、考试证书复印件、培训机构对该员工的学习评价、专业资格证复印件等书面资料。这些资料应当存入员工的个人档案，并根据企业的管理制度作为员工绩效考评、加薪、晋升的依据。

4. 培训费用资料

培训费用相关票据通常在报销后由财务归档，如学费、交通、住宿的发票。但是人力资源部门应当对员工的培训产生的所有开支做相应统计，由财务部门和员工本人确认后存档。如果员工在培训结束后未满培训服务期就提出离职，人力资源管理部门应当根据培训协议的约定和实际产生的培训费用计算员工应当返还给企业的培训费用。

5. 职位调整依据

企业可能会在培训结束后对员工的工作的权限或职位进行调整，由于该调整与培训有直接关联关系，相关资料也应当作为培训资料的一部分进行存档。

6. 培训终结资料

对于正常完结的培训，员工本人、任职部门、人力资源部均应当出具相应的培训总结。对于因员工个人原因未完成培训的，员工本人、任职部门、人力资源部均应当出具相关的说明材料。如根据培训协议的约定和企业的管理制度，需要对未正常完成培训的员工及相关人员进行处罚的，相关资料也应当作为培训资料的一部分进行存档。

对于企业来说，还需要注意培训协议内容与公司相关的规章制度是否有相悖之处，如果有，应当在培训协议里对相悖情况加以说明并写明处理方式，目的是通过特殊的约定来变更之前的一些不当之处，以避免引起纠纷。

三　培训协议的主要内容

（一）培训内容

培训内容应当为专业技术培训，包括专业知识和职业技能等，一般是指企业额外支付培训费用对员工进行的培训，员工在公司内部的上岗培训、安全生产教育等不属于此列。如：华为工程师认证培训（HCDA、HCDP、HCIE）、思科认证工程师（CCNA、CCNP、CCVP、CCSP、CCIE）等等。

培训内容应当明确。参加什么类型的培训；培训的具体名称、具体课程内容是什么；培训单位或培训老师是谁；培训结束应当参加什么等级的考试、取得什么样的证书；等等。这些具体事项均应当约定清楚。

有些培训需要员工取得一定的成绩，比如培训结束考取一定的上岗证书、执业证书等等。对于这类培训，如果员工未能取得相应的上岗证书、执业证书，企业的培训目的就无法实现。对于此类培训，企业对培训成绩的要求应当明确约定在培训协议里。

（二）服务期限

1. 服务期限与劳动合同期限的关系

培训协议服务期限与劳动合同的期限有可能会不一致，具体有几种可能：（1）劳动合同的期限可能长于培训协议的服务期限；（2）劳动合同期限和培训协议服务期限同时到期；（3）劳动合同期限早于培训协议服务期限到期。对于前两者，并无特别需要注意的情况。对于最后一种情况，《劳动合同法实施条例》规定，劳动合同期满，但是企业与员工依照劳动合同法规定约定的服务期尚未到期的，劳动合同应当续延至服务期满；双方另有约定的，从其约定。可见，即使劳动合同到期但服务期未满，员工违反服务期约定的亦应承担违约责任，除非企业与员工在培训协议中另有约定。

2. 多次培训服务期限累加

员工参加了多次培训的，因每次培训都有服务期限，要在培训协议里将培训协议服务期的累计方式，以及员工要求提前解除劳动合同时的赔偿培训费用的方式约定清楚。

（三）培训费用

培训费用可以包括学费、交通费、食宿费、考试费等。员工未满服务期限辞职应支付的赔偿金额与培训费的多少有关系，因此，为维护企业的利益，企业一般会将与培训相关的、合理的费用都列为培训费用。但是需要注意的是，培训费用里不包括企业培训期间向员工支付的工资。

为激励员工珍惜培训机会，促进员工努力学习，有些企业会与员工约定培训费用的承担比例，员工取得的培训成绩越好，企业承担的比例越高，直至全部承担。这种做法并不为法律所禁止，但需注意的是，随着企业承担比例的不同，员工未满培训协议服务期离职所要返还的培训费也不同。

另外，培训期间的工资待遇和福利待遇需要在培训协议里约定明确。如正常工作期间的工资；各项补助，如话费补助、交通补助、餐补、房租补助等；节假日福利等。对于较长时间的培训，年假、探亲假等是否有调整也应当明确。

（四）违约责任

《劳动合同法》规定，员工违反培训服务期约定的，应当按照约定向企业支付违约金。违约金的数额不得超过企业提供的培训费用。企业要求员工支付的违约金不得超过服务期尚未履行部分所应分摊的培训费用。违约金的约定应为一定的计算方式，常见的计算公式为：培训补偿费＝全部培训费用×（应履行的服务期－培训结束返岗后的实际服务期）÷应履行的服务期（实际费用以财务结算为准）。

一般而言，只有当员工提出与企业解除劳动关系时，企业才可以要求员工赔偿。但如果员工因违纪等重大过错而被企业解除劳动关系的，企业则有权要求员工赔偿有关培训费用，这个费用同样也不得超过服务期尚未履行部分所应分摊的培训费用。

企业在签订有关培训协议时要注意一个现实问题，即很多人因交不起培训费用就不辞而别，给企业维权带来困难。为防范相应措施，可以在员工和担保人自愿的情况下采取担保人制度。但是在签订培训协议适用担保人制度时，应当严格限制担保措施的适用范围，避免出现违反《劳动合同法》规定招录员工的嫌疑。

四　培训协议示范文本

员工培训协议

甲方：＿＿＿＿＿＿＿＿＿＿＿＿＿＿＿＿＿

乙方：＿＿＿＿＿＿　身份证号码：＿＿＿＿＿＿

为提升乙方的综合素质及职业技能，甲方鼓励并支持乙方参加甲方组织、举办的各项培训活动（含甲方组织的出国/出境学习活动）。同时，为确保乙方圆满完成学习、培训，实现甲乙双方的共同发展。经甲乙双方平等协商，同意签订本协议，并共同遵守执行以下条款：

第一条　培训内容

1. 根据甲方用工需求及乙方的自愿申请，甲方拟安排乙方参加专业技术培训；

2. 培训机构名称：＿＿＿＿＿＿＿＿＿；

3. 培训课程名称：＿＿＿＿＿＿＿＿＿＿；

4. 培训教材：统一发放／指定自购；

5. 培训时间：自＿＿年＿＿月＿＿日至＿＿年＿＿月＿＿日；

6. 培训地点：＿＿＿＿＿＿＿＿＿；

7. 培训结束需参加＿＿＿＿＿证书考试；

第二条　培训费用

本次培训由甲方为乙方提供培训总费用预计＿＿＿＿＿＿＿元人民币（大写　　　　）。其中，学费　　　　　元人民币（大写＿＿＿＿）由甲方直接支付给培训机构；如培训费未包含培训教材费、培训结业考试费、交通费、食宿费，在培训完毕后，由乙方据票实报实销或按甲方财务相关规定报销。

第三条　培训成绩要求

乙方应努力学习，完成培训任务。培训结束后，甲方组织乙方参加＿＿＿＿＿＿＿＿＿＿考试，乙方应当取得＿＿＿＿＿＿＿＿＿证书。如乙方无法取得该证书，则乙方应承担＿＿＿＿%的培训费用。

第四条　服务期限

乙方参加培训后，在甲方的服务期不低于＿＿＿＿＿＿＿年，自培训结束返岗之日起开始计算。如双方已经签订的劳动合同期限短于本协议约定的服务期的，则劳动合同期限自动延续到本协议约定的服务期届满之日止。

第五条　培训费的退还

1. 乙方自培训结束返岗之日起未满＿＿＿＿＿＿＿＿年辞职的，应按不足年限比例退还甲方培训费用。

应退还金额＝全部培训费用×（应履行的服务期−培训结束返岗后的实际服务期）÷应履行的服务期（实际费用以财务结算为准）。

甲方可从应当支付乙方的工资、奖金等费用中扣除应退还金额。

2. 乙方自培训结束返岗之日起未满＿＿＿＿＿＿＿年，因严重违法违规、违反甲方管理制度被甲方解除劳动合同的，应当向甲方退还培训费，应退还金额计算方法同上款。甲方可从应当支付给乙方的工资、奖金等费用中扣除应退还金额，不足扣除的，乙方应当补足。

第六条　培训期间工资、福利

1. 培训期间，乙方的工资按原工资的＿＿＿＿＿%支付；奖金按通常金额

的_____%支付；除社会保险外，其他福利按甲方标准福利的_____%
发放。

2. 乙方参加培训的时间计入工作时间，按连续工龄累计。

第七条 甲方的其他权利义务

1. 甲方有权根据乙方的阶段性培训效果来决定乙方的培训进程，对培训效果不良的，有权立即终止本协议。

2. 甲方负责为乙方办理参加培训的必要手续和条件，帮助乙方安排培训期间的生活。

第八条 乙方的其他权利义务

1. 参加完培训之后，服从甲方安排，到甲方指定的_____岗位工作
不低于_____年。

2. 培训期间，乙方必须服从培训机构的学习安排，遵守甲方和培训机构的各项管理制度，积极维护甲方形象和利益，遵守法律法规，如果由于自己故意或重大过失导致自身或甲方利益受损的，由乙方承担全部赔偿责任。

3. 培训结束后_____个工作日内，乙方应及时返回并向甲方报到。

4. 乙方应严格执行甲方保密制度，未经甲方许可，不得将培训中所得到的专业技术及相关资料外泄或传播给第三方，因参加培训所取得的技术资料在培训结束后均交还甲方保存。

第九条 协议的终止和解除

1. 双方经协商一致，可以变更、提前终止或解除本协议。

2. 因乙方存在下述行为的，甲方可以单方终止或解除本协议，并要求乙方返还全部培训费用：

（1）乙方因违反培训机构的管理规定，受到培训单位的处分、被遣返或者培训单位要求甲方召回乙方的；

（2）乙方有违法或者严重违反甲方管理制度的；

（3）乙方有损害甲方利益行为的。

第十条 违约责任

1. 如乙方在培训期内违反了培训机构的管理和规定，被培训机构遣返或者要求甲方召回乙方的，全部培训费用由乙方自行承担。

2. 如乙方在培训期内违反了甲方的规定或者损坏甲方形象和利益的，

甲方有权立即终止培训协议，召回乙方。全部培训费用由乙方自行承担，给甲方造成损失的，还应赔偿相应损失。

3. 如培训期内乙方单方中止培训或者解除培训协议、解除劳动合同的，乙方因个人原因不能履行服务期协议，或乙方严重失职或违反劳动合同条款而被甲方辞退、解除劳动合同的，乙方除应向甲方返还甲方实际支出的全部培训费用，还应赔偿因此给甲方造成的损失。

第十一条 其他

本协议一式两份，甲乙双方各执一份，自签字盖章（捺印）之日起生效。

甲方（盖章）：_____   乙方（签字）：_____

法定代表人（签字）：_____   日期：_____

日期：_____

第六节 股权激励风险防范

公司的发展离不开员工的共同努力，尤其是老员工对于公司的发展付出了不少心血，随着企业的不断壮大和员工在企时间的增加，很多成长起来的员工也在思考未来的职业生涯规划，一些员工可能想自己开设企业，一些员工可能因为在公司不能完全实现自己的价值，想离开公司，无论何种情况，只要员工不稳定，企业的持续稳固发展就会受到影响。为此，股权激励是当前很多公司用来留住员工、与员工共享发展成果的常用方式，但实施股权激励不当，也会产生股权出资、利润分配、责任承担等方面的纠纷。

一 股权激励的基本概述

（一）股权激励的价值

从字面意思上即可看出，股权激励就是通过附一定条件给予员工部分股东权益，使员工具有主人翁意识，从而与企业形成利益共同体，促进企业与员工共同成长，从而帮助企业实现稳定发展的长期目标。

1. 有助于提高公司的业绩

股权激励的最终意义在于让员工和企业创始人形成"合力"，每一位在企业工作的人都将自身最大的潜力发挥出来，既实现自身的收入最大化，也能充分促进企业的长远发展。对于企业而言，业绩就是企业发展最直接的数据体现，一切战略与决策正确与否，是否适合企业长期稳健发展，最终都会从业绩上体现出来，实践是检验战略部署和企业改革成效的真理。

公司要持续发展则需资金的助力，资金就是一个公司的血液，离开"血液"，公司就会陷入僵局，有的还会走向破产的厄运。在公司的成本支出中，人力资本支出占据很大一个组成部分，一些企业是通过高薪留住人才，而对于很多企业而言，没有办法给予高薪也不能给予更多的优厚福利，如何才能降低成本留住人才就显得更为重要，其中股权激励就是一种较好的方式，用未来的收益打动人心，给予员工一个"望梅止渴"的目标，激发员工投身到企业工作的激情。通过给予员工一定的股权，减少企业当下的现金支出，让员工与老板一起创造收益。

通过实施股权激励，让高级管理人员、技术人员或者其他核心员工拥有公司的股权，使其与股东的利益趋同，能够分配公司利润，认识到自己工作的努力程度与收益的多少直接相关，这种预期会大大提高受激励对象的积极性、主动性和创造性。在这种激励下，员工能够做到大胆创新，采用各种新技术、新方法降低运营成本，从而提高企业的经营业绩与核心竞争力。公司的发展离不开业绩的提升，没有业绩也就没有收入，股权收益就更无从谈起。股权激励的目的在于激发管理层和潜力员工的工作积极性，将企业业绩不断提升，而不是将企业原有的业绩分给员工，是在原有业绩的基础上努力做大"蛋糕"，"蛋糕"越大，员工所分到的收益越多，股权利益的共享将员工与企业"捆绑"在一起，无形中可提高工作效率和工作有效性，企业内部各部门之间的配合与交流会更加和谐。

2. 有助于回报并留住员工

企业发展是一个员工不断付出的过程，员工与老板在企业一步步的成长过程中必然付出艰辛与汗水，员工付出的不仅是人生的青春，更是那一抹梦想成就的夙愿，在企业留下的一个个脚印，都是企业弥足珍贵的财富。尤其是老员工，大多数是跟着老板从创业初期就一路打拼、一路奋战的患难兄弟，企业的点滴发展都有老员工的奉献，能长期留下来的员工不是大功臣也是劳苦之人，对公司有着较深的情感。老员工是公司发展的核心力量，没有核心力量的推动，公司很难持续走远，而这些员工大多数都是从基层一步步成长起来的，分布在公司的很多核心岗位，公司未来的腾飞离不开老员工的贡献。老员工经历时间岁月的洗礼，不仅能力上有很大的提升，经验方面也较为丰富，他们具有年轻员工不具备的经验，具备沉稳与淡定的心态，能从多角度去看待问题、处理问题。用股权激励老员工，让他们成为公司的主人，改变"帮别人打工"的思维，把自己的命运与公司的命运紧紧联系在一起。股权激励让老员工再度注满工作激情，披上飞翔的梦想，用能力和经验创造公司财富。对于自己长期工作和熟知的公司，他们会拼尽全力，使公司充满着持续发展的激情。正如美国总统里根曾说：善于激励自己的属下，就会让他们成为更加优秀和最大化地贡献自己的人。股权激励是回报老员工的福利，很多企业给予老员工的福利可以是奖金、节日问候等，股权激励也是一种福利创新模式，通过回报老员工给新员工树立安定的恒心，让员工将短期收入与长期收益结合起来，让年轻员工静心为公司努力奋斗。

孙中山曾说："人既尽其才，则百事俱举；百事举矣，则富强不足谋也。"只有把人的才华都发挥出来，各种事情才能妥善解决，事情都解决好了，国家也就会富强起来。国家如此，企业更是这样，企业的壮大与发展都需要各个员工充分发挥才能，没有优秀的员工就不可能有优秀的企业，而优秀的人才一定会将其个人的发展与企业的发展融合在一起，这就需要创造一个良好发展的平台，使人才能够在企业平台上大显身手。作为公司，不能招聘、培养、留住人才或者不能人尽其能，不能让人才充分发挥出他们的才华，无疑是公司的一大损失，更是一笔巨额财富在流失。"分钱"和"聚心"是公司为了吸引、留下人才的关键之路，必经之路；也是公司保持竞争力长久强大的秘籍。股权激励就是向人才分钱，只不过是分未来的钱，分未来大家一起创造起来的财富。华为的股权激励留下了大量的核心技术人员和管理层。

3. 有助于构建利益共同体

企业老板与员工之间的利益诉求是不完全一致的。老板注重企业的长远发展和投资收益，而企业的管理人员和技术人员受雇于老板，更关心的是在职期间的工作业绩和个人收益。二者价值取向的不同必然导致双方在企业运营管理中行为方式不同，且往往会发生员工为个人利益而损害企业整体利益的行为。实施股权激励的结果是企业老板和关键技术人员成为企业的股东，个人利益与公司利益趋于一致，可有效弱化二者之间的矛盾，从而形成企业利益共同体。员工成为股东结合了个人的能力及其公司发展的长远趋势，防止员工尤其是技术人员和高管中途离开企业，防止企业商业秘密泄露，更能有效杜绝核心员工离开企业"另起炉灶"，产生同业竞争。通过股权激励将老板和员工紧密捆绑在一起，利益相连而不产生排斥，能使公司走得更远，有利于员工关注企业长期发展，减少短期行为，从细节上促使员工综合考虑企业的发展方向。

（二）股权激励的时机

公司在不同的发展时期，股权激励的方式也不同，不同阶段对不同人才的激励同样存在差异，每类人才在公司发展的不同阶段凸显的作用与贡献也不同。从公司发展的情况来看，大致可以分为初创期、稳定期、繁荣期和衰退期。

1. 初创期

公司刚成立时，规模小，资金缺乏，人才紧缺，薪资少就招录不来高端的技术人才，企业承担不了较高的人力成本。初创期公司的主要任务是产品研发，没有好的产品，就没有收入，公司就难以继续。在这期间，人员需求不多，公司部门也比较简单。销售是企业的核心成员，产品需要销售出去才能转化为持续发展的资金，对此，股权激励需要考虑的对象也相对简单。原则上，董事、总经理及一起创业的人是主要对象，或者在创业中通过承诺给予一定股权而招聘进来的少量员工，这些人从开始就与公司同生死、共患难，须进行股权稳定，一旦这些人离开关键岗位就会使公司陷入僵局。

2. 稳定期

公司经历初期的努力进入平稳的发展期，此时公司的产品研发已经初步完成，从初期的以研发人员为重转变成以销售和管理人员为重，科研人员的任务是研发更新的产品，公司更为主要的任务是扩大市场，加强管理层的提升。此时，股权激励的对象也要有所变化。在这个阶段，公司的主要团队负责人的能力如何已经通过了初创期的基本考验，哪些人适合做未来激励，公司也有了一定的认识和了解，另外，财务、客户经理等管理类人员都是公司不可忽视的对象。

3. 繁荣期

随着企业发展逐渐走向扩大化，新产品不断开发，企业的规模和市场占有率也不断扩大，企业发展进入常态化。此时，激励那些有创新能力的员工更为重要，甚至可以引入一些目前企业存在不足的外部人才，当然也不能忘记激励那些为公司做出卓越贡献的老员工，他们在公司待的时间长，到了该把位置让给年轻人的时期，不能直接就裁掉。他们有自己的困境，有家庭的责任，这时给予他们一定的股权，让他们让出位置但能享受到企业发展的利益，对于他们而言也是比较好的选择，甚至会感恩公司，以后也会为公司推荐适合公司发展的得力人才和商机。

4. 衰退期

当公司的发展趋向呈下滑趋势时，甚至有些产品已经淘汰，公司的效益也不如繁荣时期好。如何使公司不下滑，继续平稳地走下去，需要公司上下齐心协力，可考虑对"上下游"供应商进行股权激励，让公司以外的一些利益相关者也参与到公司发展中来，为公司注入新的活力，整体形成点、线、面的全面结合，把有利于公司发展的所有力量紧密捆绑在一起，共同努力，把公司推向新的一轮发展。

（三）股权激励的种类

每个公司都有自己的发展道路，有自己的选择，要了解自己的发展规划和前景，选择适合自己的股权发展激励模式。公司的发展阶段不同，所选择的模式也不同，一种模式不能一直适用在公司的整个过程之中，要根据变化做出具体的选择。股权激励是用未来的收益降低现在的成本，一旦企业进入高速发展期就会给持有股权的人带来丰厚的收益。股权激励一般有以下几种：

1. 实股激励

公司将一部分股份给对公司有特别贡献的员工。此种股权的优点在于员工不用花钱购买，员工通过完成一定任务或者做成某些重大的项目，达到公司规定的工作年限且业绩也相当不错。缺点就是激励的效果不会特别明显，达不到较大的刺激。这类股权适用于对老员工的激励，或者公司发展后期的激励，不宜用于公司走向衰落的阶段，因为此股成本高，公司最好设立一些条件，比如，只享有该股的分红，不享有所有权，不能转让、继承等，要退出此类股时可以折价回收。

还有一种情况是，公司的高管拿出自己的一部分股权对员工进行激励，但在给高管层或中间层配股时就要想好未来能拿出多少股权进行配置。实股的优点在于持股者享有实权，可以进行股权登记，转让权、继承权和表决权都可以行使。激励效果明显，持股者拥有所有权，就会更加努力，争取让公司业绩提升，起到连接利益共同体的作用。

2. 虚股激励

如果对激励的对象没有十足的了解，对其未来发展情况不太确定，就可以进行虚股激励。给予一定的考核期，通过考核以后才转化成实股。虚股只能参与分红，给员工提供一定的晋升空间和努力目标。虚股的设定要切实可行，让员工通过努力可以实现目标，不能出现员工无论如何努力都拿不到实股的情形，那就失去激励的效果。一旦考核期届满确实达不到考核条件的，被激励的员工所享有的分红权就无法实现，持有的股权就不能继续享有，要转给那些更有潜力的员工。虚股比较适合那些不能长期在一定岗位上持续但能力又特别突出的员工，尤其是给公司切实带来重大利益的管理层和业绩类员工，通过设立一定的业绩，员工达到该业绩，就可以给予一定比例的分红权。

3. 虚实结合

先由被激励的员工交付一部分现金购买股权，取得实股；而部分股权的取得由员工在固定价格的前提下分期付款，只要员工达到考核的基本条件，就可以享受到所被激励股权比例的分红权，在付清全部款项及符合考核条件后取得实股。这种期权跟员工能力和公司的业绩增长收入密切联系，业绩不好所取得的股权价值就不高，业绩增长快，员工取得的股权价值就随之增长。可以有效解决员工资金周转困难，同时还可以让员工享受到预期增值的目的，也可以有效解决公司的融资问题。

二　股权激励的实际操作

（一）激励对象的确定

1. 股权激励对象的分类

公司要对员工实施股权激励计划，就要明确要对哪些类型的员工实施激励。股权激励是一个长期的计划，会影响公司长远发展和整体布局。一般而言，除了公司的董事、经理等外，对哪些类型的员工可以给予股权，需要公司做出实际可行的计划，拟定出持股类型，更好地帮助股权计划的实施。股权激励的对象在公司里大致可以分为高管层和中间层两类：

（1）高管层。高管层有着丰富的工作经验，沉稳的处事风格，成熟的人格和明确的人生价值观，是企业的关键性人力资源，没有高层管理者的正确引航，企业就像一条没有航标的船，在汪洋里找不到彼岸，他们是企业制定重大事项的关键决策者和引领实施的执行者，在企业遇到危机时总能带领全体员工找到方向、妥善处理好危情。如果将公司看作一个人，那么高管层就是公司的骨架，没有骨架也就不能组成一个完整的人。

（2）中间层。除了高管员工，中间管理层对企业发展也非常重要，是企业发展的重要力量，这些员工通常又可以分为指挥型、关系型和技术型员工。指挥型员工一般以自我为中心，非常喜欢管理他人，勇于承担责任；比较务实，办事讲究效率；喜欢被赞扬，非常重视事情的结果。这类型的员工轻人际关系，往往以事情本身的成功或者失败来看人。这类员工也更喜欢得到支持，赞美越多工作效率就会越高；在拥有更多自主权的情况下能更好地处理事务，也善于通过自己的努力找到解决问题的办法。

关系型员工注重人际关系，善于处理人际关系；为人和气，很少居高自傲；喜欢和谐处理周围的事务，不太能主动承担责任，抗压能力不强；做事的时候会有些犹豫不定。对这类员工给予的关注度越高，他们自愿付出的就越多。与这类型的员工交往要注重人际关系的处理，给予他们充分的尊重；可以把人际关系做成公司的一项建设性工作，打造和谐创新的人性化工作环境。

技术型员工非常重视实践的操作，专心于技术岗位的工作，不善于交际；踏实做事，为人勤恳；希望工作的成果能得到上司的肯定，非常看重自己的劳动成果。他们比较有智慧，学识丰富，爱思考，也具有探索精神；对于管理工作不是他们的长处，对事不对人；充分调动他们思考的积极性，打开创新思维，可以为公司的发展提供更多的创新亮点和解决问题的角度与思维；他们也适合做研究性的工作，刻苦钻研，一心投入工作。也有一些技术型员工适合从事稳定简单的工作，不具备创新思维，在稳定的工作岗位上能安心积极完成任务，非常清楚自己的职责，不打破规则，更不愿意指挥别人；安排一些重复性的简单工作，或者在技术培养的岗位上让他们对这项技术进行长久的操作达到熟练的程度；肯定他们忠诚的敬业精神，给予他们在完成本职工作后的一些奖励与肯定，这样他们就会更忠于公司。

2. 激励对象的确定原则

股权激励不是对过去成绩的奖励，而更多是对员工未来工作积极性的调动和激发，确定股权激励对象时要把握以下三个原则。

（1）公平原则。在公司内部，任何员工都希望得到公司的重视和欣赏，一般来说，大多数员工都希望成为股权激励的对象，为此，公司在做股权激励计划时，不能因为与某人的私人关系好而"因人设岗"，做出来的方案要适合于全体人员，凡是符合条件的，都是被激励的对象，不掺杂私人感情，不搞区别对待。因此，在确定激励对象时一定要坚持公平公正的原则，条件上要客观设立。

（2）不可替代性原则。由于拿出来激励的股权数量是有限的，不可能实现人人参与，而且一旦人人均可享受，也就失去了激励的意义，为了让这些股份更好地发挥作用，企业必须限制激励对象的人数。在选择激励对象时，要坚持不可替代性。如果一个员工的作用是其他员工无法替代的，且这样的人才在现有市场上很难招募到，或者即使能招募到也需要花费较高的成本培养，说明该员工就具有不可替代性，应该纳入股权激励的对象范围。

（3）未来贡献原则。公司发放奖金侧重考虑员工的历史成绩，但股权激励主要考虑激励对象对公司未来的贡献。所以，在选择激励对象时，要考虑到激励对象对公司未来发展可能做出的贡献大小。即便某些员工在过去对公司做出了较大的成绩，如果未来不能发挥显著的作用，也要慎重确定。

3. 激励对象的考虑因素

被激励的对象首先就要看其自身条件，在员工所具备的条件里，哪些符合公司的股权激励要求，这就要结合公司的整体规划与未来的发展走向来确定。公司需要什么样的员工，以及在未来要培养什么样的员工，都需要综合考虑。

（1）岗位情况。工作的岗位与一个员工的职业规划密切相关，不同的岗位对公司的发展所做的贡献不一样。职位越高，所做的贡献也就越大，能给公司带来的利益也就越多，需要考虑的因素就越多；最基层的一线人员，想的是每个月领到的薪水；部门负责人想的是如何使这个部门的业务提升，效率提高，在尽可能的时间里完成更多的工作。在做股权激励的时候就要进行综合的评估，这个岗位在这个公司里占的比重及其在未来发展中这个岗位的需求。一般情况下职位越高得到的股权也就会相应地增多，如此，公司的员工也比较容易接受，或者某位员工在一年的时间里给公司做出特别重大的贡献而给予一定的股权奖励。

（2）员工司龄。员工在公司的工作时间也是一个需要考虑的因素。工作时间越长当然能得到股权的机会就越大。那些得到股权就跳槽的员工，同样也会在其他公司得到股权后就跳槽，最后只靠股权分红就能实现理想的生活。这样既纵容了此类员工的滋生，也对忠诚于公司的员工不公平。因此，只有在公司工作了一定的年限，而且愿意在公司长期干下去才能享有股权激励。对于那些有才能、工作时间不长的员工，可以进行虚拟股权的激励，规定离开公司就不能再享有相应的股权。

（3）个人能力。对于一些年轻的员工，没有丰富的工作经验。如果业绩非常突出，工作也相当出色，则可以给予一定的股权激励，给予年轻员工在公司的希望和一个奋斗的目标。对于提高和改善年轻人的工作氛围非常有帮助。相反，如果得不到重用和提升，他们可能会被给予更丰厚待遇的公司挖走，要支持年轻人在公司实现自己的人生价值，让他们为公司的长远发展做出应有的贡献。当然，在评定时，要考虑业务岗和管理岗的区别，业务岗容易看出具体的业绩量，但管理岗却没有具体的量化，则要设定相关的评定指标，体现管理人才的能力。

（二）激励股权的定价

股权激励在本质上就是要建立一个股东与员工之间的利益共同体，如果员工感觉不到股东尤其是大股东的诚意，就失去了激励的作用。在这之中，用来激励的股权价格是一个非常敏感的指标，如果价格定得太高，员工感觉股东无激励的意愿，相反引起不良印象；如果价格定低了，又会使付出的成本过大。在股权激励方案设计中确定授予激励对象股权的价格非常关键。定价是关于利益的心理博弈，首先得确定企业的价值，才能确定每股定价，最后才能确定激励的具体方式。通常而言，要使得定价结果趋于科学，定价过程中需注意确保"同股同价"，即同一批激励的股权价格应该保持一致，后面批次激励的股权价格比之前的价格高，除非公司出现亏损情况，在方案设计过程中，要"考虑周全、注重原则"，以促使设计出的股权激励方案更公正、公平且可落地实施，真正对员工起到长久高效的激励作用。

在具体的定价操作中，要对企业进行估值，才能确定具体的价格。企业估值方面，可采用账面价值法、资产评估法估值，估值出来后，就可以考虑定价。一般可采用以下定价方法。

1. 按原价值免费赠送

也就是创始人或者其他股东将持有的部分股权无偿赠予受激励的对象，用来激励的股权成本其实已经被分摊给股东，或者由企业来承担了，股权的价格不好完全衡量出来，一旦受到激励，所享有的权利与之前的股东一样。如果采用此种激励方式，可培养起更多的忠实员工，但也有可能出现员工拿了股权由于公司长期没有分红导致没有任何感觉。毕竟员工没有花钱就获得了股权，离职也似乎不觉得可惜。为此，免费赠予股权，建议设计好获赠股权的附加条件。

2. 按注册资本来定价

注册资本是指公司在登记设立时的资本总额，是各方认缴或实缴的总和。我国法律规定，公司成立前必须在章程中明确注册资本，各方的出资额、出资比例、出资时间、利润分配和亏损分担的比例。按注册资本定价的意义在于被激励的员工与创始人按同样价格获得股权。

如果公司无法按净资产计价，也还没获得融资，意味着公司还没被投资人认可或投资人给的估值过低，公司不愿意接受，这种情况下按注册资本定价对员工而言是比较安全的，毕竟公司能获得多少估值还没经市场验证，未来的前景是不确定的。如果已经获得融资，那就不一定还按注册资本定价了，毕竟公司已经在原有基础上获得了更多的积累。当然，要不要采用注册资本定价，取决于创始人的态度。而且，在股权激励方案的制定中，还要考虑是认缴还是实缴，如果是认缴，还要明确激励股权所对应的认缴款项由谁来缴足。

3. 按净资产价值定价

净资产一般是指所有者权益或者权益资本。企业的净资产是指企业的资产总额减去负债以后的净额，它由两大部分组成，一部分是企业开办当初投入的资本，包括溢价部分，另一部分是企业在经营之中创造的，也包括接受捐赠的资产，属于所有者权益。对于重资产的企业，按净资产价值定价是比较市场化、比较公平合理的定价方式，员工进入和退出都按净资产定价也比较容易操作，不易发生纠纷，相当于按现在的市场价格进行等价交换。但对于轻资产的企业，按照净资产价值定价就不一定科学了，毕竟轻资产企业大多都是在智力、技术、商业模式等方面具有价值，而实体财产较少，净资产并不能体现企业品牌等无形资产价值，而按净资产价格做股权激励，对员工而言是较大幅度让利。

正如上面所言，对于重资产公司而言，按净资产价值定价相当于等价交换。员工有没有兴趣参与，取决于他们对公司未来增值可能性的判断。如果希望增加对员工的吸引力，可按净资产价值的一定比例折扣定价，并附加一定条件。折扣比例多少合适，取决于创始人的取舍和员工对未来预期的判断，并无固定标准。

4. 按融资估值来定价

对于互联网企业或轻资产公司，由于企业的主要价值不在有形资产而在于无形资产，而无形资产难以客观估值，如果轻资产企业采用净资产计价对于创始人来说完全不合理。就可以采用融资估值的方法，在创始人或员工都难以对无形资产估值的情况下，外部投资人在这方面的判断可能更专业，可用投资人给出的融资估值作为市场价格的参考，因为融资估值包含了无形资产的价值。但如果按融资估值做股权激励，员工除了按投资人的价格购买或享有股权，可能较难引起员工的兴趣，也难起到真正的激励作用。为此，可采用按融资估值的一定折扣来定价。折扣比例取决于创始人的胸怀和员工对预期的判断，并无固定标准。

（三）激励股权的来源

股权激励的前提是有"股权"，而股权从何而来，对于有限责任公司而言，公司只有100%的股权，且已经被股东持有，用来激励的股权从何而来呢？股权激励即以股权授予激励对象，以起到给历史贡献者、核心骨干、优秀人才一定安抚，最终形成企业具有竞争力的人才激励机制。在具体操作中，大致有以下三种方式。

1. 股权转让

原有股东向股权激励对象转让一部分股权，作为企业创始人或者其他原有股东要充分吸引人才、稳住人才，就商议从自己所持有的股权中让渡出一部分来给符合条件的受激励对象，进而增加股东的数量，原有股东在公司持有的股权相应减少。

2. 增资扩股

在不减少企业原有资产的前提下，通过增加资本投入，向激励对象派发股权或者发行股份，使企业的总体股本增加，至于所增的资金是由谁来支付，或者支付的时间和条件则是股权激励方案应该重点考虑的情况。

3. 股权回购

一般情况下，用来激励的股权都可能会附随一些条件，尤其是老员工退出时，股权可能就被公司回购，进而增加新的被激励对象，回购员工退出股份，部分员工因为离职等原因退出，退出部分可重新授予其他员工。

以上三种方式各有利弊，企业在做股权激励时，不一定仅采用其中一种，可以采用组合方式来取长补短，根据公司的实际情况组合不同的方式。

三 股权激励的注意要领

（一）股权激励的考核条件

股权激励的目的在于激发员工的动力，而未来动力是否能被调动起来是最为重要的一环，为此，在设计股权激励方案时，要明确激励对象的考核条件。如：从企业层面考虑，若企业整体业绩条件未达标时，则所有激励对象不得获益；如果企业业绩达标时，再具体根据个人业绩条件确定是否满足考核要求；也就是说，股权激励的股权授予比例或情况与个人考核结果挂钩。方案中要明确各类条件，可避免方案执行过程中遇到的阻力与困惑。在具体操作中，可根据企业具体实际制定针对性的考核标准，如，以考核结果 100 分为例，可设为 5 个标准，根据不同档次的标准给予不同比例的股权。对于那些达不到考核条件的，要及时解除激励，让优秀的员工受到激励，真正做到"能者上庸者下"。

（二） 激励股权的数量把控

企业在做股权激励时，要从激励股权的总量和被激励对象享有的个量两个方面加以考虑。从总量上来看，须从三方面加以考量：一是要充分考虑企业大股东的控制权问题，如果用来激励的股权过多，就可能导致大股东丧失控制权，甚至可能影响企业重大事项的决策；二是要考虑股权结构的分布，股权原来的配置情况以及股权激励变动后股权的集中程度，原始股东的股权稀释情况、股权投资以及控制权等，要充分从激励总量上考虑最多情形下的股权数额；三是股权动态变动情况，因为股权激励会根据公司的发展阶段、人才需求、行业变化等情况做出不同的安排和计划，股权激励也不是一次性结束，根据上述情况可能逐次实施，要避免一次性股权激励造成的利益固化，以及过度激励或过度稀释导致的股权失衡。所以，要根据综合因素，在总量上动态把控和设计。从个量上来看，要根据企业自身现状和激励对象的人数来做具体的配比，要确定激励对象在个量上的限度，避免股权过度集中在某个人或某几个人的身上，让其他员工找不到努力的方向和前行的动力。

（三） 股权激励的限期行权

一般情况下，激励对象在获得股权后并不能够立即行权，需要等待一段时间，设立等待期的目的在于更好地发挥激励计划的作用，更好地留住员工，也是一种约束措施。在这个等待期间如果员工离开公司就不能享有权利。留在公司，在等待期内创造更好的价值，就能在行权的时候获得更多的利益。在具体操作中，可以设定一个具体的等待时间，详细列出每个阶段可以享有的股权数额或者比例分红权，可以设定为等额也可以设定为超额，还可以根据公司的经营业绩来决定份额。

当然，等待期的设定也需要合理，不能过长，过长就让被激励的员工感觉遥遥无期，选择离开公司；等待期太短，就不能期待激励的作用，员工很容易"套现"走人。如果是上市公司，被激励的股票一般建议设置为2至5年为宜，但最长不能超过10年。此外，也可以采取业绩等待的形式，根据规定的业绩完成与否，完成到一定量的业绩就可以行使多少数量的股权，同样地，在设定业绩量时也要合理，不能为了高目标而加重员工的负担，要根据公司的实际情况设定实际可行的业绩目标，业绩过高，员工感觉遥遥无期，挫败积极性。

（四）股权激励的退出机制

股权激励并非做慈善，股权是公司最为宝贵的财富。不管是对于创始股东还是其他股东，用来激励的股权在公司初创期显得较为便宜，一旦公司发展成型，公司价值上升尤其是通过资本市场获得飞速发展时，股权激励的成本是最高的，此时，给予员工最为宝贵的财富就是股权。因此，股权激励必须慎重，员工可能会出现离职、表现不如人意、违反公司规定、退休等潜在情形，一旦出现此类情形，就需要将员工调整出股权激励的范围外。股权激励方案不仅是"放出去"还要"收得回"，一个完善的股权激励退出机制可以有效保护公司和员工。

股权激励退出机制要根据员工在公司可能出现的不同情况适用不同的退出方式，通常分为"过错性退出"和"非过错性退出"。前者指员工因为自身过错的原因导致被要求退出激励对象范围，如违反法律规定，或者直接违反公司规章、制度；违反竞业限制约定；在特别约定的期限内离职；因自身原因对公司造成严重损害；擅自转让激励股权或期权；擅自对激励股权或期权设定质押、担保等。若出现这些条件，公司应当尽快收回员工的激励股权。非过错性退出通常指约定的退出条件出现时，被激励的股权也要被收回，如工作表现不能达到预期效果；未达到业绩指标；到达法定退休年龄；激励对象死亡或失踪等。

不管是何种情形，一旦发生股权激励退出的情形，公司即立刻收回对员工激励的期权。但究竟采用何种方式收回，也要在股权激励方案中载明，是无偿收回、大股东原价回购还是约定价格回购等，都要做较为详细的列清。

第七节　工伤事故风险防范

工伤事故对员工和企业是双重伤害。员工身心受损，不仅劳动能力受到伤害，往往也遭受严重的心理创伤，个人及家庭的经济生活都将面临重大危机；企业处理事故的善后事宜也需要付出较大的经济成本，工伤、工亡的补偿成本对企业是难以承受之重，对员工及亲属的安抚、慰问，监管部门的处罚，企业内部对隐患的排查、整改往往也会增加企业的处理成本。因此，充分使用工伤保险机制防范风险，对企业和员工都极为必要。工伤保险机制对于企业来说平时好像增加了一定的成本，但当真实发生工伤、工亡事故时，可为企业分担损失和风险。

一 工伤保险概述

（一）工伤保险的含义

工伤，是指由工作直接或间接引起的事故所造成的伤害，其广义概念包括工伤事故引起的伤害和职业病，又称工作伤害或职业伤害等。

工伤保险，是指国家通过立法，由社会统筹的方式筹集基金，对在劳动工作过程中因工负伤、致残，或因从事有损健康的工作患职业病丧失部分或全部劳动能力的员工，以及对员工因工死亡后无生活来源的遗属提供保障的社会保险制度。我国《工伤保险条例》规定，我国实行工伤保险的目的是为了保障因工作遭受事故伤害或者患职业病的员工获得医疗救治和经济补偿，促进工伤预防和职业康复，分散企业的工伤风险。

（二）工伤保险的办理

初次参加工伤保险办理的单位，应当到企业注册地的人力资源和社会保障局填报社会保险登记表，并根据要求提供一系列企业的基本证明资料，如营业执照、缴费工资申报花名册等。企业社会保险初始登记及开户手续办理完毕后，就可以为本单位的员工缴纳工伤保险。单位初次参保交费的次月，新发生工伤的员工按《工伤保险条例》的规定开始享受工伤保险待遇。单位参保缴费后有人员变动，要及时将变动人员名单报送社会保险经办机构。

（三）工伤保险的待遇

单位参保交费后，员工因工伤事故遭受的损失以及应当得到的补偿，并非全部由工伤保险基金支付，而是其中部分损失和补偿由工伤保险基金支付，部分损失和补偿由单位支付。具体分担情况如下。

1. 由工伤保险基金支付的工伤保险待遇

《社会保险法》规定，因工伤发生的下列费用，按照国家规定从工伤保险基金中支付。

（1）治疗工伤的医疗费用和康复费用。如：挂号费、检查费、治疗费、医药费、康复费，以及住院期间的床位费、取暖、空调费等，这些费用符合工伤保险诊疗（康复）项目目录、工伤保险药品目录、工伤保险住院服务标准的，由工伤保险基金全额报销，个人不需要承担费用。

（2）住院期间伙食补助费。

（3）到统筹地区以外就医的交通食宿费。

（4）安装配置伤残辅助器具所需费用。

（5）已经评定伤残等级并经劳动能力鉴定委员会确认需要生活护理的工伤职工的生活护理费。生活护理费按照生活完全不能自理、生活大部分不能自理或者生活部分不能自理3个不同等级支付，其标准分别为统筹地区上年度职工月平均工资的50%、40%或者30%。

（6）一次性伤残补助金和一至四级伤残员工按月领取的伤残津贴。

（7）终止或者解除劳动合同时，应当享受的一次性医疗补助金。

（8）因工死亡的，其遗属领取的丧葬补助金、供养亲属抚恤金和因工死亡补助金；丧葬补助金为6个月的统筹地区上年度员工月平均工资。

（9）劳动能力鉴定费。是指劳动能力鉴定委员会在进行劳动能力初次鉴定、再次鉴定、复查鉴定活动中产生的费用。

2. 由企业支付的工伤保险待遇

《社会保险法》规定，因工伤发生的下列费用，按照国家规定由企业支付。

（1）治疗工伤期间的工资福利，即停工留薪期待遇。停工留薪期，指医疗期，是指员工因工负伤或者患职业病停止工作接受治疗并享受有关待遇的期间。停工留薪期一般不超过12个月。伤情严重或者情况特殊，经设区的市级劳动能力鉴定委员会确认，可以适当延长，但延长不得超过12个月。员工在停工留薪期内，除享受工伤医疗待遇外，原工资福利待遇不变，由所在单位按月支付；生活不能自理需要护理的，由所在单位负责。

（2）五级、六级伤残员工按月领取的伤残津贴；

（3）终止或者解除劳动合同时，应当享受的一次性伤残就业补助金。

3. 依法不支付的工伤保险待遇

《社会保险法》规定，工伤员工有下列情形之一的，停止享受工伤保险待遇。

（1）丧失享受待遇条件的；

（2）拒不接受劳动能力鉴定的；

（3）拒绝治疗的。

4. 特殊情况下的工伤保险待遇支付

（1）工伤员工退休后待遇支付

工伤员工达到退休年龄并办理退休手续后，停发伤残津贴，按照国家有关规定享受基本养老保险待遇。基本养老保险待遇低于伤残津贴的，由工伤保险基金补足差额。员工因工致残被鉴定为一级至四级伤残的，由企业和员工个人以伤残津贴为基数，缴纳基本医疗保险费。

（2）工伤保险基金先行支付

企业未参加工伤保险统筹，员工发生工伤，由企业支付待遇，企业不支付的，工伤保险先行支付，企业偿还。这一规定避免了由于企业不支付工伤保险待遇导致的工伤员工无钱治伤、工伤待遇得不到保障的情况。

由于第三人的原因造成工伤，第三人不支付工伤医疗费用或者无法确定第三人的，由工伤保险基金先行支付。工伤保险基金先行支付后，有权向第三人追偿。

二　工伤事故的处理

（一）工伤事故认定原则

员工受到伤害后，能否从工伤保险基金获得补偿，首先要看其所受伤害是否属于工伤。因此，对员工所受伤害的性质进行认定就非常重要。认定的基本原则是：在工作时间和工作场所内因工作原因受到事故伤害。可见，时间、地点、原因三个条件应同时具备。除此之外，为了加大对员工及家属的保护力度，法律规定某些并非同时具备前三个条件的情况也可以认定为工伤、工亡或视同工伤、工亡。对这些特殊情况要严格把控，确实符合条件的，才可以认定为工伤、工亡或视同工伤、工亡。

特殊情况一：履行工作职责而受到暴力伤害是否属于工伤？

如果同时满足在工作时间、工作场所内，因履行本人职责范围内的行为，受到他人暴力伤害这四个条件的，属于工伤；否则，不属于工伤保险范围，当事各方可按法律的规定维护权利、承担义务。

特殊情况二：因工外出期间受到伤害是否属于工伤？

如果员工因工作需要，按照工作计划或上级安排到工作区域以外的地方，受伤事故发生时员工正在执行工作任务的属于工伤，否则不属于工伤范围，当事各方可按民法或刑法的规定维护权利、承担义务。

特殊情况三：在上下班途中，因交通事故受到伤害是否属于工伤？

如果员工在本人上班或下班的合理路线和合理时间内发生的交通事故，且是非员工本人负主要责任的，属于工伤，否则不属于工伤。

特殊情况四：应当认定为工伤的其他情形。

为使工伤保险的范围规定得更科学、合理，《工伤保险条例》规定了视同工伤的三种情形：在工作时间和工作岗位，突发疾病死亡或者在48小时之内经抢救无效死亡的；在抢险救灾等维护国家利益、公共利益活动中受到伤害的；员工原在军队服役，因战、因公负伤致残，已取得革命伤残军人证，到企业后旧伤复发的。这些规定都有其特殊的情形，为了保障员工的权益，是工伤认定情形的延伸。

同时，《工伤保险条例》规定了"故意犯罪"、"醉酒或者吸毒"、"自残或者自杀"不得认定为工伤或者视同工伤，还有法律行政法规规定的其他不能认定为工伤的情形。

（二）工伤事故处理程序

1. 及时救治工伤员工

人的生命健康价值是最重要的价值。人的生命健康价值在劳动法领域就体现为劳动者的劳动能力价值，这是企业最应该保护的价值。因此，面对工伤事故，无条件尽最大努力及时救治受伤员工是企业义不容辞的责任。在救治员工的同时保护好事故现场，保留好事故证据，对于后期为员工申报保险，维护员工和企业的利益非常重要，也是一个成熟企业应当具备的能力。企业还应当在规定的时限内向社会保险经办机构报案，以方便后期为员工办理工伤认定和申请工伤保险赔付。一般性的事故伤害，应在3天内报社会保险经办机构；员工死亡的，企业应在48小时内将事故简要报告报社会保险行政部门和经办机构。

2. 申请工伤认定

员工发生事故伤害后，企业应当自事故伤害发生之日起 30 日内向统筹地区社会保险行政部门提出工伤认定申请。企业未提出工伤认定申请的，工伤员工或者其近亲属、工会组织在事故伤害发生之日起 1 年内可以直接提出工伤认定申请。

3. 申请劳动能力鉴定

发生工伤的员工需要进行劳动能力鉴定的，企业应在规定时间内组织员工进行劳动能力鉴定，以书面形式向劳动鉴定委员会提出申请，并填写《劳动鉴定申请表》。企业不提出申请的，员工及其亲属可以申请，劳动鉴定委员会不得拒绝。

提出劳动能力鉴定时应提供的材料主要包括：工伤认定决定书（或工伤证），工伤诊断证明，以及医院记载的有关负伤员工的病情、病历、治疗情况等，工伤职工的居民身份证或者社会保障卡等其他有效身份证明原件和复印件；劳动能力鉴定委员会规定的其他材料。

4. 申请工伤保险待遇支付

《工伤保险条例》规定了员工因工作遭受事故伤害或者患职业病进行治疗享受的工伤医疗待遇，主要包括：医疗康复待遇、伤残待遇两大类。

（1）医疗康复待遇主要包括医药费、住院伙食补助费、治疗期间必要的交通食宿费、停工医疗期内工资福利、护理费、辅助器具费，医疗康复待遇的支付标准为根据实际产生的费用据实支付。

（2）伤残待遇包括一次性伤残补助金、伤残津贴（一至六级伤残）、一次性工伤医疗补助金、一次性伤残就业补助金。

一次性伤残补助金标准为：一级伤残为 27 个月的本人工资，二级伤残为 25 个月的本人工资，三级伤残为 23 个月的本人工资，四级伤残为 21 个月的本人工资，五级伤残为 18 个月的本人工资，六级伤残为 16 个月的本人工资，七级伤残为 13 个月的本人工资，八级伤残为 11 个月的本人工资，九级伤残为 9 个月的本人工资，十级伤残为 7 个月的本人工资。

伤残津贴标准为：一级伤残为本人工资的 90%，二级伤残为本人工资的 85%，三级伤残为本人工资的 80%，四级伤残为本人工资的 75%，五级伤残为本人工资的 70%，六级伤残为本人工资的 60%，其中五级、六级伤残符合一定条件的由企业按照规定为其缴纳应缴纳的各项社会保险费。伤残津贴实际金额低于当地最低工资标准的，由工伤保险基金或企业补足差额。

《工伤保险条例》规定，一次性工伤医疗补助金和一次性伤残就业补助金的具体标准由省、自治区、直辖市人民政府规定。需要说明的是，由于根据《工伤保险条例》规定一至六级伤残的员工可以选择保留劳动关系，退出工作岗位，依靠社保基金按月发放的伤残津贴获得稳定收入的，并在达到退休年龄后享受基本养老保险待遇。理论上，一至四级伤残员工都不存在"伤残就业"和因解除劳动合同关系而导致后续"工伤医疗"无着落的问题，所以，各省的条例中都只规定了五至十级伤残的一次性工伤医疗补助金和一次性伤残就业补助金标准，都未规定一至四级伤残的一次性工伤医疗补助金和一次性伤残就业补助金标准。

三　工伤事故风险防范

工伤事故风险防范重在平时日常管理，唯有细致科学的管理才能做到风险隐患的降低，具体而言，可通过规范化管理减少甚至杜绝发生工伤事故、购买工伤保险降低企业处置工伤事故的成本、合理配置商业保险增加员工福利保障等，以此增进员工幸福感和安全感，同时也为企业的持续经营、稳健发展上了"安全锁"。

（一）重视安全管理

1. 重视安全培训

对员工特别是新员工进行职业培训，强化安全意识，提高自我保护能力。据有关资料统计分析，绝大多数工伤事故都是因为员工违反操作规程或安全意识较差造成的。一些新进入企业工作的员工，由于没有经过专业的技术培训和职业教育，对所要从事的生产过程和设备操作不够熟悉，因此，新进入员工进行必要的岗前培训显得十分重要。同时，定期开展安全生产专业培训，提高广大员工的安全生产意识，杜绝违章行为发生，维护生产秩序。

2. 完善科学管理制度

企业要想尽可能减少工伤事故，就必须完善企业的各项管理制度，制定和落实安全生产岗位责任制和安全生产规章制度，做好安全生产检查工作，建立标准化作业制度，以科学的管理制度防范和杜绝工伤事故发生。

3. 实施严格的安全操作规范

在实践中，因违规操作造成事故屡见不鲜，建立完善的安全操作规程，定期对员工进行安全培训，采取理论与案例结合的讲授方式提升员工的安全防护意识，并采取考试、知识竞赛等形式对员工掌握的情况进行摸底，将其纳入管理制度、劳动纪律的范畴，加强监督，建立奖惩制度体系，促进安全文明生产的实现。

4. 及时配备劳动保护用品

企业对一些特殊岗位的员工，要及时发放手套、安全帽、防尘口罩等劳动保护用品，向员工配备这些用品不是一种福利，而是为了保护员工身体健康，减少工伤事故的一种预防措施。在向员工发放这些劳动保护用品时，应同时建立相关保管、使用、回收制度，确保劳动保护用品能发挥应有的作用。

5. 控制加班

少数企业在安排生产时，为了赶工期或尽早出货，往往安排员工加班加点，在连续疲劳工作的情况下，很容易发生工伤事故，作为企业要防止因疲劳工作产生工伤，通过增加人员完成紧急工作。

6. 选择合理的用工形式

对临时性用工（如搬运工）、家政式劳务非全日制用工（如清洁工）、存在人身损害隐患的特殊岗位用工（如保安）可以首选与搬家公司、家政公司、保安公司等专业公司建立合作关系，由专业公司派遣人员前来完成具体工作，以避免形成劳动关系，扩大工伤责任范围，也可充分发挥专业公司日常管理更加科学、更加专业的优势。企业办公装修等项目，应发包给有用工资质的装修公司而非个人，其他工程项目也应经过考察确认后发包给有资质的企业，避免发包给一些不具有资质、安全意识薄弱的个人。

7. 安装监控设备

在生产场所内安装监控录像设备，一方面便于企业了解具体的生产情况，另一方面能够查看员工受伤的过程，保存相关证据，从而防范恶意的"伪工伤"情形，为企业避免不必要的纠纷。实践中，在工作时间内、工作地点内发生的事故中，若无其他明显特征足以证明员工非因工作原因而受伤，此时企业并没有积极收集相反的证据，那么员工基本无须自我证明就很可能被认定为工伤。而如果有视频监控设备对事故发生过程予以拍摄，就能为事后的责任认定以及划分保留重要的依据。

（二）购买工伤保险

为员工购买工伤保险，会极大降低企业处理工伤事故的经济成本。《社会保险法》明确规定了因工伤发生的费用部分由工伤保险基金支付，部分由企业支付。如果发生工伤员工经劳动能力鉴定达到十级及以上伤残标准，按照相关规定，绝大部分费用由工伤保险基金支付，然而，如果企业没有给员工购买工伤保险，则全部费用均由企业承担。

（三）配置商业保险

企业除为员工投保社会保险外，还可以针对员工享受工伤待遇中保险基金未能涵盖的部分，购买相应的商业保险进行补充，进一步化解相应风险。虽然企业会为此多支付一定的管理成本，但是这种做法可以增强员工的幸福感、归属感，能增强企业在人力资源市场的竞争力，从长远来看，有利于提高企业的管理效率。在劳动人事争议仲裁实践中，有些地区的劳动人事争议仲裁院支持商业保险赔偿金优先用于冲抵工伤赔偿金，如果企业为员工购买商业保险会进一步降低企业的工伤赔付成本。

对于试用期间、正在培训考察、尚未确认是否留用的人员可以选择为其购买短期商业保险，并在合同中约定保险赔偿金优先用于冲抵工伤赔偿金。结合众多案例来看，员工尚在试用考察期就不幸发生工伤事故的有很多，甚至有些事故发生在更早的入职培训期间，因此，有条件的情况下可以通过购买商业保险来填补正式录用前的用工风险。

第四章 企业融资风险及防范

第一节 民间借贷风险防范

资金是企业持续存在的"血液",企业的资金在开办之初主要来源于股东筹资,在扩大经营过程中,企业可以通过银行、证券市场、民间借贷等方式融资。尤其是中小微企业,民间借贷较金融机构贷款更加容易获得,具有灵活性、便捷性、门槛低等诸多优势。但民间借贷为企业提供融资方便的同时,也存在融资成本高、回款风险、担保缺失等弊端。

一 民间借贷概述

(一) 民间借贷的含义

民间借贷,是指自然人、法人和非法人组织之间进行资金融通的行为。民间借贷不是一个真正法律意义上的概念,法律体系中也没有一个确切的定义,它是相对于正规金融而言所形成的一个约定俗成的称谓。民间借贷具有非正规性和非官方性的特征,经批准设立的专门从事贷款业务的金融机构不属于民间借贷的范畴。

实践中,民间借贷常表现为三种情形:自然人与自然人之间的借贷,自然人与小额贷款公司之间借贷,公司为了解决经营困难与有闲散资金的个人或企业之间的偶发性借贷。

(二) 民间借贷的发展

民间借贷自古以来就存在,一些表现为金属货币,甚至一些表现为实体物品,如借粮食吃、借布匹做衣服等。新中国成立以来,民间借贷伴随着我国经济体制的改革与探索，逐步从地下走向有限合法化，归结起来，可分为以下几个阶段：

1. 彻底压制期

自 1949 年新中国成立到改革开放前，我国实行计划经济。初期，企业进行公私合营，民间金融业务也实行改造，建立起国有化银行，国家垄断了整个金融体系，形成一个垂直管理式的封闭性金融体系，民间金融机构失去政策及法律的支持，无法再正常开展金融业务。部分机构改造后成为公有制的机构，部分机构出局或转为地下金融，这一期间，民间借贷受国家严格管制，保持着一种隐蔽性的运营状态。

2. 较为宽松期

1978 年 12 月召开了十一届三中全会，决定把全党的工作重点转移到经济建设之后，随着改革开放。国家在尝试商品市场的发展模式，经济政策不断调整，市场逐步放开，资金的需求在市场上特别急迫，一切措施都可能被视为"先行先试"的实验。到 20 世纪 90 年代初，政府不断探索并最终建立了社会主义市场经济体制，这段时间为民间借贷活动提供了相对宽松的环境。

3. 严格监管期

由于之前国家对民间借贷活动采取较为宽松的态度，现实中逐渐暴露出很多问题，此后，国家出台多份政策文件及法律法规，使得民间借贷被行政法、刑法双重严格监管。1995 年公布了《关于惩治破坏金融秩序犯罪的决定》，该决定建立了运用刑法措施来管制民间金融活动的基本框架，同时明确规定了两项罪名：非法吸收公众存款罪和集资诈骗罪。1996 年，最高院专门出台审理诈骗案件相关司法解释，该司法解释列举了"集资诈骗罪"的常见诈骗方式。《刑法》（1997 年）明确将集资诈骗罪、擅自发行股票、公司、企业债券罪和非法吸收公众存款罪载入刑法中，给民间借贷活动拉起了"警戒线"。与此同时，国家相关行政管理部门出台了规制民间借贷活动的政策法规，如 1997 年中国人民银行颁布的《关于严禁擅自批设金融机构、非法办理金融业务的紧急通知》，1998 年国务院出台的《非法金融机构和非法金融业务活动取缔办法》。这一时期在行政法与刑法的双重管制下，民间借贷活动被严格监管。

4. 逐步开放期

由于一直以来国家为抑制民间借贷的局限性，对其进行严格管控，同时这也打击了民间借贷对经济发展的积极一面。随着国家对市场经济体制的不断深化改革，民间借贷金融活动成为对社会主义市场经济体制的有益补充，且其作用日趋重要。在这期间国家陆续出台相关政策，默认民间借贷正常进入市场。2015 年 8 月 6 日最高院公布了《关于审理民间借贷案件适用法律若干问题的规定》，2020 年 12 月 31 日最高人民法院审判委员会对于《审理民间借贷案件适用法律若干问题的规定》进行修改，尤其是对利息的约定重新做了调整，规定借贷双方有利息约定的，从其约定，但不得超过借款合同成立时一年期贷款市场报价利率的四倍。这一规定使得长期以来游走于灰色地带的非正规金融活动，成了金融体系的组成部分。

二 民间借贷的注意事项

（一）审查主体资格

民间借贷中的"民间"限定了借贷主体范围为自然人、法人和其他组织。借贷主体具有民事行为能力是借贷法律关系成立的首要条件，借贷双人的行为能力影响着借贷合同的效力。因此，在借贷合同签订前首先要审查各方是否具有相应的民事行为能力。由于民间借贷往往发生在相对熟悉的主体之间，很多人在签订借贷合同时出于信任，对借贷方的主体资格审查并不仔细，这就使得主体资格成为民间借贷中的一个风险点。

1. 对自然人的审查

在审查自然人的主体资格时，特别要注意该自然人是否具有符合法律规定的民事行为能力。对于民事行为能力，《民法典》第 20、第 21 条规定，年龄不满 8 周岁的未成年人以及 8 周岁以上不能辨认自己行为的未成年人或成年人，属于无民事行为能力人。此类人的民事法律行为，法律规定必须由其法定代理人实施。因此，在与之发生借贷时必须经其法定代理人许可，否则借贷行为无效。

根据《民法典》第 19、第 22 条的规定，8 周岁以上的未成年人以及不能完全辨认自己行为的成年人，属于限制民事行为能力人。限制民事行为能力人独立进行的民事活动，只有符合其年龄和智力的行为才能得到法律认可，在与其订立借贷合同时首先考虑行为人的年龄和行为能力，否则将存在借贷行为效力待定的风险。如出借 10 万元给一个 15 岁的学生就超出了其年龄范围的支配能力，该借贷行为无效，若发生一笔 1 万元的借贷，也需要其父母的追认才发生效力。

另外，如果自然人代表公司借贷，要审查其是否有权签订合同，确认其行为是否能代表公司。法律规定公司是一个拥有独立财产、独立地位、独立名义的法人。公司在对外签订借款合同时，由具体的自然人来实施行为的，要通过其法定代表人或被授权自然人的行为来使法人人格具体化。即便审查了该自然人有权代理公司，也要加盖公司的公章，否则可能导致无权代理。

如果属于公司的特殊人群向公司借贷，如股东及其董事、高级管理人员，严格限制从公司借款，除非股东会、股东大会或者董事会同意，因为此类人员本身对公司的控制力非常巨大，其极易利用职务之便损害公司利益。即便这些人员不是向公司借款，而是其他人向公司借款，这些人员非经股东会、股东大会或者董事会同意，也不得擅自以公司名义借给他人。

2. 对法人及其他组织的审查

《最高人民法院关于审理民间借贷案件适用法律若干问题的规定》明确了民间借贷是自然人、法人和非法人组织之间进行资金融通的行为，经金融监管部门批准设立的从事贷款业务的金融机构及其分支机构不属于民间借贷相关法律调整。法人及其他组织作为民间借贷合法主体之一，在签订借贷合同时需要严格审查法人及其他组织是否符合主体资格。

法人或者其他组织向他人借款，属于融资负债行为，对公司的经营可能产生重大影响，若公司章程规定对外借款需要股东会同意的，法人或其他组织要严格履行内部程序，避免之后发生纠纷，尤其是对外举债需要公司资产进行担保的，一般需股东会决议。

（二）约定借款用途

民间借贷提供了一个简洁的融资渠道，同时增加了借款方负债及资金运作风险，因此，出借人与借款人在签订借款合同之前应对借款需求进行细致全面的分析，合理评估款项投入项目的经营风险，借款后要严格把控款项使用过程，减少还款风险。出借人及时掌握借款用途等相关信息，确保借款用途的合法性，在款项支付后定期跟踪了解，及时化解风险。

1. 明确借款用途的意义

借款用途与还款能力紧密相连，在一个结构合理的贷款中，还款来源与其借款用途应当是相匹配的，借款用途是决定借款金额、借款期限、贷款利率、还款方式等的重要评估因素。借款用途与实际用途不一致可能会影响借贷行为的实际认定，例如一个公司向自然人借款，借款时称用于生产经营，然而实际却既不用于生产经营也不用于公司其他合法事项，则有非法集资之嫌，可能会被认定为犯罪。这样的借款合同没有法律效力，公司必须把所筹集的资金还给自然人。如果公司为了生产经营的需要向职工筹集资金，职工自愿且法人或其他组织确将资金用于生产经营，则为合法的融资行为。为防止借款被违法使用或挪用增加出借资金的风险，出借人在签订借款合同前应当先了解借款人资金短缺的原因及具体借款用途，把握借款需求的本质，并在此基础上评估是否出借及出借多少，明确将借款用途约定到合同中，从而达到降低风险的作用。

2. 未按约定用途使用款项的风险

（1）民事风险。未按合同约定的用途使用借款，则违反合同约定，需按合同约定承担违约责任。未按约定用途使用款项的民事风险，主要来源于双方签订合同中约定的违约责任。另外，未按用途使用款项还可能导致经营风险，如果借款人将借款投向风险较大的项目，一旦经济形势变化或经营不善，资金链断裂，丧失还款能力，可能会因此陷入民事纠纷之中。

（2）刑事风险。未按约定用途使用的刑事风险主要是当借款用途不当，触犯具体犯罪时，将会受到刑事处罚。刑法中与民间借贷活动相关的罪名主要有非法吸收公众存款罪、集资诈骗罪、高利转贷罪、擅自设立金融机构罪等。

非法吸收公众存款罪是指非法吸收公众存款或变相吸收公众存款，扰乱金融秩序的行为。借款行为符合"非法"、"公众"、"存款"三个客观要件时则可能构成非法吸收公众存款罪，其中，非法是指未经批准或者借用合法经营的方式，公众是指面向不特定的对象吸收存款，存款是为了从事资本经营而吸收的资金。

集资诈骗罪是指以非法占有为目的，使用诈骗方法进行非法集资的行为。向不特定人员借款，其行为符合本罪时将会面临受刑事处罚的危险。

其中，诈骗是通过虚构事实或隐瞒真相的方式。

高利转贷罪是指以转贷牟利为目的，套取金融机构信贷资金高利转贷他人，违法所得数额较大的行为。转贷牟利是指在获取金融机构的信贷资金后，将所贷资金以高额利息转贷给他人的行为。在民间借贷活动中，一些企业自身缺乏足够的资金，向正规机构融资难，因此，它们会利用自身所具备的信贷资格，在向金融机构获取资金之后，又将资金以高额利息转而贷给其他企业使用，这种行为面临巨大的刑事风险。

擅自设立金融机构罪是指未经国家有关主管部门批准，擅自设立商业银行、证券交易所、期货交易所、证券公司、期货经纪公司、保险公司或者其他金融机构的行为。如果未经国家主管部门批准，设立以上机构或民间借贷机构从事的业务与以上机构业务相同，比如通过发放信贷、发行股票、债券或期货等形式来进行投融资行为，则可能触犯该罪。

（三）约定本金利息

1. 借款金额

民间借贷活动是一个合同行为，在不违法的情况下，合同内容可以由双方协商约定。法律对于借款的金额没有限制，但是在签订借款合同时要根据实际情况约定借贷总额，如评估借款人的需求、用途以及公司经营状况等。如果是利用借贷进行投资的，借款的数额要以借款者的信誉、投资前景、预期收益等来确定，最大程度避免出现借款人无力偿还的情况。

2. 利息约定

利息是出借人暂时放弃资金使用权的补偿，除非基于双方的特殊情感放弃利息，一般要在借款合同中明确约定利息，如果借贷双方没有约定利息，出现纠纷后主张利息将得不到人民法院的支持。约定的利息也应当符合法律规定，根据最新的司法解释，不得超过借款合同成立时一年期贷款市场报价利率的四倍，在发生民间借贷纠纷，主张的利息超过法定保护上限时，将得不到法院的支持。

签订借款合同时不能将利息在本金中扣除，借款时合同中载明的借款金额，一般认定为本金。如果出借人预先在本金中将利息扣除，出现纠纷时人民法院将会把实际出借的金额认定为本金。利息计入本金的应当重新签订借款合同。司法解释明确规定借贷双方对前期借款本息结算后将利息计入后期借款本金并重新出具债权凭证，如果前期利率没有超过合同成立时一年期贷款市场报价利率四倍，重新出具的债权凭证载明的金额可认定为后期借款本金。超过部分的利息，不应认定为后期借款本金。在借款期间届满后主张借款人应当支付的本息之和，超过本金与整个借款期间的利息之和的，人民法院不予支持。

（四）约定还款方式

借款归还的问题在签订的借贷合同中要明确约定，双方对于还款时间（一次性或分期）、接收方式（银行转账、微信转账、支付宝转账）等还款问题进行协商，具体采用何种还款方式，借贷双方根据实际情况进行选择，并明确规定到合同里面。

1. 一次性还本付息

对出借人来说这种还款方式直接且便捷，出借人所获取的利息可以很直观准确地计算出来，此方式一般用于短期或超短期借款，相对来说风险可控，较为安全。但是，由于借款本金和利息到期满后才能获取，可能会存在款项难以收回的风险。

2. 先息后本

出借人按月或按季度获取借款利息，可以将每个月取得的利息进行其他投资活动获取更多收益，这种还款方式直观、便捷，这也是 P2P 网络贷款中最常见的一种还款方式。但是，这种方式的还款期限时间跨度很大，在这期间的变数较多，出借人可能无法及时跟踪和控制借款，借款人在期限届满时还款压力巨大，存在逾期坏账的风险。

3. 等额本息

出借人按月收回每一笔借款，回款可进行其他的投资项目，这极大地增加了出借人资金的流动性。同时，等额本息的还款方式利于借款人科学合理地安排每月个人或工作的资金，减少借款人还款压力，降低了逾期坏账的风险。但是，等额本息采用的是复合利率的计算方式，每期还款结算时，剩余本金所产生的利息和剩余本金都要一起被计息，有利于出借人而不利于借款人，双方协商决定。

4. 等额本金

基本与等额本息还款方式大致相同，利息计算方式不同。等额本金采用简单利率方式计算利息，每期还款结算时，只对剩余本金计息，每月还款额呈递减趋势。与等额本息相比在借款期限、金额和利息相同的情况下，在还款初期等额本金还款方式每个月归还的金额要大于等额本息，但是从整个期限来看，等额本金付出的利息更少。采用等额本金还款方式，借款人在前期还款压力较大，后期压力较小，前期还款时逾期坏账风险较高，还款后期则逾期坏账风险低。

（五）约定违约责任

在借贷合同中明确约定违约责任，增加违约成本，可以在一定程度上达到降低违约风险或弥补违约造成的损失的作用。

1. 约定逾期利息

双方可以在法律规定的范围内协商约定逾期利息。根据法律规定借贷双方对逾期利率有约定的，从其约定，但是不得超过合同成立时一年期贷款市场报价利率四倍。未约定逾期利率或者约定不明的，人民法院可以区分不同情况处理：第一，双方既未约定借期内利息，也未约定逾期利息，出借人可以主张借款人自逾期还款之日起参照当时一年期贷款市场报价利率标准计算的利息承担逾期还款违约责任；第二，双方仅约定了借期内利息，但是未约定逾期利息，出借人只能主张借款人自逾期还款之日起按照借期内利息支付资金占用期间的利息。

2. 约定违约金

双方可以在法律规定的范围内协商约定违约金。根据法律规定双方既约定了逾期利息，又约定了违约金或者其他费用，出借人可以选择主张逾期利息、违约金或者其他费用，也可以一并主张，但是总计不能超过合同成立时一年期贷款市场报价利率四倍，超过部分将得不到人民法院支持。

三　民间借贷回款保障

民间借贷中收回款项是一个重要而棘手的问题，回收借款也是民间借贷中风险相对较高的一个环节，借款人还款出现问题时，出借人要收回款项将花费巨大的成本，无论是通过自己谈判或诉讼，都将花费大量的时间及经济成本。鉴于此，借款初期就要做好风险防控，可以通过提供担保的方式降低还款风险，具体而言，在签订借款合同时，要求借款人提供保证人、抵押担保、质押担保等方式来降低风险。

（一）保证担保

1. 保证人的含义

保证合同是主债务合同的从合同，是由出借人和保证人来订立的，设定保证的目的是为了防止借款人不履行债务造成出借人的损失无可救济，从而使出借人的权利得到更为充分的保障。保证是一种人的担保，它以人的信誉和财产来提供担保，相对来说，保证这种担保方式的风险比较大。按《民法典》的规定，保证需要签订保证合同，保证人承诺在借款人不能还款时代为清偿，按约定写明连带保证还是一般保证，如果没有写明的，按照一般保证承担保证责任。

2. 保证人的选择

我国法律明确规定，具有代为清偿能力的法人、其他组织或者公民，可以作保证人。代为清偿能力是指保证人根据合同约定代替借贷人履行债务或者承担担保责任的能力。审查保证人的代为清偿能力时，可以依据保证人目前拥有的财产以及未来一段时间内的经济收入状况做出判断。当第三人作为民间借贷的保证人为借款提供保证时，如果其本人所有的财产以及除去日常开支之后剩余的财产，超过所担保的金额，则说明该第三人具有担保能力，可以作为保证人；如果所有财产以及除去日常开支之后剩余的财产，没超过所担保的金额，则说明此人不具备代为清偿的能力，无法作为担保人；如果既无法提供现有财产又没有预期可获得收入的证明，则说明此人无代为清偿的能力。与此同时，除了审查客观上是否具备代为清偿的能力，还需审查保证人主观上是否愿意为借款人提供保证担保，只有在其对借款合同内容知情后，并愿意提供保证担保代为清偿则符合主观条件。避免出现随意填写双方认识的人作保证人，而实际上该保证人却对借款事实不知情，此种情况下该"保证人"可以拒绝承担保证责任。

另外，要审查双方之间是否有特殊的利益关系，导致保证人不得已才提供担保，此种情况下，保证人主观上意思表示不真实，在后期借款人无力偿还时，即使保证人客观上具有代偿能力，也可能因意思表示不真实而导致保证合同无效。借款人提供的保证人，应当选择出借人所在地信誉良好、工作稳定、有稳定住所的人员担任，同时还要注意，保证人是否是法律规定不能担任保证人的国家机关等特殊主体。

（二）抵押担保

1. 抵押的含义

抵押担保是指债务人或者第三人不转移对某一特定物的占有，而将该财产作为债权的担保，债务人不履行债务时，债权人有权依照《民法典》的规定以该财产折价或者以拍卖、变卖该财产的价款优先受偿。民间借贷中，经常提供房屋和车辆等财产作为抵押物。土地所有权，宅基地，被依法扣押、监管、查封的财产，学校、幼儿园、医院等以公益为目的的事业单位、社会团体的教育设施、医疗卫生设施和其他社会公益设施等财产不得作为抵押物。

2. 抵押设定中的陷阱

（1）抵押物已经设定权利。如借款人提供的抵押物已经租赁给第三人，依据法律规定，订立抵押合同前抵押财产已出租并转移占有的，原租赁关系不受该抵押权的影响，除已经存在有效合同加实际占有使用的情况外，抵押权不能对抗租赁权；借款人提供的抵押物已被其他债权人申请查封，在借款人对外负债较多的情况下，抵押物被其他债权人申请多轮查封，抵押权人丧失对抵押物的优先处置权，抵押权难以实现。

（2）设定抵押权的房屋是唯一住房。依据《最高人民法院关于人民法院执行设定抵押的房屋的规定》对于被执行人所有的已经依法设定抵押的房屋，人民法院可以查封，并可以根据抵押权人的申请，依法拍卖、变卖或者抵债。可见，即使是被执行人的唯一住房，也可以强制执行。但实际司法中，被执行人与法院对峙，执行工作难以正常开展，导致抵押权人的权利停留在纸面上，难以变现。此外，借款人提供房产为抵押物的，出借人要确认借款人是否有二套房保障，并且在抵押合同中办理抵押登记。

（3）抵押权不能对抗工程款优先权。依据法律规定，发包人未按照约定支付价款的，经催告逾期不支付的承包人可以与发包人协议将该工程折价，也可以申请人民法院将该工程依法拍卖，建设工程的价款就该工程折价或者拍卖的价款优先受偿。

（三）质押担保

1. 质押概述

质押担保是债务的一种担保方式，即债务人可以用自己享有所有权的动产或合法的权利凭证作为质物交债权人占有，或者第三方也可以用自己享有所有权的动产或合法的权利凭证作为质物交债权人占有而为债务人提供担保。

可以质押的物品有动产和权利两种，公司采用质押担保的，要特别注意质押物是否符合法律规定以及公司内部的规定等。具有合法有效的凭证，可以进入市场拍卖或变卖的动产可以用来质押，法律法规规定的禁止流通物和其他不可转让物不能作为动产质押。根据《民法典》规定，债务人或者第三人有权处分的下列权利可以出质：汇票、本票、支票；债券、存款单；仓单、提单；可以转让的基金份额、股权；可以转让的注册商标专用权、专利权、著作权等知识产权中的财产权；现有的以及将有的应收账款；法律、行政法规规定可以出质的其他财产权利。

2. 质押担保的范围

质押担保的范围包括主债权、利息、违约金、损害赔偿金、质物保管费用和实现质权的费用。主债权是指主合同中约定债务人应履行的合同义务，不包括利息以及其他因主债权产生的附随债权；利息是指在实现质权时主债权的已届清偿期的一切利息；违约金是指主合同当事人约定，一方违约时应当给付对方的一定数额的金钱或者约定因违约产生的损失赔偿额；损害赔偿金是指借款人未履行合同，给出借人造成损害的，借款人应当赔偿的金额；质物保管费用是指质权人占有质物，在保管质物期间所支出的费用；实现质权的费用是指实现质权时所需的一切费用，包括质物估价的费用、质物拍卖的费用等。质押担保的范围可以由当事人约定，如果没有约定或约定不明时，应当适用《民法典》关于法定质押担保的范围。当事人约定质押担保的范围的，可以小于法定担保范围，也可以大于法定担保范围，只要约定的质押担保范围不超过主债务范围，又不违反平等、自愿、公平、诚实信用的原则，就有效并受法律保护。

3. 质押担保的注意事项

（1）质押的财物，应符合法律的规定，即法律允许流通和可以强制执行的财物。质权人负有妥善保管质物的义务。因保管不善致使质物灭失或毁损的，质权人要承担民事责任。

（2）使用质押担保，当事人必须签订书面的质押合同。质押合同内容主要包括：被担保的主债权种类、数额；债务人履行债务的期限；质物的名称、数量、质量、状况；质押担保的范围；质物移交的时间；当事人认为需要约定的其他事项。

（3）知识产权中的财产权出质后，出质人不得转让或者许可他人使用，但是出质人与质权人协商同意的除外。出质人转让或者许可他人使用出质的知识产权中的财产权所得的价款，应当向质权人提前清偿债务或者提存。应收账款出质后，不得转让，但是出质人与质权人协商同意的除外。出质人转让应收账款所得的价款，应当向质权人提前清偿债务或者提存。

四　借款合同示范文本

借款合同

合同编号：

出借人：＿＿＿＿＿＿＿＿＿＿＿＿

借款人：＿＿＿＿＿＿＿＿＿＿＿＿

借款人因＿＿＿＿＿需要，向出借人借款，双方经协商一致，订立本借款合同，以资共同遵守。

第一条　借款金额

出借人向借款人提供借款资金人民币＿＿＿＿万元（大写：＿＿＿＿）。

第二条　借款期限及用途

1. 本合同项下的借款期限为＿＿＿个月，自＿＿＿年＿＿月＿＿日起至＿＿年＿＿月＿＿日止。借款实际发放日与借款起始日不一致的，借款起始日以借款实际发放日为准，还款日期随之顺延。

2. 借款用途为＿＿＿＿＿，借款人不得挪作他用。

第三条　借款利率及支付方式

1. 本合同项下借款利率为固定利率，借款月利率为＿＿％。

2. 本合同项下借款本息采用以下方式归还：

（1）本金到期一次性归还，利息按月支付，到期利随本清。每月利息

____元。付息日为每月的____日，还本日为借款到期日。

（2）等额本息还款法：即借款期限内每月以相等的额度偿还借款本息。每月还款额为人民币_____元（大写：_____）。还款日为每月_____日。

3. 借款人应当将借款本金和利息通过转账方式支付到出借人名下的银行账户，账户信息如下：

户名：_____

账号：_____

开户行：_____

第四条 借款的发放

借款人符合出借人要求的借款发放条件，并办妥相应借款及担保手续后，出借人在____个工作日内放款。双方一致同意，出借人将借款通过转账方式汇入借款人以下账户，转账一旦成功，即视为借款已被借款人提取和使用。

开户名：_____

账号：_____

开户行：_____

第五条 借款人债务范围及清偿顺序

1. 本合同项下借款人借款及所涉债务系指借款本金、利息、违约金、赔偿金以及实现债权和担保权利所花费的费用（包括但不限于公证费、评估费、鉴定费、拍卖费、保全费、诉讼或仲裁费、送达费、执行费、保管费、过户费、律师代理费、差旅费等全部费用）。

2. 出借人依本合同和相应担保合同所获得的用以清偿债务的款项，原则上按照先清偿实现债权和担保权利的费用，再清偿违约金、赔偿金，之后清偿利息，最后清偿本金的顺序进行清偿。

第六条 借款人的陈述与保证

1. 借款人是依法设立并合法存续的民事主体，具备所有必要的权利能力和行为能力，能以自身名义履行本合同的义务并承担相应责任。

2. 借款人签署和履行本合同是借款人真实的意思表示，并经过借款人有权决策和批准机构的决定或授权。

3. 借款人在签署和履行本合同过程中向出借人提供的全部文件、资料及信息是真实、准确、完整和有效的，未向出借人隐瞒可能影响其还款能力的任何信息。

第七条　出借人的权利和义务

1. 出借人有权对借款人的借款使用情况、经营情况和财务资金状况、负债和对外担保等信息和情况进行检查、监督，借款人应给予配合并按时如实提供出借人要求的有关资料和报告相关信息。

2. 在借款人履行本合同约定义务的前提下，出借人应按本合同约定向借款人发放借款。

3. 对借款人存在逃避出借人监督、拖欠借款本金及利息、恶意逃废债务或其他严重违约行为时，出借人有权向有关部门或单位予以通报，并有权在新闻媒体上公告催收，出借人做出的通报和公告行为视为向借款人主张权利。

第八条　借款人的权利和义务

1. 借款人应承担本合同项下所有费用支出，包括但不限于公证费、鉴定费、评估费、登记费、保险费等。

2. 借款人应按照本合同约定的时间、金额和币种偿还本合同项下的借款本金并支付利息。

3. 借款人在出现和可能出现影响其还款能力的行为或事件时应当在五日内书面通知出借人。

4. 本合同项下的担保或依照本合同签订其他担保文件发生不利于出借人债权的变化时，借款人应按出借人的要求及时提供出借人认可的其他担保。

第九条　提前还款

借款人要求提前还款的，应提前向出借人提出申请，经出借人同意后，双方应另行签订书面协议，载明双方权利与义务。未经出借人同意，借款人不得提前还款。

第十条　担保方式

为保证本合同项下的借款能得到清偿，出借人可要求借款人向出借人提供_____。

作为抵押，抵押担保合同另行签订。

第十一条　违约责任

1. 借款人违反本合同约定的义务、承诺或保证的，均构成违约，出借人有权停止支付借款人尚未交付的借款，单方面宣布合同项下已发放的借款提前到期并要求借款人立即偿还所有到期借款本金并结清利息，并有权要求借款人支付借款本金____%的违约金。

2. 借款人逾期还款的，借款人自逾期之日按照每逾期一日承担借款金额____%的违约金，直至清偿完毕之日。

3. 借款人未按时足额还款的，应当承担出借人为实现债权而支付的所有费用，该费用包括但不限于诉讼费、律师费、财产保全费和所有其他应付合理费用。

第十二条　争议解决方式

凡由本合同引起的或与本合同有关的争议和纠纷，双方应协商解决，协商不成的，向出借方住所地有管辖权的法院起诉。争议期间，各方仍应继续履行未涉争议的条款。

第十三条　通知与送达

1. 双方的联系信息

出借人：_____

电话：_____；身份证件：_____；

住址：_____

紧急联系人姓名：_____

电话：_____；身份证件：_____；

住址：_____

借款人：_____

电话：_____；身份证件：_____；

住址：_____

紧急联系人姓名：_____

电话：_____；身份证件：_____；

住址：_____

2. 关于送达的特别约定

（1）本合同中双方预留的联系地址系双方送达各类通知、协议等文件以及发生纠纷时相关文件及法律文书的送达地址。

（2）本合同约定的送达地址的适用范围包括非诉阶段和争议进入仲裁、民事诉讼程序后的一审、二审、再审和执行程序阶段，法院可直接通过邮寄或其他方式向双方预留的地址送达法律文书。

（3）任何一方的送达地址变更的，应在变更当日书面通知对方。

（4）因一方提供或者确认的送达地址不准确、送达地址变更后未及时依程序告知对方、拒收或指定的接收人拒绝签收等原因，导致相关文件或法律文书未能被该方实际接收的，邮寄送达的，以文书退回之日视为送达之日；直接送达的，送达人当场在送达回证上记明情况之日视为送达之日。

（5）双方一致同意采用传真、电子邮箱、移动通信等能够确认对方收悉的方式送达，产生上述地址送达的同样法律效果。采用传真、电子邮箱、移动通信等方式送达的，发送之日即为送达之日。

（6）本条约定的送达条款属于本合同中独立存在的有关有效送达地址的确认和解决争议方法的条款，本合同及本合同其他条款的效力不影响本条的效力，双方均须依合同约定承担有效送达的法律后果。

第十四条　合同生效

1. 本合同经合同双方签名或盖章后生效。

2. 对本合同的任何变更应由双方协商一致并以书面形式做出。变更条款或协议构成本合同的一部分，与本合同具有同等法律效力。除变更部分外，本合同其余部分依然有效，变更部分生效前本合同原条款仍然有效。

3. 本合同一式二份，双方各执一份。

（以下无正文）

出借人（签字/盖章）：

借款人（签字/盖章）：

签订时间：　　年　月　日

签约地点：

第二节　银行借贷风险管理

企业融资的方式很多，其中通过银行获得资金支持是常见的一种，但银行借贷过程中也会面临许多法律风险，有观点认为企业向正规银行金融机构借贷时，更多的风险是在银行，而作为借款人的企业似乎不存在风险，其实这是一种误解，只要是借贷关系，各方都存在几乎对等的权利和义务，当然风险的分担也基本呈现均衡性。

一 贷款种类

银行的贷款类型很多,根据不同分类标准,可将贷款分为不同的种类:

(一) 按款项来源不同划分

按款项来源划分,可分为自营贷款、委托贷款和特定贷款。

自营贷款是指贷款人以合法方式筹集的资金自主发放的贷款,其风险由贷款人承担,并由贷款人收回本金和利息。商业银行的贷款基本属于这一类型。

委托贷款是指由政府部门、企事业单位及个人等委托人提供资金,由贷款人(受托人)根据委托人确定的贷款对象、用途、金额、期限、利率等代为发放、监督使用并协助收回的贷款。贷款人只收取手续费,不承担贷款风险。现实中,这一类贷款特别少,尤其是现在民间金融显现化以后,委托人有资金时几乎都是自己在运行,很少再去委托其他机构来操作。

特定贷款是指经国务院批准并对贷款可能造成的损失采取相应补救措施后责成国有独资商业银行发放的贷款。

(二) 按借款期限长短划分

根据贷款期限的长短,可分为短期、中期和长期贷款。短期贷款是指贷款期限在 1 年以内(含 1 年)的贷款;中期贷款是指贷款期限在 1 年以上(不含 1 年)5 年以下(含 5 年)的贷款。长期贷款是指贷款期限在 5 年(不含 5 年)以上的贷款。

以上贷款并非一成不变,而且各类期限的贷款利息也有差异,还款的方式有所不同,企业要根据自身的实际情况选择不同的期限,既要考虑借款成本,还要考虑还款的实际能力。

(三) 按是否需要担保划分

按款项是否有担保进行划分,可分为信用贷款和担保贷款。

信用贷款是指以借款人的信誉发放的贷款。该种贷款无须借款人提供抵押物、质押物做担保,主要是根据借款人平时的经营状况、项目稳定性、产品的销量等企业平时积攒下来的信用程度，而且获得借款的金额也跟信用的等级相关，信用度越高，获得的信贷资金越高。

担保贷款是指保证贷款、抵押贷款、质押贷款。保证贷款是指以第三人承诺在借款人不能偿还贷款时，按约定承担一般保证责任或者连带责任而发放的贷款。抵押贷款是指以借款人或第三人的财产作为抵押物发放的贷款。质押贷款以借款人或第三人的动产或权利作为质物发放的贷款。担保贷款对于银行而言风险较低，收回贷款有较高的保障；但对于很多中小微企业来说，基本缺乏抵押物，通过此种方式获得贷款非常困难。

以上贷款中除委托贷款以外，贷款人发放贷款，借款人应当提供担保。贷款人应当对保证人的偿还能力，抵押物、质物的权属和价值以及实现抵押权、质权的可行性进行严格审查。经贷款审查、评估，确认借款人资信良好，确能偿还贷款的，可以不提供担保。

二　贷款注意事项

（一）主体条件

根据法律规定借款人应当是经市场监管部门核准登记的法人和其他经济组织，关于个体工商以及自然人的贷款在此不做探讨，此处主要介绍企业作为借款人的情形。企业申请贷款，应当具备产品有市场、生产经营有效益、不挤占挪用信贷资金、恪守信用等基本条件，并且应当符合以下要求：

1. 还款能力

企业要有按期还本付息的能力，原应付贷款利息和到期贷款已清偿；没有清偿的，已经做了贷款人认可的偿还计划。现实中，一些企业原来的借款还未偿清，由于经营需要，又想办法到原来的银行或者其他银行申请贷款，但银行仍需要审查过去的贷款情况，即便这次改变贷款方式，如变更为信用贷款等方式，企业也要充分预估自身的偿还能力，而不是只考虑能获得借款，更要关注是否能如期偿还，否则由于企业负债太多，经营产生的收益可能不能覆盖资金使用的成本，最终也会压垮企业。

2. 其他条件

除自然人和不需要经市场监管部门核准登记的事业单位法人外，公司和其他组织应当经过市场监管部门办理年检手续,已开立基本账户或一般存款账户,企业资产负债情况,一般情况下,有限责任公司和股份有限公司对外股本权益性投资累计额未超过其净资产总额的50%,资产负债率符合银行的要求;申请中、长期贷款的,新建项目的企业法人所有者权益与项目所需总投资的比例不低于国家规定的投资项目的资本金比例。

(二) 企业义务

企业作为借款人向银行借款时需要如实提供银行要求的资料,并向银行如实提供所有开户行、账号及存贷款余额情况,配合银行贷款的调查、审查和检查。银行对企业使用信贷资金情况以及有关生产经营、财务活动进行监督的,企业也需要配合。在得到银行贷款后应当按借款合同约定用途使用贷款,并且按时清偿贷款本息,如果企业将债务全部或部分转让给第三人的,应当取得银行的同意。当企业面临有危及贷款人债权安全情况时,还应当及时通知银行,同时企业内部应积极采取保全措施。这些要求对于一些企业而言似乎非常简单,而对于某些不愿公开自己企业财务状况,尤其是一些企业客户渠道、核心业务销售情况不愿向外公开的,提供以上资料就要十分慎重。

(三) 银行义务

银行在向企业发放贷款时,应当向企业公布所发放贷款的种类、期限和利率,向企业提供相关的咨询服务,并且向企业公开贷款审查的资信内容和发放贷款的条件。银行应当严格按照规定,审议企业的借款申请,并及时答复贷与不贷的审核结果,除国家另有规定外,短期贷款答复时间不得超过1个月,中期、长期贷款答复时间不得超过6个月。银行获取的企业债务、财务、生产、经营等情况予以保密。银行发放贷款必须严格执行《商业银行法》第39条关于资产负债比例管理的有关规定,以及第四十条关于不得向关系人发放信用贷款、向关系人发放担保贷款的条件不得优于其他借款人同类贷款条件的规定。对于企业而言,要向银行工作人员强调银行保守企业商业秘密的重要性,避免部分银行员工泄露企业经营信息,对企业造成不可挽回的经营风险。另外,也要向银行工作人员详细了解贷款的具体内容,如利率、还款期限、还款方式等,避免因掌握不清楚导致企业经营中资金分配存在问题或逾期的风险；同时还需知晓贷款是否有担保等重要内容，若有担保究竟属于何种担保，尤其是股东或者法定代表人个人作为保证人的担保，对于保证人风险特别巨大，要充分注意。总而言之，企业要在签订贷款合同前，除了询问清楚银行人员外，还要仔细阅读合同的具体条款，以防工作人员所述与合同内容不一致。

（四）贷款程序

1. 提出申请

企业在需要资金时向选定的银行提出申请，提出的申请要明确包括借款金额、借款用途、偿还能力及还款方式等主要内容，并提供银行要求的其他资料。担保贷款需要抵押、质押的，还需提供拟同意担保的相关材料。

2. 银行评估

银行应当根据贷款企业的领导者素质、企业经济实力、资金结构、履约情况、经营收益和发展前景等因素，对企业评定信用等级。评级可由银行独立进行，内部掌握，也可由有资质的机构进行评估。

3. 银行调查

银行受理企业贷款申请后，对企业的信用等级以及借款的合法性、营利性、安全性等情况进行调查，对企业提供的抵押物、质物、保证人核实相关情况，评估贷款风险。

4. 审批贷款

银行内部审贷分离，分级审批企业贷款。审查人员应当对调查人员提供的资料进行核实、评定，复测贷款风险度，提出意见，按规定权限报批。

5. 签订借款合同

完成以上程序后银行与企业签订借款合同。借款合同中明确约定借款种类，借款用途、金额、利率，借款期限，还款方式，双方的权利、义务，违约责任以及其他需要约定的事项。

保证贷款应当由保证人与银行签订保证合同，或保证人在借款合同上载明与银行协商一致的保证条款，保证人签字盖章确认。抵押贷款、质押贷款应当由抵押人、出质人与银行签订抵押合同、质押合同，需要办理登记的，应依法办理登记。

6. 发放贷款

以上程序处理完毕后，银行按双方签订的借款合同，按期发放贷款。

7. 贷后检查

贷款发放后，银行会定期对企业执行借款合同情况及企业的经营情况进行追踪调查和检查。

8. 贷款归还

贷款到期时企业应当按照双方签订的借款合同，按时足额归还贷款本息。企业不能按约定期限归还贷款的，将会被加罚利息、被起诉。企业要提前归还贷款的，应当与银行协商处理。

三 借贷法律风险防范

(一) 依法做好借贷决策

1. 设立决策机构

一般情况下，企业向外借款，小额借款由董事长或总经理决定，较大额借款由董事会决定，对于股东人数较少的企业，也可由股东会决定，这些并非法律强制性规定，完全由企业自己决定内控程序，或在公司章程中予以规定，即使公司章程没有规定，至少也应形成股东会决议等有效文件。应当注意的是，即使企业有章程或者其他文件对企业向外借款的审批权限及程序做出了明确规定，对于银行来说，无论出借了多少都是有效的，因内部审批程序造成问题的，企业内部违反规定做出的决策行为自行追究责任。

根据法律规定，公司转让、受让重大资产或者对外提供担保等事项必须经股东大会做出决议的，董事会应当及时召集股东大会会议，由股东大会就上述事项进行表决。上市公司在一年内购买、出售重大资产或者担保金额超过公司资产总额30%的，应当由股东大会做出决议，并经出席会议的股东所持表决权的⅔以上通过。但这只是针对股份有限公司，对一般的有限责任公司却没有具体的规定，这就要求有限公司在内部应该有相应的约定，通过股东协议、股东会议事规则、董事会议事规则或者公司章程等做出相关的约定，对何种情况下融资、多少金额范围内的融资、采用何种程序表决等内容做出约定，避免因个别人的行为导致公司或者股东的权益受损。

2. 遵守款项使用约定

企业在向银行贷款的过程中，应当严格按照法律规定以及双方约定来执行，避免企业违约或违法，丧失贷款使用权利且承担违约责任。根据法律规定，企业不按约定用途使用贷款；将贷款用于股本权益性投资；将贷款用于投机经营（如有价证券、期货等）；将贷款用于企业没有资格经营的业务（如未依法取得经营房地产资格的企业，用贷款经营房地产业务）；不按约定归还贷款本息；套取贷款相互借贷牟取非法收入等情形的，银行可以对企业部分或全部贷款加收利息，情节严重的，则可以停止支付企业尚未使用的贷款，并且将已经发放的部分或全部款项提前收回。所以，企业尽管已经顺利取得了贷款，也要注意款项的具体使用，避免在使用或者归还过程出现违反借款合同的情形，对企业产生不必要的麻烦或风险。

（二）注意借贷担保风险

银行在发放贷款要求借款人提供担保时，企业通常会以企业财产进行抵押、质押，或通过保证人方式进行担保。如果企业在借贷过程中违反法律或双方约定，将会直接影响抵押物、质押物的收回，或牵连保证人。

1. 保证人资格及意愿

根据《民法典》规定，保证人必须符合法定资格，不能违反法律禁止规定，否则将无法获得借款。以公益为目的的事业单位、社会团体不能作为保证人（例如国家机关、学校、幼儿园、医院等）。一般情况下，企业在贷款时，银行往往会要求法定代表人或股东承担连带保证责任，此时，作为保证人要清楚企业不能还款时自己可能承担的责任，如果企业有其他担保方式，一般不建议采用保证人方式，毕竟股东投资设立有限责任公司的目的就是想把个人或家庭的财产与企业财产做相应的风险隔离，如果因为贷款又将个人连带其中，有违当初的愿望，稍有不慎，可能会深陷债务之中。

2. 合格抵押物的把控

企业提供的抵押物应当符合法律规定，不能损害他人利益，《民法典》中明确规定下列财产可以抵押：建筑物和其他土地附着物；债务人或者第三人有权处分的建设用地使用权；海域使用权；生产设备、原材料、半成品、产品；正在建造的建筑物、船舶、航空器；交通运输工具；法律、行政法规未禁止抵押的其他财产。以上财产可以一并抵押。同时，也从否定层面规定了不得作为抵押的财产：土地所有权；宅基地、自留地、自留山等集体所有土地的使用权，但是法律规定可以抵押的除外；学校、幼儿园、医疗机构等为公益目的成立的非营利法人的教育设施、医疗卫生设施和其他公益设施；所有权、使用权不明或者有争议的财产；依法被查封、扣押、监管的财产；法律、行政法规规定不得抵押的其他财产。

3. 遵守担保程序

企业提供担保的，一定要符合企业内部的决策流程，如经过股东会决议等，避免个人超越权限做出决定，被企业或内部股东追责。如果提供担保的，应当根据法律规定与银行订立书面担保合同，保证人方式则应该征得保证人的亲自同意，不得违背意愿代为签名；抵押物需要办理登记的，配合银行进行抵押登记；质押物需要交付的，按时向银行交付。

（三）做好借贷用途监管

私自改变贷款用途会引发的监管风险。一般情况下，银行贷款实行专款专用制度，但中小企业自身的经营特点决定了其具有不稳定性，这就导致银行贷款的专款专用有时难以落实。可能出现违规挪用短期流动资金贷款购建固定资产；或违规利用贷款资金投资证券基金、贵金属、理财产品等；或违规利用贷款资金炒房；或违规将银行贷款用作保证金、偿还到期债务等。贷款用途的改变，与国家金融法律法规的相关规定违背，会造成企业资金不足而引起生产停滞，一旦国家政策发生改变或企业投资失败，银行贷款风险会扩大，进而再核查企业具体用款时，相关的违规行为就会给企业带来相应的责任，导致企业风险剧增。

为此，企业在借贷前，做到"量力而行"、"摸清家底"，对自己的企业经营情况进行详细分析，计算出需要贷款的金额；分析企业还款能力，避免出现无法偿还贷款的情况。同时，企业在选择银行时，要根据银行的利率、政策、还款时间等综合考虑。加强预警监控，起到早发现、早预警、早处理的效果，企业要从多角度着手，加快贷款调整，由于市场经营条件不断恶化，企业须避免潜在风险，主动预防，避免后期的借贷风险。

（四）设计本息归还方式

企业根据贷款周期、贷款金额、投入的项目等，选择适合本企业的还款方式，减少利息支出。等额本息总体成本较高，但还款压力不大；等额本金前期还款压力较大，后期每月的还款额会逐月减少；按月付息到期还本，前期压力小，但最后期限届满的还款压力大。每一种方式都有一定的利弊，企业要根据实际情况选择合适自己的方式，无论选择何种方式，都要切实履行还款义务，避免逾期导致企业信用受损，甚至产生更大的风险。

第三节　股权融资风险防范

股权是企业中最具价值的"无形"资产，企业的价值很大程度上就是通过股权体现出来，如果盘活了股权，充分运用好股权的功能，可为企业的资金流动带来重要"活水"。现实中，企业可通过出让股权、增资扩股、定向募集或众筹等方式进行股权融资。但如果适用不当，也会给企业带来灾难性的后果，陷入治理僵局甚至导致企业濒临破产。

一　股权融资概述

（一）股权融资的概念

股权融资是指企业股东通过出让部分股权或者通过增资扩股吸引新股东投资等方式的资金融通活动，其重要的特点在于充分激活股权的价值。股权融资所获得的资金，企业无须还本付息，但新股东将与老股东同样分享企业的赢利与增长；同时，当企业出现亏损时，新进股东也要像老股东一样承担相应的责任。股权融资可以充实企业的营运资金，也为投资者进行投资提供了渠道，激活了市场的经济活力。

与债权融资相比，股权融资有着资金永久性使用的特点，即通过股权筹措的资金短期内不再返还，要等到企业赚取利润后通过分红方式间接返还，而通过债权筹措到的资金则到期后需要还本付息，不管企业是亏损还是盈利。股权是企业的初始产权，是企业承担民事责任、自主经营、自负盈亏的基础，也是投资者对企业进行控制和取得利润分配的基础。企业采用股权融资无须还本，没有固定的股利负担，但投资者投资的目的是收回本金与获得利润，这就需借助于企业资本的流通，并转化为各式商品或服务，再根据公司的经营状况支付股权红利。

（二）股权融资的分类

按融资的渠道来划分，股权融资主要有两大类：公开市场发售与私募发售。公开市场发售一般是指企业股票上市，上市企业发行股票、增发和配股等。通过公开市场发售股票来进行融资是大多数企业在经营发展中持续追求的融资方式，也是很多企业的梦中远景，企业上市一方面可以筹集大量资金，另一方面，资本市场可以给企业一个市场化的定价，使企业的价值为市场所认同，为企业的原始股东带来巨额财富。与其他股权融资方式相比，公开市场发售有以下诸多优点：募集资金的数量巨大，原股东的股权和控制权稀释得较少，有利于提高企业的知名度，有利于运用资本市场进行后续融资。但公开市场发售要求的门槛较高，只有企业发展到一定阶段、规模较大、赢利较好时才能实现，对于绝大多数的企业而言，此种方式高不可攀。

私募发售是指企业自行寻找特定的投资人，通过转让、增资或者众筹等方式吸引投资者入股企业的融资方式。私募融资是以不公开方式与特定的投资人商议，投资者一般都是较为熟悉的人员，具有很强的"人合性"特征。私募发售过程较为简单，企业的资产价值往往通过协商确定，一般无须进行资产评估，可大大降低企业融资的交易成本，并且提高了融资效率。对大多数中小企业来说，由于较难达到上市发行股票的门槛，私募成为中小企业进行股权融资的主要方式，当然此处所说的私募是广义上私募，而非狭义层面的私募。

（三）股权融资的利弊

1. 股权融资的优点

（1）融资风险小。无论企业经营状况如何，股权资本不存在还本付息的财务风险。相对于债务资本而言，股权资本筹资限制少，资本使用比较灵活，无特别限制。另外，企业可以根据经营状况和业绩的好坏，决定向投资者分配红利的多少，无固定的回报要求。

（2）资金使用久。通过股权所融的资金无须偿还，是企业的永久性资本，除非企业清算时才有可能予以比例返还。这对于满足企业对资本的使用需求、促进企业长期持续稳定经营具有重要意义，使用过程中不必担心像债权那样固定期限内无条件返还本金与利息。

2. 股权融资的缺点

（1）容易分散企业的控制权。股权融资中由于引进了新的投资者或出售了部分股权，必然会导致企业控制权结构的改变，降低了企业的控制权。另外，股权的频繁迭变，势必要影响企业管理层的人事变动和决策效率，影响企业的正常经营。

（2）容易产生经营道德风险。当企业在利用股权对外筹集资金时，企业的经营管理者就可能产生各种非生产性的消费，采取有利于自己而不利于股东的投资政策等道德风险行为，导致经营者和股东的利益冲突。作为管理层的代理人可能利用不参与管理的投资者（即委托人）的授权为增加自己的收益而损害和侵占委托人的利益，容易产生严重的道德风险和逆向选择。

二　股权融资的类型及风险防范

（一）股权出让融资及风险防范

1. 股权出让融资概述

股权出让融资是指企业股东出让部分股权，以筹集企业所需要的资金的形式。严格意义上，出让股权的主体是企业股东，所筹集到的资金一般归属于股东自己，但现实中，经营企业的股东由于缺少资金，就想通过出让股权获取资金，再将筹集到的资金投入到企业，最终实现企业融资的目的。企业进行股权出让融资，实际上是吸引投资者直接投资、引入新的合作者加入企业的过程，这个过程也将对企业的发展目标、经营管理方式产生一定的影响。

按出让股权的价格与股权账面价格的关系划分，股权出让融资可以划分为溢价、平价和折价三种方式。通常情况下，企业股权的原始价值以最初出资的额度来确定，但企业经过一段时间的发展后，股权价值可能升高或者降低，所以在出让股权时会出现溢价或者折价的情况。

依照出让股权的比例来看，股权出让融资可以划分为全部或者部分出让两种。全部出让股权是指投资者购买企业原股东的股权，原企业股东全部变更新股东到企业名下，新股东接受企业的资产和相应的债务，企业原股东出让在公司的所占股权和经营管理权，获得股权出让金，但根据协商情况可以继续留在企业从事工作。部分出让股权是指投资者购买了企业原股东的部分股权，原股东获得现金，并与新股东共同承担企业的债权、债务，分享企业的收益，但企业的股权结构发生了变化，要么掌握公司的绝大部分控制权，要么所占股权较少，对于原公司的经营决策不会产生实质性影响。新股东加入以后，是否参与公司的日常管理，取决于股东之间的商议。但对于创始股东而言，股权融资的关键在于是否对企业发展有利，如资金筹集方面是否实现、控制权是否发生改变、技术或人才短缺是否得以解决等。必须注意的是，股权出让融资中，资金的受让人是原股东，若全部出让股权，原股东拿到出让金后就离开公司，对于公司而言无法达到融资的目的，只有在部分出让的情形下且约定原股东将受让资金暂留给公司使用，或者在认缴制情形下，由原股东将实缴出资的义务转嫁给受让股东，进而达到企业融资的目的。

2. 股权出让融资对象的选择

中小企业进行股权出让融资，实际是接纳新的合作者、吸引直接投资的过程。因此，股权出让对象的选择必须慎之又慎，否则企业原股东可能因失去控制权而处于被动局面。

通常情况下，融资对象主要包括以下几类。（1）大型企业。大型企业资金较为雄厚，有着较为先进的管理制度和较为成熟的远景规划，大企业可以通过受让中小企业的股权实现收购、兼并的目的，比通常采用的战略联盟、联营、合作等模式更具紧密性。（2）产业投资基金。产业投资基金也称创业投资基金，主要是对未上市公司直接提供资本支持，进而获得未上市公司股权的目的，现实中主要对未上市公司进行资本投入与运营监督。产业投资基金与证券投资基金一样都属于直接投资，它集中社会闲散资金用于对具有较大发展潜力的新兴企业进行股权投资，甚至可为所投资的企业提供一系列增值服务，最终通过股权交易获得较高的投资收益。（3）政府。企业在创业发展初期争取到政府拨款或投资是一种最佳融资方式，因为无论是政府拨款还是投资，其目的都是扶持企业的发展。最有代表性的是由国务院批准、科技部操作的"中小企业创新基金"。创新基金分别以贷款贴息、无偿贷款、资本金投入等不同方式对企业给予支持。但现实中，若直接对企业给予贷款支持，最终要还本付息或只是偿还本金的，不属于股权投资的范畴；若以国有企业进行投资占股的，属于股权投融资的范畴。（4）个人。个人投资是指普通自然人以个人合法财产投入企业的方式，近年来，随着我国个人收入的不断增长，个人可用于投资的资金体量越来越大，个人投资成为企业筹集资金的重要来源。（5）外商。外商投资是指除我国大陆地区的投资者把资金投入企业，从而形成的资本金视为外商资本金，随着我国对外开放的不断推进，吸收外商投资日渐成为企业筹集资金的重要方式。

3. 股权出让融资的法律风险与防范

股权出让是现代公司制度的重要内容，是公司优化法人治理结构的重要形式，同时，也是公司融资的一种手段。随着相关股权市场的规范健康发展，逐步形成了融资功能完备、服务方式灵活、运行安全规范、投资者合法权益得到充分保护的各种股权交易市场。股权交易的参与主体越来越多，股权交易日益普遍化。我国《公司法》第71条规定，有限责任公司的股东之间可以相互转让其全部或者部分股权，股东向股东以外的人转让股权，应当经其他股东过半数同意；要转让股权的股东应就其股权转让事项书面通知其他股东，征求其他股东的意见，其他股东自接到书面通知之日起满30日未表示反对的，视为同意转让。其他股东半数以上不同意转让的，不同意的股东应当购买该转让的股权；不购买的，视为同意转让。经股东同意转让的股权，在同等条件下，其他股东有优先购买权。两个以上股东主张行使优先购买权的，协商确定各自的购买比例；协商不成的，按照转让时各自的出资比例行使优先购买权。可见，通过股权出让融资的对象，大致可以分为内部股东和外部第三人，若转让给外部第三人，须征得内部其他股东的同意。现实中，股权出让融资时要注意防范以下法律风险：

一是要签署好股权转让协议。股权转让协议是出让方与受让方权利义务的载体，要以书面形式固化。并要做好股权转让时的内部通知，要做到其他股东知情了解，避免出现股东优先权被剥夺的情形，导致未恰当履行通知义务，未充分全面就转让事项告知，损害其他股东的优先购买权，出现转让协议无效的风险。

二是股权转让协议签署主体要适格。签署股权转让协议时如果是代理人签署，需要完备的授权委托书和主体资格证明文件，避免缺少委托手续或权限的瑕疵。股权转让的主体要明确，特别注意的是，公司不应成为转让主体，而是公司内的实际投资股东，签约时应特别注意主体的适格性，如果混淆转让主体，误将公司作为转让主体，有导致协议主体不符而无效的风险。

三是要约定股权出让资金由企业使用。股权出让在本质上是股东之间的行为，出让的资金应归属于股东，而非企业。但现实中，往往是原始股东或大股东由于资金缺乏而采用的融资方式，在此情况下，投资者受让股权而支付的出让金一般都放入企业使用，而不是由出让方自己留用，否则就达不到融资的目的，具体而言，可通过公司与原股东签署借贷协议方式将出让金转化为公司的负债，待将来有利润时再返还；若是认缴出资的，可约定由出让方先行实缴出资，从而为公司筹集到所需资金。

四是要办理好相关的登记手续。现实中，企业股东出现隐名的情形，要避免隐名股东转让股权的发生，在法律层面上，也只能由显名股东来签署股权转让协议，并要根据法律的规定办理股权变更登记手续，不能将股权转让协议仅仅成为双方之间的隐蔽文件，不能对抗外部第三人。

（二）增资扩股融资及风险防范

1. 增资扩股融资概述

增资扩股是指企业向社会募集股份、发行股票、新股东投资入股或原股东增加投资扩大股权，从而增加企业资本金活动。对于有限责任公司来说，增资扩股指增加注册资本，增加的出资由新股东认购或新股东与原股东共同认购，这种方式往往用于投资项目之中。对于股份有限公司来说，增资扩股指企业公开募集股份、发行股票、新股东投资入股或原股东增加投资扩大股权，从而增加企业的资本金。

在激烈的市场竞争中，增资扩股具有扩大生产经营规模，优化股权结构，提高公司资信度的功能。一家成功企业的发展往往伴随着数次增资扩股，具体而言，增资扩股对于企业来说有如下作用。

（1）增资扩股可以为企业筹集资金，扩大生产规模。对于绝大部分企业而言，刚成立时规模不可能很大，随着企业慢慢发展，需要不断扩大生产规模，这时候资金显得尤为重要，光靠自身的盈利积累，会严重影响企业发展的速度。毋庸置疑，增资扩股可以将企业的资金量增加，且融资的成本最低，企业可以无限期使用所筹集到的资金。

（2）增资扩股无形中帮助企业调整了股东结构和持股比例。现代企业管理的基本要求是"产权清晰、权责明确、政企分开、管理科学"。随着企业内部的发展和外部形势的改变，企业管理的内涵也在变化。企业需要与时俱进，根据实际情况，不断调整企业的股权结构和股东之间的持股比例，达到完善企业法人治理结构、增强企业核心竞争力的目的。增资扩股是公司调整股权结构和股东持股比例的重要手段。

（3）增资扩股有助于提高公司信用。在市场经济条件下，规模往往意味着竞争优势，企业规模越大，竞争优势越大，信用就越强。增资扩股是扩大公司规模、提高公司信用的重要手段之一。同时，注册资本达到一定数额，尤其注册资本实缴状态下，企业的资金实力是获得社会公众信赖的法宝，那些注册资本小、资金规模小的公司，社会信用度必然受到限制。增资扩股是做大"蛋糕"的重要方式。

（4）增资扩股可以引进战略投资者。战略投资者给公司带来发展资金的同时，而且还可能给公司带来先进的技术、科学的管理体系和完善的购销渠道等，从而在短时间内大幅提升公司的核心竞争力。一家公司在不同发展阶段，需要引进不同的战略投资者，而增资扩股是引进战略投资者的主要手段之一。

2. 增资扩股的主要方式

增资扩股融资可分为溢价扩股与平价扩股两种形式，比较常见的做法有以下几种。

（1）新股东投资入股。增资扩股时，战略投资者可以通过投资入股的方式成为公司的新股东。新股东投资入股的价格，通常依照公司价值来决定，当然公司价值的确定有很多方式，如净资产定值、注册资本、预期估值等方式，具体哪一种方式，可由新股东与原股东共同商议确定。

（2）公司原股东增加出资。公司股东还可以依据《公司法》第27条的规定，将货币或是其他非货币财产作价再次投入公司，增加公司的注册资本。如果非货币出资的，需进行评估作价，核实财产价值，不得高估或是低估作价，且需依法办理财产权的转移手续；货币出资的，应当将出资存入公司开设的银行账户当中。具体操作时，可根据原股东的商议，按照之前的比例增资或者重新调整股权结构，依照约定进行增资变股。

（3）以企业未分配利润、公积金转增注册资本。依据《公司法》第166条、第168条之规定，公司税后利润首先须用于公司弥补亏损和提取法定公积金，有剩余的，方可在股东之间进行分配。分配公司利润时，经过公司股东会决议决定，可直接将其转增为注册资本，增加公司股东的出资额。增加公司资本是公积金的用途之一，但当法定公积金转换为注册资本时，所留存的公积金不能少于转增之前公司注册资本的25%。另外，公司以未分配利润、公积金转增注册资本的，除公司章程有特殊规定外，一般按照股东实缴的出资比例增加股份。

3. 增资扩股的法律风险与防范

在商事活动中，尤其是现阶段金融资本运作盛行的商事活动中，增资扩股现象越来越多，其中的法律风险也与日俱增，但现实中由增资扩股引发的风险也较多，为此，要特别注意以下几点。

（1）转增比例不可过高。以未分配利润转增注册资本的，转增比例不可过高，否则转增后公司账面上的业绩会受到影响，不利于公司的长远发展。转增注册资本时需要进行相应的折旧和税款的计提与调整，否则可能无法通过验资并需要重新调整增资扩股方案，这将不利于增资扩股的进程，也将对公司信誉产生不良影响。如果是利用现金增资的，也要充分考虑增加资金的用途，企业融资的目的在于扩大再生产，如果增加资金没有特殊用途，只是增加账户上的资金额度，必然导致资金闲置。

（2）要注意实际控股是否发生变化。中小企业的创始人往往都掌握着控制权，在进行增资扩股后，可能由于资金多寡的变化导致控制权丧失，成立公司的初衷可能无法实现，所以要注意控制权的变化是否与自身内心相符合。如果以上市为目的进行增资扩股的，依据《首次公开发行股票并上市管理办法》的规定，公司实际控制人不能发生变更，管理层及主营业务不能有重大变化。

（3）优先认缴出资的保障。依据《公司法》规定，有限责任公司在进行增资扩股时，股东有权优先按照实缴的出资比例认缴出资；全体股东可以约定不按照出资比例优先认缴出资。同时，在有新股东投资入股的情况下，老股东还需做出放弃优先认缴出资权利的声明。

（4）是否违背公司法的强制性规定。以公积金转增注册资本的，保证所留存的该项公积金不得少于转增前公司注册资本的 25%，即法定公积金最高转增比例为 75%，以资本公积金转增注册资本的需要根据公司所执行的会计制度做具体分析，以任意公积金转增注册资本的可以全额转增。

（5）增资扩股中募股不足的处理。股份有限公司通过增资扩股吸纳投资者时，必须考虑出现募股不足问题，要在招股说明书中说明，如果出现募股不足，将由现有股东兜底，以增加投资人认购股份的信心，确保增资扩股的成功，否则，依据《公司法》的有关规定，投资人有权撤销所认股份。

（三）私募股权融资及风险防范

1. 私募股权融资概述

私募股权融资是指企业通过协商等非公开方式，向特定投资人出售股权进行的融资，包括组建企业时股权筹资和随后的增资扩股。与企业的初始融资或一般的增资扩股不同，私募融资虽具有"私"和"募"的性质，其针对的是不特定投资者，融资亦是通过招募完成的。同时，认股条件、投资者的权利义务等通常已经由公司预先确定，对参与私募融资的所有投资者一致适用，不可以再行协商。企业私募融资是一种便捷高效的融资方式，发行审核采取备案制，使其审批周期更快，募集资金用途相对灵活，融资成本比民间借贷低。

私募股权融资有很多优点：第一，私募融资可以帮助企业改善股东结构，同时建立起有利于上市的治理结构、监管体系、法律框架和财务制度；第二，私募融资是企业解决员工激励问题的较好手段，有利于对企业的员工激励；第三，私募融资可以通过吸纳资本帮助企业迅速扩大，从而为未来上市奠定基础；第四，私募投资人所拥有的市场平台、运营经验和跨行业资源可以帮助进行私募融资的企业加速成长，并且私募融资更有可能产生立竿见影的协同效应，从而在短时间内改善企业的营收状况，提高企业的核心竞争力，并最终带来企业业绩和股东价值的提升。

2. 私募股权融资的流程

企业私募股权融资的流程主要包括制定私募股权融资内部计划、制作融资计划书、私募股权融资谈判、尽职调查和签订融资合同等步骤。

（1）制作私募融资内部计划。企业融资计划应当根据企业自身情况来制定，融资内部计划要对企业现状进行整理，应当明晰融资的目的、金额、用途、未来收益等。这些准备工作，既是对企业的过去的总结，让企业对现状更加了解，又能够为后续的各阶段做好铺垫。

（2）制作融资计划书。如同上市公司的招股说明书一样，融资计划书是企业融资的序幕。作为企业融资的必要文件，它既是企业对自身梳理后形成的总结，也是投资方了解融资企业的重要手段。融资计划书能帮助企业全面了解自身优势与不足，同时也有利于投资者评估企业整体价值。企业在制作融资计划书时必须以事实为依据，从法律角度来看，企业的融资计划书是一份"要约"，企业需要为这份"要约"承担法律责任，所以融资计划书中不能出现虚假性及误导性的内容。

（3）私募股权融资谈判。企业收到了投资人的谈判邀请，说明投资人对融资企业有了投资意愿。这一阶段是投融资双方深入磋商、弥补分歧的阶段，投资方通过沟通核实融资计划书中的详细内容，双方拟定交易价格、交易方式等实质内容，如果谈判成功，投融资双方通常会签订意向书。企业在进行谈判时，要注意企业管理权、对赌协议的内容、股权价格等重点内容。

（4）投资人做尽职调查。投融资双方融资谈判结束后，一旦投资方具有投资意向，一般会向融资方发出投资意向书，随后投资方就开始对融资方进行尽职调查。尽职调查指的是投资方对融资方的财务、管理及所处行业整体状况等各方面做的真实性调查。尽职调查报告是投资方确定融资企业实际状况和实际价值的关键，其主要包括：企业法人治理结构、企业人力资源、企业财务状况、生产销售情况等内容。

（5）签署融资合同。融资合同的签订是私募股权投融资双方合作的开始，根据相关法律的规定，在融资合同中，股权出让方应保证股权出让的合法性，合法性主要体现在出让方主体资格和行为能力要符合法律规定，股权转让的相关文件也要合法有效。对于股权投资方而言，除了保证其主体资格合法外，还应保证进行股权投资时的资金来源合法。在融资合同中，应明确双方的权利义务、违约金计算、责任承担方式、履行合同的明确时间、争端解决方式等。

3. 私募股权融资的法律风险与防范

私募股权融资是当下资本投资和企业融资的重要方式，但由于其具有一定的专业性，在操作过程中，股权投资方都是专业性较强的机构，而融资企业则专业性不足，若不加以防范，可能导致一系列的风险。

（1）企业控制权削弱的风险。在私募股权中，投资方的目的一般是获取回报，很少有投资方的目标是取得企业的控制权。但合作过程中，投资方为了降低风险保证回报，有时会以控制权为筹码向企业提出要求。所以，在吸纳投资时企业一定要做好预防措施。例如在签订融资合同时加入"决策权保留"条款、签订补充协议等以免失去企业的控制权。为了避免企业控制权的削弱，融资企业需与投资方约定表决权行使方案。《公司法》第42条规定，股东会会议由股东按照出资比例行使表决权；但是，公司章程另有规定的除外。据此，有限公司在表决时，可以采取同股不同权的方式，控制人可以和投资股东约定同股不同权，从而控制公司的实际经营。这是更为稳妥的方式，融资方应该争取让投资人将表决权委托给己方行使，这样更便于融资方控制公司。

（2）企业估值的风险。公司估值在私募股权融资中是个非常重要的问题，它决定了投资人的投资可获得的股权比例。估值分为投前估值和投后估值；投前估值指的就是投资人进入前，企业或者投资机构给予企业的投资价值评估；而投后估值=投资前估值+投资额，而投资人获得的股权比例=投资额/投资后估值。如果企业投前估值一个亿，投资方投资5100万，则投资方占5100/15100≈34%；如果企业投后估值一个亿，投资方投资5100万，则投资方占比51%。可见，投前估值和投后估值投资人获得的股权比例差距非常大，为避免投资方以投后估值所得公司价值为股权比例基数，融资企业可尽量在投资方投资前完成企业估值，并以此计算投资方股权比例。

（3）对赌协议的风险。私募股权基金在对融资方进行投资时会与企业签订对赌协议，这是投资方一种自我保护。对赌协议的本质是双方对企业未来预期的博弈，双方约定当一定条件达成时可享受到丰硕的利益。对融资企业来说，一旦融资企业赢得对赌协议便能从投资方获得股权奖励，获得成倍的收益；一旦对赌失败，融资企业享受的股权份额和价值就会降低。所以，在签订对赌协议之前，融资企业一定要做好财务核算、科学预测未来市场，财务业绩是对赌协议的核心要义，是估值的直接依据，融资企业想获得高估值，就必须以高业绩作为保障，通常是以"净利润"作为对赌标的，融资企业在承诺业绩时，要合理预估业绩承诺的实现可能，不能仅仅考虑获益，更要考虑失败后自己是否能承担责任。另外，签署对赌协议还要充分考虑意外因素带来的不可预知后果，如控股股东可能因减少股权导致失去话语权等。

（四）股权众筹融资及风险防范

1. 股权众筹概述

股权众筹是指公司出让一定比例的股份，面向普通投资者，投资者通过出资入股公司，获得未来收益的一种基于互联网渠道而进行融资的模式。股权众筹的另一种解释就是"私募股权的互联网化"。2011 年众筹开始进入中国，2013 年国内正式诞生第一例股权众筹案例"美微淘宝卖股权"，美微传媒通过众筹获得 1194 个众筹的股东，占到美微传媒股份的 25%，整体融资 500 万。2014 年国内出现第一个有担保的股权众筹项目"贷帮网袋鼠物流项目"，项目上线 16 天，79 位投资者完成了 60 万的投资额度，该项目由第三方机构提供为期一年的担保，在一年内如果该项目失败，担保机构将全额赔付投资人的投资额度。这些股权众筹案例的实践为中小企业融资开辟了新的渠道。

股权众筹从是否有担保来看，可分为无担保和有担保两类。无担保股权众筹是指投资人在进行众筹投资的过程中没有第三方公司对相关权益问题提供担保责任，国内基本上都是无担保股权众筹。有担保股权众筹是指股权众筹项目在进行众筹的同时，有第三方公司提供固定期限的担保责任，这种模式对于融资企业和第三方公司来说风险太大，国内几乎没有。

根据运作模式不同，股权众筹可分为凭证式众筹、会籍式众筹和天使式众筹。凭证式众筹主要是指在互联网上通过卖凭证和股权捆绑的形式来进行募资，出资人付出资金取得相关凭证，该凭证又直接与企业或项目的股权挂钩。该模式下，投资者不参与企业管理，凭证可转让或者要求筹资者回购，凭证式众筹降低了融资门槛，吸引更多人参与其中，但资金管理的风险较大，容易触碰非法集资的红线。会籍式众筹的投资者多为志同道合、志趣相投、关系较为密切的亲朋好友，他们可能因为某种灵感、梦想聚到一起，每个人贡献出一些自己的资金、渠道等资源，成为企业项目的股东，即会员，不仅获得了可能凭借个人能力无法实现的服务或是产品，更可以获得圈子里的人脉和资源。此类众筹是一些场所，比如咖啡馆、书店、酒吧、健身房等。天使式众筹，更接近天使投资或风险投资的模式，投资人通过互联网寻找投资企业，投入资金后，直接或间接成为该企业的股东，投资人往往伴有明确的投资回报要求。

2. 股权众筹的法律风险与防范

股权众筹是近些年兴起的一种投融资模式，对于投资者而言，股权众筹门槛较低，可以容易实现投资的意愿；对于融资者而言，只要有较好的项目和商业计划，就能较为便捷地实现融资需求。但由于股权众筹往往都是通过众筹平台来寻找到投资人，其间的信息不透明、财务不规范、管理不到位等都可能导致诸多风险的存在，甚至稍有不慎就可能触碰到刑法的底线。

（1）非法发行证券的风险。股权众筹本质上是融资方以互联网平台为媒介为自身获得融资的过程，这种融资过程类似于发行证券。《证券法》第10条规定，未经依法核准，任何单位和个人都不得公开发行证券。需要注意的是，"股权众筹"一般是由融资者通过网上平台发布融资项目，然后投资者通过从网络上获得的信息做出投资决定。这里面可能涉及向"不特定"对象募资的现象。所谓不特定性是指投融资双方没有直接关联，"股权众筹"多以互联网平台实现，而互联网的公共性和交互性等特点一开始就决定了股权众筹面临的是不特定对象。其次，股权众筹可能涉及投资者人数众多，为能够成功融资，融资企业对投资者通常设定较低的投资金额，在单笔额度低的情况下，可能存在投资人数超过200人的情况，从而触及非法发行证券罪。

（2）非法吸收公众存款风险。根据非法集资的司法解释，向社会公众（包括单位和个人）吸收资金的行为构成非法吸收公众存款或者变相吸收公众存款。股权众筹中，融资者的间接融资行为没有通过相关部门的批准和备案，有非法性嫌疑；其次，股权众筹是以网络平台向社会公开推广，有社会性嫌疑；融资方以股权置换资金，投资方以牟利为目的，形成了收益；最后，股权众筹通过公开平台发行股权，对投资者没有特定要求，募集对象具有不特定性。从以上四个方面的特性来看，一旦操作中不加以注意就可能触及非法吸收公众存款罪的风险。

（3）洗钱罪的风险。根据《刑法》和相关司法解释规定，对于触犯洗钱罪的各个犯罪活动中，对钱的来源只要做到"明知"，如无正当理由，协助他人将巨额现金存在多个银行账户或在这些账户之间频繁划转的明知情况即构成洗钱罪认定条件。在股权众筹中，融资者无法知道投资者的资金来源，如果资金来源于洗钱罪所规定的途径，所获得的投资或收益则为非法，融资者存在被定性为洗钱罪的可能。

（4）集资诈骗的风险。现实中，有不法分子以众筹融资为幌子，实则想非法占有别人的投资，自己或与平台共同实施集资诈骗。如：一些平台本身就是虚假众筹平台，发布虚假融资信息引诱投资者上当；或者一些融资者为了获得高额融资，发布虚假信息，虚构融资计划并承诺高额回报，而投资者无法了解实际情况或者在利益驱使下盲目投资，这些情况下，根据《刑法》第192条的相关规定，众筹发起平台和融资方都存在触犯集资诈骗的风险。

（5）商业秘密泄漏的风险。根据《私募股权众筹融资管理办法》的规定，融资者通过融资平台发布项目信息需要实名认证，且融资平台会对融资方提交的数据进行核实，平台可以接触到融资者的核心信息，比如商业秘密、技术参数、财务数据、商业模式、知识产权等。虽然《私募股权众筹融资管理办法》规定了融资平台需要保护融资方的商业秘密，但是由于技术、人为因素等原因，商业秘密仍有被窃取的可能。若上述情况出现的话，融资者在众筹失败的情况下极易面临商业秘密被泄漏的风险。

针对以上风险，企业要通过股权众筹方式来融资，一定要坚守刑法规定的底线，不能触犯刑事法律的具体规定。另外，股权众筹的核心在于经营信息的透明化，融资企业要真实、及时、准确公布经营信息，做到规范运营项目和企业，并签署好投融资双方的投资协议，明确各方的权利义务，尤其是设定好利益分享机制、责任承担机制、投资退出机制和清算机制等。

第四节　融资租赁风险防范

融资租赁是我国改革开放的产物，改革开放初期，为扩大国际经济技术合作与交流，充分开辟利用外资渠道，吸收和引进国外的先进技术和设备，中国国际信托投资公司引进融资租赁方式。之后，融资租赁广泛用于其他领域，融资租赁对于加快商品流通、扩大内需、促进技术更新、缓解中小企业融资难、提高资源配置效率等方面发挥重要作用。但融资租赁在带来便捷的同时，也存在许多风险，需要注意防控。

一　融资租赁概述

融资租赁又称设备租赁，指出租人根据承租人对租赁物的特定要求和对供货人的选择，向供货人购买租赁物件，租给承租人使用，承租人则分期向出租人支付租金，在租赁期内租赁物的所有权属于出租人所有，承租人拥有租赁物件的使用权。租期届满、租金支付完毕且承租人根据融资租赁合同的规定履行完全部义务后，租赁物件所有权通常归出租人所有，当然，也可根据约定由承租人购买留用。

（一）融资租赁的特点

融资租赁门槛低、形式灵活，非常适合中小企业解决自身融资难题，一般而言，融资租赁适合生产、加工型中小企业，特别是那些有良好销售渠道，市场前景广阔，但出现资金暂时困难或者需要及时购买设备扩大生产规模的中小企业。企业在采取融资租赁时，要根据自身实际情况，并结合融资租赁的如下特点来决定。

1. 主体多方化

融资租赁关系中至少涉及三方主体：出租人、承租人和供货商；且这一法律关系至少由两个合同关系组成：买卖合同关系和租赁合同关系，由此构成三边交易，三方之间相互关联，两个合同相互制约。

2. 责任承担转移

拟租赁的租赁物由承租人自行选定，出租人只负责按承租人的要求，给予融资便利，购买设备，不承担设备缺陷、延迟交货等责任，租赁物维护义务由供货商负责，承租人不得以上述情形为由拖欠或拒付租金。租赁物的保险、保养、维护等费用及过时风险均由承租人负担。

3. 投资收益稳定

融资租赁中出租人根据承租人的要求购买设备，约定合同期限内只将设备出租给此承租人。出租人因出租租赁物件从该承租人收取的租金，总额应等于该租赁物的全部价值或部分价值及利润。基本租期结束时，承租人一般对设备拥有留购、续租或退租三种选择权，若选择留购，出租人还可以收回部分租赁物投资款，对于出租人而言，通过投资租赁物获取了租金收益，实现了利益的回报。

4. 成本延缓性

租赁物的所有权在法律上属于出租人，租赁物的使用权属于承租人，租赁物所有权与使用权长期分离。对于承租人而言，可以暂时缓解当期现金支出，减少即时支付成本，极大减轻了企业的资金压力。同时，对于约定基本期届满后留购的，承租人对租赁物计提折旧，融资租赁属于资产负债表内的科目，租赁物应在承租人的资产负债表中反映，由承租人对设备计提折旧。

5. 不可解约性

对于承租人而言，租赁物是承租人根据其自身需要而自行选定的，因此，承租人不能以退还设备为条件而提前中止合同。对于出租人而言，因设备为已购进产品，不能以市场涨价为由提高租金。总之，在一般情况下，租期内租赁双方无权中止或终止合同，否则将承担较高的违约责任。

（二）融资租赁的方式

1. 简单融资租赁

简单融资租赁，是指由承租人选择需要购买的租赁物件，出租人通过对租赁项目风险评估后出租租赁物件给承租人使用。在整个租赁期间承租人没有所有权但享有使用权，并负责维修和保养租赁物件。出租人对租赁物件的好坏不承担任何责任，设备折旧在承租人一方。

2. 杠杆融资租赁

杠杆融资租赁，主要是由一家出租人牵头作为主干公司，为一个超大型的租赁项目融资，有税收好处的融资租赁。专为租赁项目成立资金管理公司，此公司出资项目总额的20%以上，成立脱离出租人的操作机构，其余部分资金来源则主要是吸收银行和社会闲散游资，利用享受低税的好处"以小博大"的杠杆方式，为租赁项目取得巨额资金，类似于"银团贷款"。其余程序基本相同，只不过合同的复杂程度因涉及面广而随之增大。由于可享受税收好处、操作规范、综合效益好、租金回收安全等，此种方式广泛用于飞机、轮船、通信设备和大型成套设备的融资租赁。

3. 委托融资租赁

此种方式通常有两种形式，一种形式为拥有资金或设备的人委托非银行金融机构从事融资租赁，委托人是真正的出租人，受托人代理出租人行使出租行为。这种委托租赁的一大特点就是让没有租赁经营权的企业，可以"借权"经营。电子商务租赁即依靠委托租赁作为商务租赁平台。第二种方式是出租人委托承租人或第三人购买租赁物，出租人根据合同支付货款，又称委托购买融资租赁。

4. 项目融资租赁

项目融资租赁是一般的融资租赁发展到一定阶段的产物，它是以项目的资产、预期收益或权益为保证取得的一种无追索权的融资租赁模式。承租人以项目所有的财产及效益为保证，与出租人签订项目融资租赁合同，出租人收取的租金只能以项目的现金流量和效益来确定，出租人对承租人项目以外的财产及收益不享有追索权。实践中，许多租赁物销售商通过自己控股的出租人采取这种方式推销产品，扩大市场份额，例如大型医疗设备、通信设备、运输设备甚至高速公路经营权都可以采用这种方法。

5. 回租融资租赁

回租融资租赁是指租赁物的所有者先将租赁物按市场价格卖给出租人，然后又以租赁的方式租回原来租赁物的一种方式，租赁物的原所有者转变为承租人身份。回租租赁的优点在于：一是承租人既拥有原来租赁物的使用权，又能获得一笔资金；二是由于所有权不归承租人，租赁期满后根据需要决定续租还是停租，从而提高承租人对市场的应变能力；三是回租租赁后，使用权没有改变，承租人的租赁物操作人员、维修人员和技术管理人员对设备很熟悉，可以节省时间和培训费用。租赁物所有者可将出售租赁物的资金大部分用于其他投资，把资金用活，而少部分用于缴纳租金。回租租赁业务主要用于已使用过的设备。

二　融资租赁的操作流程

（一）选择阶段

1. 选择租赁公司

在确定采用融资租赁方式取得设备使用权的前提下，企业应认真选择租赁公司，了解租赁公司的以往业绩、融资条件、租赁费用等，并加以比较，选择最适合的租赁公司。承租人自行选择租赁设备，如果承租人不了解设备，无法做出最佳选择的，可以委托第三方代理选择，企业要明确自己对设备的需求，说明需要租入设备的名称、性能、生产厂商、规格等，由第三方代理选择的结果被承租人认可生效。

2. 提出融资租赁申请

承租企业与租赁公司接触，提出租赁申请。承租人向租赁公司提出书面申请，并填写"设备租赁申请书"。租赁公司收到申请后会向企业介绍有关手续的办理程序、租金的计算方式、租金的支付期间与支付方式等。

3. 信用审查

出租人对承租企业的信用状况审查，一般情况下，承租企业需满足以下两个基本条件：

（1）出租人经审查，认可承租企业的信用状况，包括承租企业的产业特点、经营状况、财务报表、现金流量、项目情况、偿还能力、担保等，并同意与其开展融资租赁交易；

（2）承租企业必须对融资租赁的特点和实际运作有基本认识和一定的了解，出租人和承租人双方能配合在一起开展工作。

4. 项目审查

租赁物往往都是使用在具体的项目中，出租人一般比较关心项目的具体情况，以此预判租金是否可以如期收回。经过以上步骤，双方初步达成一致意见后，出租人审查项目，包括租赁物所使用的项目可行性、企业的资信与能力等，能否向承租企业提供租赁服务，需经出租人对项目进行审查，避免出租人的投资风险。

（二）签订合同

1. 签订购货合同

购货合同应由承租人、出租人和供货商三者参加签订。在委托租赁的情况下，由出租人向供货商订购，并签订订货合同，同时由承租人副签。

2. 签订租赁合同

经过出租人审查，认为切实可行后，承租企业与出租人进入实质性谈判阶段。若双方达成共识，则签订租赁合同。出租人与供货方的供货合同，若有银行贷款的，与贷款银行的贷款合同也应立即或同时进行。承租人与出租人签订的租赁合同是重要的法律文件，双方应对租赁合同的具体内容平等协商达成统一，租赁合同应重点协商租金、租金支付的方式、手续费率、租期、利息率等双方关心的权利与义务。

（三）付款交货

1. 设备的交接及货款支付

供货商应根据合同规定的日期将设备直接交给承租企业，企业负责验货、办理交接手续，出租人根据此情况向供货商支付设备款项。

2. 支付租金

完成以上程序且接收设备后，承租企业应当依据合同约定的支付方式、租金总额等，向出租人按时支付租金。

（四）维护及处置

1. 维修保养

承租企业可与租赁设备供货商签订维修保养合同，并就相关的费用及保养方式进行协商确定，以保障租赁物能顺利维持使用。

2. 租赁期满租赁资产的处置

合同期限届满后，承租企业可以按先前的合同约定选择退租、续租或留购。依据《民法典》第757条规定，出租人和承租人可以约定租赁期限届满租赁物的归属，对租赁物的归属没有约定或者约定不明确，依据《民法典》第510条的规定仍不能确定的，租赁物的所有权归出租人。

三　融资租赁的风险防控

（一）融资租赁的合同条款

融资租赁合同一般是由两个合同组成，一个基础买卖合同和一个融资性租赁合同，由三方主体签订合同：出卖人、出租人和承租人。签订合同时要特别注意一些必备条款，对后期的履行至关重要。

1. 主体条款

根据融资租赁的交易结构，确定交易各方的主体，并将其主体信息在融资租赁合同中予以描述。一般而言，对于融资租赁交易，合同主体必定涉及出租人和承租人。如果存在担保机构或风险缓释措施，合同主体除了涉及出租人和承租人之外，还涉及抵押方、质押方或保证人等。各方均要注意签约他方的信息是否真实，资信程度是否可以接受等，做好较为详细的调查与核实。

2. 定义条款

定义条款是融资租赁合同中常见的条款，为了行文简洁流畅，融资租赁合同通常在开篇便会对合同中反复使用的词语或是在合同中需要有特定含义的词语进行定义。在融资租赁的传统交易中，部分定义的语言表述已经基本固定。这种模式化的表述建立在操作实践基础之上，目的是降低交易成本。但这并不意味着这些模式化的表述完全不能更改。如果交易中存在特殊情形，应对定义的表述进行相应调整，以满足交易的需要。

3. 租金条款

租金条款是融资租赁合同必备条款，主要内容是：承租人为保证出租人能按时获取租金，要对租金的获得做特别约定，尤其是租赁物使用在特殊项目上的，该项目相关的款项或收益要约定在合同中，以防承租人将款项或收益用作其他项目，导致出租人不能按时获得租金，对此，可在合同中约定好租金的保障方式。

4. 含税条款

在融资租赁交易中，一定程度也是结构性融资，在"营改增"大背景下，如何筹划税务条款显得十分重要，其基本内容包括融资租赁合同中约定相关税种、税率等，并约定相关税费将由何方承担，即在整体融资租赁交易结构的报价中，约定是否已经为含税价格。

5，保险条款

融资租赁交易中，租赁物作为融资载体承担着重要职能，为租赁物投保也是融资租赁交易中的应有之义，租赁物投保作用可以有效降低租赁物损失和灭失风险，对出租人和承租人双方都有一定的保护作用。其基本内容包括出租人和承租人双方约定保险险种、费率、期限、续保、受益人及保费支付方等内容，如发生意外情况造成租赁物部分或全部损失的情况下，投保人及其受益人就事故损失的索赔流程、理赔金额等约定。

6. 租赁物条款

租赁物是融资租赁交易结构中的核心要素，融资租赁合同中要约定租赁物所有权、维修、保养和租赁物质量问题处理等，其中对合同期限届满后租赁物的处理方式应当明确约定，避免因此引发纠纷。

7. 违约救济条款

违约救济条款是融资租赁合同中必备的条款之一，其主要内容是对守约方保护和对违约方惩罚措施的条款。违约条款主要约定两个部分，即如何界定违约情形和违约处置手段，融资租赁合同中约定双方或单方违约情况，可采用列举情况方式约定，违约情形直接会触发融资租赁合同项下的违约。通常情况下，违约方会向守约方支付一定的违约赔偿金，赋予守约方终止、解除合同的权利。

8. 法律适用和争议解决条款

法律适用主要约定双方选择不同国家或地区法律使用问题；争议解决机制主要指采用何种法律手段和途径处理争议，合同明确约定选择法院诉讼或仲裁方式。

（二）融资租赁的风险认识

融资租赁的风险来源于许多不确定因素，在业务活动中，充分了解各种风险的特点，才能全面、科学地对风险进行分析，制定相应的对策。融资租赁的风险主要有以下几种。

1. 市场风险

在市场环境下，不论是融资租赁、贷款或是投资，选择将资金用于购买设备或用于技术改造，企业首要考虑投入行业的市场风险。企业应当先行调查行业前景，摸清销路以及产品市场的未来发展趋势等。只要掌握好市场因素，才有利于降低市场风险。

2. 金融风险

因融资租赁具有金融属性，金融方面的风险贯穿于整个业务活动之中。对于出租人来说，最大的风险是承租人还租能力，它直接影响出租人的经营和生存，因此，对还租的风险从前期接触开始，就应该备受关注。货币支付也会有风险，特别是国际支付，支付方式、支付日期、时间、汇款渠道和支付手段选择不当，都会加大风险。

3. 贸易风险

因融资租赁具有贸易属性，因此从订货谈判到验收，各个环节都存在着不同的贸易风险。目前，商品贸易已经发展得比较完备，社会也相应建立了配套的机构和防范措施，如信用证支付、运输保险、商品检验、商务仲裁和信用咨询都对风险采取了防范和补救措施，但由于大家对风险的认识和理解的程度不同，有些手段又具有商业性质，加上企业管理的经验不足等因素，这些手段未被全部采用，使得贸易风险依然存在，特别是涉及跨国的贸易交往更应予以重视。

4. 技术风险

融资租赁的好处之一就是先于其他企业引进先进的技术和设备，解决承租人的技术紧缺问题。在实际运作过程中，技术的先进与否、先进的技术是否成熟、成熟的技术是否在法律上侵犯他人权益、是否有员工来操作设备等因素，都是产生技术风险的重要原因。严重时，会因技术问题使设备陷于瘫痪状态。

5. 其他风险

（1）保证金抵扣顺序。在融资租赁合同纠纷中，保证金的抵扣顺序有约定从约定，没有约定的，一旦发生诉讼纠纷，法院基于当事人应当及时止损、防止损失扩大的基本原则，有权决定先抵扣本金。在融资租赁实务中，承租人经常会在签订融资租赁合同时被要求缴纳一定金额的保证金。当承租人违约时，法院会将保证金抵扣违约金、其他费用或租赁本金，具体到司法实务中，法院在个案中的抵扣顺序，有约定的从约定；没有明确约定时，根据相关法律规定，当事人一方违约后，对方应当采取适当措施防止损失的扩大，故出租人在承租人未按约支付租金的情况下，应当先以保证金抵扣租金，而非任由未付租金产生滞纳金后再予抵扣。

（2）出租人未取得租赁物所有权。出租人未取得融资租赁的租赁物所有权或缺乏真实、特定化的租赁物，不构成融资租赁关系，但所签订的融资租赁合同并不必然无效，法院将依据真实交易关系认定合同性质，可能会被认定为借贷合同，按照借贷合同的法规进行审理。

（3）名为融资租赁，实为借贷。实践中，有的租赁物不具有"融物"属性，基于此签订的合同，不属于融资租赁合同，但这不等于合同无效。当事人之间的权利义务关系将按照民间借贷的法律关系认定合同的性质、效力及当事人之间的权利义务关系，融资租赁目的将无法实现。

（4）租赁物价值偏低。如果在融资租赁中租赁物的价值明显低于租金，将会被认定为仅有融资之实，而无"融物"之实。对于是否构成融资租赁关系，应当结合标的物的性质、价值、租金的构成以及当事人的合同权利和义务。

（5）转让抵押物的情形。我国法律并未禁止抵押物转让，但抵押人应通知抵押权人或告知受让人，若未通知抵押权人或者未告知受让人的，基于我国立法模式采取债权行为与物权行为分离，此时融资租赁合同有效，物权转让行为无效。基于出租人未取得抵押物的所有权，并未构成融资租赁关系，应根据真实交易背景界定合同的性质，若出租人向抵押权人清偿全部债务，从而使出租人取得租赁物所有权的，融资租赁关系成立。抵押人不履行通知、告知义务就转让抵押物，只要在转让后抵押人向抵押权人清偿债务，或者受让人在得知受让物上有抵押权后代抵押人清偿债务，使物上设定的抵押权消灭，转让仍可以有效。

第五节　企业上市风险防范

沪深证券交易所的开业标志着我国证券市场开始发展，如今我国的证券市场正在亦步亦趋走在通往成熟的道路上。上市对于一个公司发展有着深远和重大的影响，上市是企业经营中最广泛的融资方式，尤其对大多数中国民营企业而言，上市更是一次内外兼修、脱胎换骨的过程。但因为上市的条件严格、过程繁杂，使很多企业家对上市望而生畏。本节将从企业上市概述、上市类型、上市条件、上市流程等方面介绍上市的基本内容。

一　企业上市概述

（一）上市公司与上市概述

1. 公司上市概述

上市公司给普通大众的直观感觉就是财富暴涨，但是漫漫上市过程，机会与风险并存，如果企业不依法依规，不仅融资无从谈起，企业还会面临各种民事、行政和刑事风险。上市公司是指公开发行的证券经过证券监管部门或者授权部门批准在证券交易所上市交易的股份有限公司。

大家熟知的"海底捞"火锅，1994年之前，人们说起"海底捞"只会想到四川麻将当中的一个术语"海底捞月"。当年创始人张勇还是20多岁的小伙子，他在四川简阳开了一家火锅店，就从这个麻将术语中取名"海底捞"。火锅店位置不算好，面积也不大，只有几张桌子。刚开始时，张勇连炒料都不会，火锅味道很一般。想要生存下去只能靠服务态度，客人要什么速度快点，有什么不满就多赔笑脸。谁能想到经过20多年的发展，海底捞成了集餐饮、火锅底料生产、供应链服务、外卖等于一体的餐饮"帝国"。2018年，海底捞在港交所上市，市值突破千亿港元。胡润研究院发布《2019胡润中国500强民营企业》，海底捞以市值1570亿元位列第34位。这标志着海底捞成为中国目前市值最高的餐饮公司。张勇夫妇的身价也高达550亿，成功进入福布斯富豪排行榜。

随着我国证券市场的发展，目前我国公司上市已经改制成为"注册制"，公司申请证券上市交易，应当向证券交易所提出申请，由证券交易所依法审核同意，并签订上市协议。至于上市的具体条件，由证券交易所自行规定，一般包括公司的经营年限、财务状况、最低公开发行比例和公司治理、诚信记录等。根据《证券法》第12条的规定，公司首次公开发行股票，应当具备健全且运行良好的组织机构；具有持续经营的能力；最近三年财务会计报告被出具无保留意见审计报告；公司及其控股股东、实际控制人最近三年不存在贪污、贿赂、侵占财产、挪用财产或者破坏社会主义市场经济秩序的刑事犯罪等条件。

2. 公司上市的优缺点

（1）上市的优点

其一，可以筹集巨额资金，促进企业发展。公司的发展需要资金，在没有上市的时候，公司的资金主要来自股东自筹、民间借贷、银行贷款等方式，这是一种借贷关系，到期需要还本付息，公司和债权人之间形成了典型的债权债务关系，公司的经营压力巨大。但公司一旦上市，尤其是通过发行股票融资，公司获得的资金主要来自股票投资者，这属于股东关系。投资者自负盈亏，除非公司解散，否则企业不承担归还投资的责任。

其二，提升公司的品牌和价值。在现代激烈竞争的市场经济环境下，任何公司都需要有一定的知名度才可能被社会大众认知，商品和服务才会被消费者选择，很多企业通过网络营销、全立体广告等方式设法扩大企业的知名度，但所花费的成本非常巨大。企业上市在一定程度上就是主管部门对企业在该行业内的认可，并通过挂牌上市、股票发行、债券发行等方式让广大投资者知晓。再加之当前各地上市的企业本身也不多，上市可以提高企业社会知名度，能产生巨大的广告效应，从而提高企业的品牌价值和社会影响力。

其三，有利于提升公司的规范化水平。企业要能成功上市，必须经过长期的规范运营，符合证券法律法规以及证券交易所的各种要求，经过层层审核，不管是过去的实质要件的审核还是当前形式要件的审核，无论哪种情形，对上市的要求都远远高于普通非上市企业的日常管理标准，毕竟上市企业要面对广大的社会公众，通过上市可以规范公司的治理结构，提高企业的管理水平，使企业步入制度管理的轨道，完成向现代化企业的转变。

其四，有利于提高企业经营的抗风险能力。企业上市后，就有无数的投资者参与到企业的资金筹资之中，进而变成了企业的实际股东，企业的资金来源于广大的投资者，企业经营管理人员也要经过严格的选任，对管理层的专业要求、竞业限制、勤勉尽责等都有具体的要求，总体来说，这都是为了保护投资者的利益，尽量把企业经营规范，形成较为有效的治理体系。企业规范化和持续性经营，可以使企业在市场中增大抗风险能力，有利于企业成为"百年老店"。

（2）上市的缺点

其一，上市会增加一定的维护成本。上市公司需要做到财务的规范、法律的合规，这就需要内外部相关专业人员的通力合作，内部要建立严格的财务、法务、行政、人事等管理制度和执行人员；外部要聘请专业的会计师事务所、律师事务所、券商等，这些都要花费巨大的成本。另外，根据《公司法》的规定，上市公司要设立独立董事，独立董事人数应占董事会成员至少三分之一；设董事会秘书，负责公司股东大会和董事会会议的筹备、文件资料的管理，信息披露事务等。独立董事和董事会秘书的薪酬，就是一笔不小的开支。

其二，上市会增加管理层压力。投资者购买股票的诉求是获利，广大的投资者每天都在关注着企业的发展情况，如果企业经营状况不好则会导致股票价格的下跌，企业股票必然会遭到抛售，甚至企业有退市的可能。现实中，上市公司与高管往往会签订业绩要求方面的文件，如激励协议、对赌协议等，在很多上市公司，高层管理人员很多都是当初创业的原始伙伴，可能在管理水平、专业知识等方面又存在不足，无形中给管理层施加了巨大的压力。

其三，上市会增加对大股东的约束力。上市企业股东中很多都是中小投资者，分散在全国各地甚至全球，法律法规对大股东和控制股东的约束都非常严格，主要是为了防止大股东利用优势地位、优势信息操纵市场或者进行内幕交易。为此，大股东要承担很多重要的义务和约束。如上市公司持有百分之五以上股份的股东、董事、监事、高级管理人员，将其持有的股票或者其他具有股权性质的证券在买入后6个月内卖出，或者在卖出后6个月内又买入，由此所得收益归该公司所有，公司董事会应当收回其所得收益。可见，企业上市后由于股东增多，对大股东约束也增多。企业重大经营决策需要履行一定的程序，大股东必须按法律规定承担责任，履行义务，自身权利受到一定的约束。

（二）世界证券交易所概况

1. 美国

（1）纽约证券交易所。纽约证券交易所的总部位于美国纽约州百老汇大街11号，是世界上第二大证券交易所。它曾是最大的交易所，直到1996年它的交易量被纳斯达克超过。迄今为止，有大约2800家公司在纽约证券交易所上市，全球市值15万亿美元。纽约证券交易所因为历史较为悠久，市场较为成熟，上市条件也较为严格，像那些还没有赚钱就想上市筹资的公司则无法进入纽约证交所，全球五百强等大企业大多在纽约证交所挂牌，西门子、可口可乐、麦当劳、宝洁、飞利浦、沃尔玛等大公司都是纽约证券交易所的成员，阿里巴巴、中海油、中石化等公司也在纽约证券交易所上市。

作为世界性的证券交易场所，纽约证交所接受外国公司挂牌上市，上市条件较美国国内公司更为严格，上市企业多为成熟企业，采用美国一般公认会计原则。在信息披露方面，公司经营业务要遵守交易所的年报、季报和中期报告制度，详细说明公司所属行业的相对稳定性。此外，对公司在该行业中的地位、公司产品的市场情况、最低公众持股数量、股东人数、最低市值、有形资产净值、盈利等也有一定要求。

（2）纳斯达克证券交易所。1971年纳斯达克证券交易所在华盛顿建立，由全美证券交易商协会创立并负责管理。它是全球第一个电子交易市场，也是世界最大的股票电子交易市场。有将近5400家公司的证券在这个市场上挂牌，每天在美国市场上换手的股票中有超过半数的交易在纳斯达克上进行。信息和服务业的兴起催生了纳斯达克，纳斯达克是一个完全采用电子交易、为新兴产业提供竞争舞台、面向全球的股票市场。纳斯达克股票市场是世界主要股票市场中成长速度最快的市场。纳斯达克市场中活跃着许多高知名度的高科技企业，例如：亚马逊、苹果、谷歌、微软等，有一些中国互联网企业如百度、搜狐、京东等也在纳斯达克上市。在纳斯达克上市的基础条件是申请公司的经济活跃期在一年以上，且具有高成长性和高发展潜力，同时，企业在公众持股量、做市商数量、公司治理等方面要达到一定的标准。

2. 伦敦证券交易所

伦敦证券交易所，成立于1773年，是世界主要证券交易所之一，作为世界上最国际化的金融中心，伦敦不仅是欧洲债券及外汇交易领域的中心，还是世界股票承销的中心，超过60%的国际股票在这里承销。伦敦证券交易所的规模与位置，决定了它是投资者通往欧洲的重要踏板。伦敦证券交易在经济全球化中扮演着重要角色，是全球最具国际化的股票市场，外国股票在伦敦的交易规模超过其他任何证交所。在伦敦证券交易所上市的企业要有独立并有收益的主营业务，且至少有3年营收记录，董事会成员确保与公司无利益冲突，董事会、高管人员必须包括过去3年主营业务，运营资本充足，且符合公司注册地的法律和会计准则，并按照英美或国际会计准则进行独立审计，公众持股不少于总股本的25%。

3. 东京证券交易所

东京证券交易所总部位于东京都，与大阪证券交易所、名古屋证券交易所并列为日本三大证券交易所，是日本最重要的经济中枢。其前身是1879年5月成立的东京证券交易株式会社，1949年东京证券交易所重新开业，随着日本战后经济的恢复和发展，东京证券交易所也发展繁荣起来，截至目前在日本交易所上市的公司有4000家左右。

进入 20 世纪 70 年代，日本经济飞速发展，跻身世界经济强国之列。为适应日本经济发展的需要，日本证券市场向国际化发展。为此，日本政府采用降税等措施，吸引外国资金进入日本，使大量资本流入东京证券市场。日本政府先后允许外国资本和外国证券公司进入东京证券交易所，使东京证券交易所成为国际化的交易所。东京证券交易所内部分设第一部和第二部，其中第二部的上市标准低于第一部。外国公司到东京证券交易所上市的，在提出上市申请日前 1 年的公司净资产必须达到 100 亿日元以上；最近 3 年的税前利润每年都要达到 20 亿日元以上；提出上市的前 1 年必须进行红利分配，而且要能显示公司今后具有良好的红利分配前景；至公司提出上市申请的前 1 年度最后 1 天为止，该公司应设立股份有限公司至少 5 年，但若是民营企业，则需有 5 年的经营业绩，且提交了东京证交所认为合适的财务文件，才可申请上市；上市股数须有 50% 上市交易。

4. 我国证券交易所

（1）上海证券交易所。上海证券交易所位于上海浦东新区，1990 年开始正式营业。截至目前，沪市上市公司家数达 1600 多家，中国银行、工商银行等大型企业都在上海证券交易所上市。上海证券交易所是不以营利为目的的法人，归属证监会直接管理。其主要职能包括：提供证券交易的场所和设施；制定证券交易所的业务规则；接受上市申请，安排证券上市；组织、监督证券交易；对会员、上市公司进行监管；管理和公布市场信息。上海证券交易所市场交易采用电子竞价交易方式进行。

（2）深圳证券交易所。深圳证券交易所位于深圳市福田区，1990 年正式开始营业。深圳特区上市资源较为丰富，新兴行业占据优势，上市公司成长性突出，创业板更是积聚了新兴经济体和具有优良成长性的企业。到目前为止，深圳市场已形成了以深证成指、中小板指数、创业板指数等为核心的指数体系。其中，深证成指、中小板指数和创业板指数还具有重要标尺职能，分别表征深圳全市场、中小板和创业板。苏宁、中国中车集团、中信等都在深圳证券交易所上市。

（3）香港交易所。香港交易所是全球主要交易所之一，也是一家在香港上市的控股公司。港交所在香港及伦敦均有营运交易所，香港联合交易所有限公司、香港期货交易所有限公司、香港中央结算有限公司、香港联合交易所期权结算所有限公司及香港期货结算有限公司、伦敦金属交易所均为其组成部分。香港交易所近年来推行了一系列改革措施，发展成为全球领先的交易所。2018 年 4 月 24 日，港交所发布 IPO 新规，允许双重股权结构企业上市，有条件地允许生物科技企业上市。长江实业、汇丰银行、中国人寿等世界 500 强企业很多都在港交所上市。

二　我国企业上市的类型及上市条件

我国的资本市场，首先从大的分类上来说，分为场内交易、场外交易两种类型，场内是指在证券交易所进行的股票买卖活动；场外交易市场是指通过大量分散的像投资银行等证券经营机构的证券柜台和主要电讯设施买卖证券而形成的市场，也称作柜台交易市场或店头交易市场。从地域上来看，内陆地区场内交易场所特指上海与深圳证券交易所。深圳证券交易所有深圳主板、创业板及中小板；上海证券交易所有上海主板及科创板。两市主板可以理解为巨头级别公司才有机会上市的地方，具有要求多、条件高、上市难的特点；中小板则相对主板次之；创业板与科创板相对主板、中小板则要求更低，侧重于科技、创新创业类企业。"新三板"市场原指中关村科技园区非上市股份有限公司进入代办股份系统进行转让试点，因挂牌企业均为高科技企业而不同于原转让系统内的退市企业及原 STAQ、NET 系统挂牌公司，故被称为"新三板"。

（一）主板

我国主板市场是指上海主板和深圳主板。主板市场是一个国家或地区证券发行、上市及交易的主要场所，一般而言，各国主要的证券交易所代表着国内主板主场。主板市场对发行人的营业期限、股本大小、盈利水平、最低市值等方面的要求标准均较高。相对于创业板市场而言，主板市场是资本市场中最重要的组成部分，有"宏观经济晴雨表"之称。主板市场主要为大型企业、行业领先企业提供上市服务。我国主板市场是指上海证券交易所及深圳证券交易所的主板。

在我国，企业在主板市场上市应具备以下条件：依法设立且持续经营 3 年以上的股份有限公司；最近 3 个会计年度净利润均为正且累计超过人民币 3000 万元；最近 3 个会计年度经营活动产生的现金流量净额累计超过人民币 5000 万元或者最近 3 个会计年度营业收入累计超过人民币 3 亿元；最近一期末无形资产（扣除土地使用权等）占净资产的比例不超过 20%；发行前股本总额不少于人民币 3000 万元；最近 3 年内公司的主营业务未发生重大变化；最近 3 年内公司的董事、管理层未发生重大变化；最近 3 年内公司的实际控制人未发生变更；最近 3 年内无重大违法行为。

（二）中小板

中小板主要服务的是中小型企业，以区别主板市场，在中小板上市的企业一般规模小、潜力大、风险高，它是主板市场之外专门为中小企业和新兴行业提供资本筹集途径的证券市场。中小板市场的上市企业以高科技公司、新兴行业公司为主要上市对象，上市标准较低；风险高、收益也高；同时也要坚守严格的信息披露和市场监管。

中小板市场是主板市场的补充，对总资产、营业额、连续盈利等方面没有主板市场规定严格，上市的门槛较低，有利于中小公司通过发行股票筹集到所需资金。根据《深圳证券交易所设立中小企业板块实施方案》，中小企业板块运行所遵循的法律、法规和部门规章与主板市场相同，上市公司要符合主板市场的发行、上市条件，信息披露也要严格要求，独立运行、独立监察，有独立的代码和指数，

在退市条件方面，中小板也与主板相似。但是，中小板与主板相比，增加了三大类退市指标，即财务指标、规范指标和市场指标。财务类指标增加了股东权益为负和异常审计报告两项指标。如果公司年度报告显示股东权益为负值，被注册会计师出具将被提出退市警示；如果连续两年出现此种情况，则公司股票将被暂停上市；再过半年，如果中期报告审计结果仍没有明显好转，就被终止上市。规范类指标增加了资金占用、多次受到交易所公开谴责和高比例担保三项指标。如果公司对外担保余额超过一定数额和比例或者公司控股股东及其他关联方非经营性占用上市公司资本到达一定数额和比例将被提出退市风险警示；如果下一个会计年度仍然没有好转，暂停上市；再过半年，如果经审计的中期报告仍然没有明显改善，予以退市。另外，如果公司在连续两年内受到交易所公开谴责两次，将给予退市风险警示；如果在其后一年内再次受到公开谴责，暂停上市；其后一年内再次受到公开谴责，终止上市。市场类指标增加了股票价格和成交量两项指标。连续 20 个交易日内，公司的股票成交价格低于面值，或者

120 个交易日内累计成交量低于 300 万股，实行退市风险警示；之后如果仍不能改善，将被退市。

（三）科创板

科创板于 2018 年设立，是独立于主板市场进行注册制改革的试点。科创板主要服务于符合国家战略、突破关键核心技术、市场认可度高的科技创新企业，重点支持新一代信息技术、高端装备、新材料、新能源、节能环保以及生物医药等高新技术产业和战略性新兴产业，推动互联网、大数据、云计算、人工智能和制造业深度融合，引领中高端消费，推动质量变革、效率变革、动力变革。科创板主要面向有较强科技创新能力和高成长型企业，所以，对企业的类型做了规定，对拟上市公司科技研发人员占比、高新技术产值占比等都有相应要求。

设立科创板并试点注册制，对于完善多层次资本市场体系，提升资本市场服务实体经济的能力有着重要的帮助，2019 年科创板正式开始运行。

从市场功能看，科创板实现资本市场和科技创新更加深度的融合。科技创新具有投入大、周期长、风险高等特点，其离不开长期资本的引领和催化，资本市场对于促进和加速科技和资本的融合、具有显著作用。

从市场发展看，科创板成为资本市场基础制度改革创新的"试验田"。监管部门已明确，科创板是资本市场的增量改革。增量改革可以避免对存量市场的影响，快速积累经验，助力我国资本市场基础制度的完善。科创板试点注册制，既是呼应市场需求，又有充分法律依据，注册制的试点有严格标准和程序，在受理、审核、注册、发行、交易等各个环节会更加注重信息披露的真实全面、上市公司质量，更加注重激发市场活力、保护投资者权益。在科创板试点注册制，可以说是为改革开辟了一条创新性的路径。

从市场生态看，科创板体现出更加包容、平衡的理念。资本市场是融资市场，也是投资市场，科创板通过在盈利状况、股权结构等方面的差异化安排，将增强对创新企业的包容性和适应性。与此同时，投资者也是需要被关注的一方，在投资者权益保护上，科创板一方面要针对创新企业的特点，在资产、投资经验、风险承受能力等方面加强科创板投资者适当性管理，引导投资者理性参与。

（四）新三板

为解决主板市场退市公司与两个停止交易的法人股市场公司的股份转让问题，由中国证券业协会出面，协调部分证券公司设立了代办股份转让系统，被称为"三板"。在"三板"中挂牌的股票品种少、质量低，要再转回主板上市概率低，难以吸引投资。为了改变这种局面，同时也为更多企业提供股份流动的机会，后来在北京中关村科技园区建立了新的股份转让系统，被称为"新三板"。

新三板主要针对的是中小微型企业，是中小企业融资的平台以及开始走向资本市场的尝试。新三板的诞生打破了高新技术企业的融资局限性，使更多的股权投资基金主动参与投资；可以推进公司治理水平的提升，因为挂牌企业须在专业机构的指导下才可能完成好股权改革，公司的股权结构优化和高层职责明晰才能进一步实现。另外，新三板对挂牌公司的信息披露要求比照上市公司进行设置，可很好地促进企业的规范管理和健康发展，对增强企业的发展后劲提供坚实的规范基础。对于投资者来说，新三板还是价值投资的潜力平台，因为投入新三板公司的资金在短期内不可能收回，即便收回，投资回报率也不会太高，投资者更多的是看好公司的未来价值，适合长期以价值投资为目标的投资者。

尽管新三板的要求远低于主板和中小板，但新三板仍然强调严格的监管机制，通过监管降低股权投资风险，使得挂牌公司的股权投融资行为被纳入交易系统，同时，挂牌公司还受到主办券商的督导和证券业协会的监管，这为投资者降低了部分风险。为此，新三板还成为很多私募股权基金退出的新方式，股份报价转让系统的搭建，对于投资新三板挂牌公司的私募股权基金来说，成为一种资本退出的新方式，挂牌企业也因此成了私募股权基金的另一投资热点。

新三板对挂牌企业没有明确的财务指标要求，但也有一些具体的条件：挂牌公司必须是股份有限公司，且存续满两年，当然存续期间可以从有限责任公司成立之日起计算。另外，主营业务突出，且具有持续经营能力，发展战略清晰，有可持续发展和高增长的潜力。新三板企业规模一般都不大，多是处于成长阶段的企业，如果缺乏主营业务，盲目多元化扩张，则成长性会降低，企业经营的风险也会升高。再有，新三板对公司治理结构的运作规范，股份发行和转让行为也有一定的要求。

三 企业上市的基本流程

(一) 改制阶段

按照当前实行的先规范改制，后发行股票上市的原则，企业首先必须规范地进行股份公司改造，在完成股份公司设立后，由具有主承销资格的证券公司进行辅导，辅导期在 3 至 12 个月之间，符合《公司法》规定的股票发行上市的基本条件，才能提出股票发行的申请。一般而言，企业规范改制设立股份公司大致有以下步骤：

1. 准备工作

主发起人设立改制工作筹备委员会，选择有证券从业资格的中介机构，包括证券公司、会计师事务所、资产评估事务所、律师事务所等，召开筹备委员会，并制订工作计划。

2. 实施改制

改制工作筹备委员会提出企业改制方案和股票发行上市的可行性研究报告。报告的内容主要包括如下 7 点 (1) 公司的设立方式。设立方式有整体改制设立、部分改制设立、发起人共同出资设立、有限责任公司变更设立等形式。(2) 注册资本的确定。(3) 确定股权结构及发起人。为了避免出现变相向社会公开募集股份的嫌疑，发起人的数量一般不宜太多。(4) 出资及折股情况。发起人可以用货币出资，也可以用实物、工业产权、非专利技术、土地使用权作价出资，但必须与主营业务相关，并办理过户手续。(5) 股份公司主营业务。公司的主营业务必须突出，即主营业务收入大致应占总收入的 70% 以上；(6) 改制的企业应当剥离其他社会职能，剥离非生产性资产。(7) 控股股东与拟上市公司应消除同行业竞争。股份公司应当有独立的生产经营系统，不得形成严重的关联交易，对所形成的关联交易必须以书面协议形式予以确定。

3. 设立股份公司

各发起人起草并签订发起人协议书后，核准拟发行股票且上市的股份公司名称、财务状况审计、拟定上市公司章程草案，并商议审查公司章程的合法性与合规性，修改违法违规条款等。同时，发起人认缴股款，会计师事务所对出资情况进行验资,以实物、非专利技术或土地使用权作为股款的,应依法进行资产评估并办理产权的转移手续。最后,召开发起人大会,审议章程,推举董事会、监事会成员。做好公司设立的报批手续,公司主发起人或筹委会提出设立股份公司的申请,经批准设立后,公司召开创立大会、股东大会,选举产生董事会、监事会,并通过公司章程。

(二)上市辅导

取得营业执照之后,股份公司依法成立。按照证监会的有关规定,拟公开发行股票的股份有限公司在向证监会提出股票发行申请前,均须由具有主承销资格的证券公司进行辅导,辅导期限一般规定为 3 个月以上,个别省市可以略短于 3 个月。辅导内容主要包括:股份有限公司设立的合法性审查;对公司董事、监事、高级管理人员及持有 5% 及以上股份的股东或其法人代表的法律培训;公司组织机构和运营规范性辅导;股份公司会计制度的建立;建立健全公司决策制度和内部控制制度,实现有效运作;建立健全符合上市公司要求的信息披露制度;规范股份公司和控股股东及其他关联方的关系;审查公司董事、监事、高级管理人员及持有 5% 及以上股份的股东持股变动情况是否合规等。

(三)筹备申报

拟上市公司在筹备申报阶段,需聘请律师和具有证券业务资格的注册会计师分别着手开展核查验证和审计工作;就股票发行规模、价格、利润分配方式等制定发行方案;对募集资金投资项目的可行性进行评估;向环保部门申请环保测试,进行并取得环境评价相关文件;向税务部门申请出具公司最近 3 年无税收违规情况的证明等。

(四)发行定价

首次公开发行股票,一般通过向特定机构投资者询价的方式确定股票发行价格。主承销商通过拜访大型的专业机构投资者并进行广泛的市场调查,发行人与投资者接触,就认购意向订单数量进行调查,并就调查数据进行分析,基于分析结果决定发行价格。

（五）挂牌上市

完成以上步骤后，拟上市公司便可以向证交所提出上市申请。证交所在收到发行人提交的全部上市申请文件后 7 个交易日内，做出是否同意上市的决定并通知发行人。如申请得到批准，证交所向发行人发出上市通知。发行人收到上市通知后，应当与证交所签订上市协议书，以明确相互间的权利和义务。发行人在股票挂牌前 3 个工作日内，将上市公告书刊登在中国证监会指定报纸上。最后，申请上市的股票将根据证交所安排在上市公告书披露的上市日期挂牌交易。

第五章 企业运营风险及防范

第一节 商业合同风险防范

商业合同是指企业在从事商业活动中为确立各方权利义务，经过各方商务磋商达成一致意思表示而形成的一种文本。随着商业的不断发展，商业合同已经成为现代商务行为的一种重要表现方式，贯穿到企业活动的各个方面。可以说，无论何种形式的商业合作，最终都体现为各种各样的合同。一旦合同条款没有把控好，潜在的风险就特别大，轻则金钱损失，重则导致刑事法律风险。

一 商业合同的认识误区

2020 年，我国颁布的《民法典》在合同编对合同做出了专编规定：民事主体之间设立、变更或终止民事法律关系的协议就是合同。一个合法有效的合同需要具备平等主体、有效意思表示、必备条款和一般条款等几方面。这些方面倘若出现疏漏就会产生一些"先天缺陷"，埋下履行难、实施难和维权难等方面的风险和隐患。现实中，很多人对于商业合同普遍还存在着以下几种认识误区：

（一）口头合同更便捷

口头合同，顾名思义即没有形成书面文书的合同形式，指不能通过合同文本或信件、传真、数据电文等书面形式有形表现合意内容的合同。口头合同与书面合同相对应，也是我国《民法典》合同编确定的一种合法的合同形式。但很多企业可能会更重视销售效率和业绩而忽视书面合同的重要性，甚至反感书面合同，认为书面合同签订过程烦琐、文书拟定费时费力等。也有人认为，书面合同也就是一张纸，甚至不能正确表达双方的意思，甚至认为，合同的违约责任约定毫无意义，交易双方是建立在相互信任或一定的关系基础上达成合作的，如果一方不诚信，有合同也没有用。如果发生矛盾，比较实际的做法还是靠有关部门或者中间人进行协调，靠"关系"来解决。很多情况下，只要经过双方讨论达成合作意思，便直接安排员工开始执行。诸如此类，为了效率采取口头协定，却难以得到保障，看似方便快捷，实则往往埋下很多风险。

1. 内容不明难执行

口头合同虽说是法定的合同形式，但口头合同的适用范围其实比较窄。如简单、快捷能够及时履行完毕的合同可以采取口头的形式，但商业活动中的很多合同标的大、周期长、涉及人员多，口头合同就"先天不足"，必然导致一些问题的产生。比如说，因为参与的人员多，对合同内容的理解就可能存在偏差。依靠"口口相传"这种不可靠的方式，在履行合同阶段不便于人员之间信息的表达和接收，内容界定不明晰，势必导致难以实施或发生实施偏差。

2. 证据缺乏难维权

口头合同只有双方均诚实守约且履行完毕，才算合同真正结束。只要任何一方在执行过程中内容理解或者信息传达出现问题，必然会导致双方开展新一轮的磋商或直接导致合作失败。在履行过程中如果一方人员发生任何变动，合同的执行可能就得不到很好衔接。要么找不到直接负责的人，要么使接手的人无所适从，必然会对交易双方带来很大的影响。而且，合同履行中一旦发生违约行为，因为只有口头的约定，守约方想要维权，就会因为没有书面约定，证据缺失，难以维权。以民间借贷合同为例，根据最高人民法院《关于人民法院审理借贷案件的若干意见》第四条的规定，法院在对借贷案件进行立案审查时，应要求原告提供书面的借据；不能提供书面借据的，要提供必要的事实证据，否则视为不具备起诉条件，不予立案。所以，口头约定一旦诉至法院，主张权利一方需要提供借款事实发生的证据和当时双方商定借贷合同细节的相关证据。现实活动中，这类案件由于证人证言的随意性很大，一般很难被采信。主张借贷关系存在的一方需要提供更复杂的间接证据，比如搜集双方协商借贷内容时的往来邮件或微信聊天记录等。也可以收集双方履行合同过程中产生的"痕迹"。总之，一旦口头合同履行出现问题，需要搜集更多的间接证据，才能形成"证据链"，达到直接证据的证明作用，维权成本很大。

（二）合同模板成本低

现实中，很多人直接在网上找一个合同范本或合同模板，就随意签订，而不需请专业法律人士来草拟或把关，真正发生纠纷时，才发现合同中出现很多不利的地方。合同模板也称合同范本，是针对某一事项事先拟定好条款，各方当事人经过平等友好协商，形成一致的意思表示后就可以直接签订的合同。合同模板有着反复使用、成文先于事实等优点，同时也不可避免地具有以下缺陷。

1. 缺乏针对性

合同模板是为了普遍使用而提前拟好的合同条款，一般只是针对普遍的共性情况进行约定，但现实商务关系中，双方主体都各有各的特性与需求，普适性的条款并不能反映双方主体的特殊需求。比如说，在同一个售楼处购房的购房者，虽然都作为买方，但买房者之间的情况也很少一样，有的要全款购买，有的要办按揭贷款；有的看重学区资源的特殊约定，有的看重为生活便利规划的配套，甚至有的为了一些大型市政设施的落成而买房投资，针对买方不同的需求、不同的支付方式等，合同的条款就要做更为细致的约定，合同模板根本不能反映出合同主体各方之间的区别，没有针对性。

2. 条文烦琐

合同模板为了普遍使用，包含各种不同的需求内容，就只能通过设置详细的选择性条款，把尽可能多的情形都包罗进去。这样的合同文本在签订时就必须处理比较烦琐的条款，尽管一些条款没有任何作用，也要细致阅读，如果在签订时沟通不畅，或制定方没有进行必要的解释，可能在合同填写、条款勾选时就会产生问题，为以后执行合同以及维权带来困难。可以说，合同模板看似成本低，但实质上非常不经济，通过复杂的条文设置以及烦琐的选项，却只约定了最基本的内容，不能穷尽合同各方特殊的要求。

3. 违背合同自由

合同模板是一方预先拟定的，另一方需要与之合作或达成交易就必须接受预先设置的条款，一定程度上违背了一方合同主体的自由意思表示。

提供模板合同的一方在合同成立、合同解释等方面都体现出己方的强势，相对方为与之达成交易，有时候不得不接受一些自己存疑或不愿接受的条款。比如说，合同模板上关于诉讼地域管辖的约定，大多数合同模板提供方都是约定在己方所在地法院解决，大大降低了己方的维权成本，作为合同的相对方却很难改变这一约定，丧失了一定的合同自由。

4. 存在不平等

合同模板双方地位一定层面上具有不平等性，对于拟定方来说，有更多的时间、更多的精力"精心"设计合同条款，甚至布下一些"陷阱"。比如说，降低自己的维权成本，增加对方的维权成本，甚至存在排除对方正当权利或减少自己义务的条款。正因如此，我国法律规定了在合同的解释及适用中，若有明显倾向于己方或损害合同参与方的，则要用更严格的标准来约束合同制定方，从立法上保护合同参与方的利益。

（三）合同管理被忽视

1. 重签订轻执行

一些企业认为，合同管理就是在签订合同时的条文审查和修改，合同签订完就结束了，不注重跟踪合同的履行情况，不注重情势变化后对合同内容进行调整或修订，不注重特殊情形下的合同解除，甚至不注重纠纷出现的合同处理等。合同管理是一个动态的过程，需要跟踪合同签订后的落实情况，以及合同履行中产生新情况时对合同的变更等，做到履行和变更等环节的全面管理，审查合同、修改合同、签订合同只是合同管理中的基础部分，履行合同才是重要的部分。

2. 部门配合不够

合同管理部门是企业合同管理中的重要力量，但是，一些规模较小的企业并没有设置专门的合同管理部门，合同的管理没有确定专门的负责人。还有一些企业虽设置了合同管理部门，但该部门职权设置不够全面，往往只负责合同签订时的条款修改和审核，在合同签订后就直接归档备查，没有跟踪合同履行的情况。有的合同管理部门"人微言轻"，在需要其他部门配合合同执行时，要么找不到相关的负责人，要么得到的数据不实、滞后，导致合同管理部门不能及时做出正确的反馈。

二　商业合同的常见类型

我国《民法典》合同编确定了 19 种有名合同，分别是：买卖合同；供用电、水、气、热力合同；赠与合同；借款合同；保证合同；租赁合同；融资租赁合同；保理合同；承揽合同；建设工程合同；运输合同；技术合同；保管合同；仓储合同；委托合同；物业服务合同；行纪合同；中介合同和合伙合同。企业在日常运营中会经常使用这 19 种合同，特别是买卖合同、赠与合同、借款合同、保证合同、保理合同等几种类型，企业使用频率很高，以下就这几种常用合同做简要分析：

（一）买卖合同

买卖合同是规范最基本的交易形式的协议，是指卖方出卖标的物所有权给买方，买方向卖方支付价款的合同。买卖合同的内容一般包括标的物的名称、数量、质量、价款、履行地点、检验标准、结算方式等条款。企业经营中最主要的就是买卖关系，买卖合同的订立直接关系着企业的经营状况。买卖合同除了最常见的供货合同、采购合同等基本买卖关系外，还包含分期付款买卖合同、样品买卖合同、所有权保留买卖合同、招标投标买卖合同和拍卖合同等形式，《民法典》中还规定了互易合同也可以参照买卖合同的规定适用。

买卖合同中最主要就是标的物、价款、质量、数量等内容，主要内容约定如果存在问题，必然会导致合同在履行中产生歧义。在合同约定中，特别是标的物的约定要清晰、明确，标的物的数量、质量也需要约定清楚；价格的计算方式、结算方式等需要细致约定。

（二）借款合同

借款合同是借方向出借方借款，到期返还借款本金并支付利息的合同。借款合同的法定形式是书面合同，自然人之间的借款可以不采用书面形式，但通常建议使用书面合同。借款合同的主要内容包括借款的币种、数额、用途、利息计算的利率、期限和还款方式等条款。

签订借款合同应注意以下几方面：首先，禁止预先扣除借款利息。现实中，因为各种原因，出借方很可能会在借款时就先扣除利息，特别是不正规的高利借贷。为规制这些不合规的高利借贷行为，审判实务中对预先扣除的部分不能计算为本金，只能将实际出借数额认定为借款本金，并计算利息；其次，借款合同中应当约定借款用途；为保障约定的借款用途能够实施，应约定出借方具有检查、监督借方使用借款情况的权利，或借方定期提供有关财务会计报表或其他资料的义务；还有，应明确约定借方未按照借款用途使用借款的后果，即出借方有权停止借款、提前收回借款或解除合同。关于借款合同，有银行机构和民间之分，相关的具体内容参见本书的其他两节，在此不做赘述。

（三）赠与合同

赠与合同是指赠与人将自己的财产无偿给予受赠人，受赠人表示接受的合同。企业在做公益捐赠、扶贫捐赠时会使用到此类合同。赠与合同是诺成性、单务合同，赠与行为要求行为人必须有民事行为能力，有依法处分自己财产的权利，接受赠与则是一种纯获利的行为，对受赠人的民事行为能力没有特殊要求，任何人都可以接受赠与。赠与合同需要注意以下几点。

关于任意撤销权及限制。赠与人在赠与财产的权利转移之前，可以撤销赠与；但经过公证的赠与或具有救灾、扶贫、助残等公益、道德义务性质的赠与合同依法不得撤销。

关于法定撤销权。赠予有附义务的，对于这种赠与，如果赠与人已经给付，而受赠人未按约定履行其义务的，赠与人可以请求受赠人履行其义务，或者依法撤销赠与，以不当得利请求返还赠与的财产。除了上述情形，《民法典》还规定了两种情形下的法定撤销权：一种是严重侵害赠与人或赠与人近亲属的合法权益的；另一种是对赠与人有扶养义务而不履行的。以上情形下赠与人可以依法行使撤销权，还可以向受赠人请求返还赠与的财产。

关于受赠人权责。经过公证的赠与合同或依法不得撤销的赠与合同，赠与人不交付赠与财产的，受赠人可以请求交付。另外，如因赠与人故意或重大过失致使毁损灭失的，赠与人应当承担赔偿责任。

（四）保证合同

为保障债权的实现，保证人与债权人双方确定，如债务人不履行到期债务或发生约定的情形时，保证人履行债务或承担责任的合同即保证合同。通常情况下，保证合同有三种形式：单独订立的书面保证合同；主债权债务合同中以保证条款的形式约定；第三人以书面形式向债权人做出保证，债权人接收且未提出异议的单方承诺。

保证的方式包括一般保证和连带责任保证。《民法典》中规定，保证合同对保证方式没有约定或约定不明确的，按照一般保证承担责任。保证合同对保证方式无约定、约定不明或债务人不能履行即由保证人负责的就是一般保证。也就是说，在一般保证情形下，保证人承担保证责任是有顺序的，债权人必须采取法定措施首先向债务人主张债务，在强制执行债务人却无法履行债务时，保证人才可能承担责任。但是，《民法典》也规定了四种例外情形，债权人可以突破一般保证责任承担的顺序，直接向保证人主张债务：一是债务人下落不明，且无财产可供执行；二是法院已经受理了债务人破产案件；三是债权人有证据能够证明债务人的财产不足以履行全部债务，或丧失偿债能力；四是保证人书面放弃顺序权利，自愿承担。当事人在保证合同中明确约定保证人和债务人对债务承担连带责任的称为连带责任保证。在连带责任保证中，债权人拥有选择权，可以请求债务人履行到期债务也可以请求保证人在其保证范围内承担保证责任。

在一般保证责任中，债权人在保证期间应对债务人提起诉讼或申请仲裁，否则保证人的保证责任因保证期间经过而免除。但在连带保证责任中，债权人在保证期间应向保证人请求承担保证责任，否则保证人的保证责任因保证期间经过而免除。

在签订保证合同时，债权人与保证人可以约定保证期间，保证期间的约定应长于主债务履行期限，早于或与主债务履行期限同时届满的，视为没有约定。《民法典》规定了双方对保证期限没有约定或约定不明确的，保证期限自主债务履行期限届满之日起六个月。对于主债务的履行期限没有约定的，保证期限为债权人请求债务人履行债务的宽限期届满之日起六个月。

（五）保理合同

保理合同是《民法典》新增的一种合同，它是指应收账款的债权人将现有的或将有的应收账款转让给保理人，保理人提供资金融通、应收账款管理或者催收，应收账款债务人付款担保的合同。保理合同一般包括业务类型、服务范围、服务期限、基础交易合同情况、应收账款信息、保理融资款或者服务报酬及其支付方式等。保理合同的规定确立了合法的保理法律关系，为应收账款的处理增加了一种合法的方式，有利于企业资金融通，促进企业应收账款的管理和催收。

《民法典》规定了保理合同必须采用书面形式，这一规定限制了口头形式的使用。保理关系实质上也是一种债权转让关系，只不过是由专门的保理机构承担资金融通、管理和催收应收账款等功能，基本的法律关系还是债权的买卖或转让关系。

保理分为有追索权的保理和无追索权的保理。有追索权的保理是指保理人可以向应收账款债权人主张债权或融资本息，也可以向应收账款的债务人主张债权，保理人有更多的选择权，且保理人从应收账款债务人处取得的债权如超过融资款本息和相关费用的部分，需要返还给应收账款债权人。无追索权保理是指保理人只能向应收账款的债务人主张债权，取得的债权超过融资款本息和相关费用的部分，也无需向应收账款债权人返还，应收账款债务人接到应收账款转让通知后，应收账款债权人与债务人无正当理由协商变更或终止基础交易合同，对保理人会产生不利影响的，对保理人不发生效力。

三　商业合同的风险防范

（一）合同条款风险防范

合同条款是表达合同当事人磋商结果和约定内容的具体条款，这里所说的合同的条款有广义与狭义之分，广义的合同条款是指商业合同最普遍、最基本的内容；狭义的合同条款是指必备条款。合同缺少必备条款的，会导致合同不能成立的不利后果，而缺少其他条款的，可以通过法律规定的确定方式予以确定或补足，并不会导致合同不成立的后果。商业合同的必备条款就是标的和数量等，如当事人对合同是否成立存在争议的，只要法院能够确定当事人的姓名或名称、标的和数量的，一般就会认定合同已经成立。现实中，司法机关对商事合同持鼓励交易的态度，只要能确定主体和标的的，合同一般都会认定为已经成立。在商事活动中，企业在拟定商业合同时，应深化对商业合同的认识，增强商业合同方面的风险防范，毕竟商业风险的防范最主要的一部分就在于商业合同方面的风险防范。可以说，合同的主要条款就是合同的重要基础，就像建房打地基，地基牢固才能托起高层房屋，因此，合同风险防范也必须从合同的主要条款下手，而且，从合同的主要条款方面防范合同风险是一种比较高效的方式。具体有以下几方面：

1. 合同主体

合同主体是商业合同的主要内容，企业在签订合同时，应注意审查对方的资格要件。比如，合作方的营业执照、经营范围、资质、分支单位是否合法等；其次，还要审查对方的履约能力，即是否有资金或服务实力，是否诚实守信等，可以结合对方资金实力及经营管理水平情况、在同行中的竞争能力、合同管理机构是否健全等，综合考量合同内容与主体实际情况是否相符，初步判断合同能否顺利履行等。

对于在合同洽谈阶段发现的主体方面问题，应及时提出预警，报送企业法务部门或合同管理部门判断能否继续签订合同，及时采取措施控制或减少不利影响，如不能及时解决，也应在合同签订审批时，或公司签章时提出发现的问题，综合考量是否值得冒险签订合同，或寻求补正措施。比如说，双方商定的合同内容与相对方的经营范围不一致的，合同并不一定都无效，可以综合考虑对方合作诚信度、履约可能性等情况判断是否签订合同；又如，合同相对方没有相关资质的，从法律上来说合同无效，但现实中这种情况并不少见，企业在明知情况下可以预估风险。总之，企业及相应员工应当具备必要的法律知识，要能够识别合同风险点，才能具有合同风险防范能力。

2. 合同标的

无论买卖合同还是其他任何合同，合同的标的都必须明确、具体，它体现着当事人订立合同的意图。在合同签约过程中，由于合同标的不具有唯一性、准确性，未能详细约定标的物品名称、规格、型号等相关要求，或质量未按国家标准、行业标准或通常标准进行约定，措辞含糊不清，导致合同履行时出现争议，从而引起法律风险。以采购合同为例，合同标的的约定应注意以下几点。

（1）标的名称。合同标的应写全称，界定明确，能够准确锁定标的。

同时，应注意标的物不得为法律禁止或限制流通物。

（2）标的特性。合同标的的品种、型号、规格、等级和花色等具体要求要注明，也可以通过附件形式说明标的的实际情况。

（3）标的质量。标的物的质量是否符合要求决定合同目的能否实现，标的物的质量应事先约定好明确的标准。标的物的质量只有约定清楚，卖方交付标的物的质量标准才有章可循，也便于买方验收，避免纠纷。标的物的质量标准一般按照国家标准执行，没有国家标准的可以按照行业标准或企业标准，也可以协商确定明确的标准。如果交付的标的物附有说明书，那么标的物应符合说明书上的质量要求。卖方的交付是否严格按照合同约定进行，需要买方通过货物验收来确定，故而，还应当提前约定好货物的验收标准，确定检验的时间、标准和方法。进一步还可以约定买方异议期、卖方答复处理期、发生质量争议的鉴定机构等。我国法律明确了买方检验的权利和义务，约定了检验期间的，买方在收到标的物后应当在合同约定的检验期间内对标的物进行检验，如发现货物的数量或质量不符合约定应及时通知卖方，买方未在检验期间通知的，视为卖方交付的货物符合约定；合同没有约定检验期的，法律要求买方及时检验，并在检验出问题的合理期间内通知。由于内在质量问题一般很难在交付后立即发现，可约定充分的时间，也可以在合同中载明交货验收只限于表观验收，内在质量问题可在一定的期限内提出。

（4）包装标准。货物的包装方式直接关系到货物的完好，对包装方式没有约定或采用通常的包装方式可能并不适用于特定货物，可以根据货物的特性约定合适的包装方式，对于没有约定或约定不明的应当按照通用的标准进行包装，没有通用标准或不明确的，应当采取足以保护标的物完好的包装方式。

3. 数量及价款

标的物的数量需要明确具体的计量单位、计量方法来界定，注意大小写的填写应准确。数量准确与计量单位等息息相关，约定数量未采用标准计量单位或明确的计量方法，将导致数量的约定形同虚设。合同价款的约定应注意明确价款包含的产品或服务的数量及单价；还应对价款及其是否包含包装、运输等相关费用写清楚；同时，需要明确货币单位和金额的大小写；如果涉及进出口货物，还必须注明价款所使用的货币单位。

结算方式应该约定具体、明确。具体包括，分期付款或一次性付款，现金结算或转账结算等。结算方式和明确的付款时间直接关系到合同的违约责任起算问题，必须在签订合同时就做好"最坏的准备"，本着预设对方发生逾期付款，如何保护己方权利的设想去设置合同。只有这样，才能在违约发生时依据合同维护自身权利。

4. 违约责任

违约责任指合同中任一方没有按照合同履行或履行不符合合同标准所应承担的不利后果。违约责任的约定不仅能起到一定的督促双方按照合同约定执行的作用，还能在违约行为发生时有理有据地维护自身利益，一定程度上增加违约成本。以买卖合同为例，卖方常见的违约情形有：没有按照合同约定期限交货；交付的货物质量不符合约定标准或质量存在瑕疵等情形；买方常见的违约是付款不符合约定。违约金的约定方式通常有两种，一是约定固定数额违约金，二是约定违约金的计算方式，或损失的计算标准。

合同违约条款的约定应注意：明确违约数额，具体的计算公式或标准；注意违约金与损害赔偿的关系，违约金不能覆盖实际损失的，违约方要对剩余损害进行补偿；约定要公平，避免显失公平的条款。另外，可以采取阶梯式的设置方法，区分一般违约、根本违约，根据违约程度的不同界定违约责任的承担方式。违约责任承担的主要方式有：继续履行、采取补救措施、赔偿损失、支付违约金或承担定金责任等。定金责任的约定应注意，约定的定金不得超过合同总价的20%，超过部分无效，根据定金罚则的规定，交付定金一方发生违约情形时，收受定金一方可全额没收定金，收受定金一方违约时，则应双倍返还定金。

5. 争议解决方式

签订合同的目的之一就是在争议发生时双方有处理依据，因此，争议解决方式也是合同的重要条款。合同双方在履行合同中难免会有一些争议发生，这时除了协商解决外，还应当在合同中明确约定采用诉讼或者仲裁解决。采用诉讼解决的话，在合同中要明确管辖法院；如果采用仲裁解决的，仲裁机构要事先选定一家具体的机构，名称要写准确，否则，视为约定不明确，只能按照法律的规定来执行，法律赋予当事人的自由选择权也就化为泡影。另外，需要注意，诉讼与仲裁是两种纠纷解决机制，二者不能约定同时适用。我国法律规定，合同中既约定诉讼又约定仲裁的，仲裁约定无效，只能诉讼解决。

（二）签约时的风险防范

合同文本确定后，需要双方签字盖章完成签约。企业间合同的签约行为一般由双方法定代表人或授权代理人代表其单位进行。企业一般通过授权业务员或经营管理人员作为代理人，要避免无权代理的情形，在签约时就应注意审查对方的授权资料，具体包括授权的范围、授权的期限和介绍信、委托书的真实性等。对于授权代理人是非法定代表人的高级管理人员，如副总经理、副董事长等，也应查看授权资料，具体审查其是否具有代表权，不能想当然地认为对方具有代表权。

另外，在签约时应该注意合同签章页的单位名称与合同首页的单位名称是否一致、所加盖的公章或合同专用章上的单位名称与书写的单位名称是否一致，以及法定代表人、委托代理人的名字是否与授权委托书所载名字及真实名字一致等，对于签字须注意不能有错字、别字、漏字或简称等。

（三）签约后的风险防范

1. 加强合同管理

合同签约后，还需要专门的部门或人员对合同进行管理，主要分为合同存档、监督履行情况以及在发生情势变化或其他原因需要变更、解除合同时对合同内容进行调整或修订，甚至出现纠纷，也要有专门的部门或人员负责处理。建立专门的合同管理部门对合同进行管理，并加强管理工作落实到位是合同签订后防范合同风险至关重要的步骤，合同管理是专业性很强的活动，必要时可以委托律师提供法律顾问服务，提出专业意见，协助企业建立健全的合同管理规范。

2. 正确运用抗辩权

由于主观或客观因素的影响，合同履行过程中可能出现一些状况导致合同无法顺利履行。当合同一方已经违约或预期违约时，根据法律规定守约方具有三种抗辩权，分别是不安抗辩权、先履行抗辩权和同时履行抗辩权。这三种抗辩权针对不同的情况可以适用，法律也对抗辩权的适用设置了较为严格的条件，但根本上还是出于保护守约方利益的立法目的。

不安抗辩权是保障合同先履行一方的合法权益，催促对方履行合同义务的权利。应当先履行的一方能够提供足够的证据证明对方丧失偿债能力的，可以中止履行。丧失偿债能力的情形主要有：经营状况严重恶化、转移财产逃避债务、丧失商业信誉等。但需要注意的是，行使不安抗辩权的前提是要有确切的证据能够证明对方已经出现了法律规定的丧失偿债能力的情形，如不能提供相应的证据，应当先履行一方可能被视为怠于履行合同，可能构成违约行为或因此被视为权利滥用而被追究责任。

先履行抗辩权是在双方互负义务的双务合同中且约定了履行顺序的情况下适用。当先履行的一方未履行或不履行的，后履行一方自然可以拒绝履行；先履行一方的履行不符合合同约定的，后履行的一方也可以拒绝相应的履行。先履行抗辩权的行使前提是，合同双方互负债务且有先后履行顺序，否则不能适用。

同时履行抗辩权指合同双方互负债务，但没有履行顺序，一般应当同时履行，当一方不履行时，另一方可以拒绝履行的权利。

以上三种抗辩权应区分不同的适用条件和客观情况适当选择，及时采取合法手段保护自身权利。在抗辩权行使过程中，还应注意收集相关证据，并进行书面或录音录像等方式保留证据备用。

商业合同的发展使得商业合同风险的防范日益重要，企业可以从合同洽谈时的资信调查、合同主要条款方面的风险防范和签约时、签约后不同阶段的具体问题注意预防合同风险。另外，良好的措施依赖好的执行，企业要提升合同管理能力和风险防范能力，还需要把各项预防措施落实到位，需要做到全程有专人监督合同履行情况，及时发现合同履行中的问题并预警，采取合适的手段积极应对，减少企业损失。

第二节　应收账款风险防范

现金流是企业正常存活的"血液"，如果企业应收账款得不到有效控制，再多的利润也是装在别人的口袋里。一些企业在经营过程中，过于注重客户成交单量的增加，没有特别关注是否能真实变现，最终导致应收账款无法收回，企业生存受到威胁。应收款的风险不仅仅是之后的催收，更多要在签约前的预防以及签约后的合同履行管理。

一　应收账款概述

（一）应收账款的一般含义

应收账款是一个会计名词，指企业在经营活动中因出售产品、销售货物或对外提供劳务，而应收取的款项。除赊销款和劳务费外，还包括采购、委托加工的预付款和其他非购销形式支付的暂付款、赔款、保证金等应收的款项。应收账款具有对立统一性，既能反映企业的销售状况，同时也反映出企业被买方占用的资金。实践中，应收账款的产生大部分是基于赊销，其实质是基于销售行为而产生的债权。

尤其是在经济低迷期，如全球经济危机和新冠疫情防控等，企业运营更应强调生产、销售甚至赊销的风险防控。虽然应收账款数字越大，表明企业销售量越大，销售收入越高，企业的竞争能力越强；但同时，也表明企业被占用的资金越多，坏账损失风险和催收困难、资金周转困难越大。应收账款的回收难增加了企业的经营困难，而且可能严重影响企业的再生产能力。如何处理和解决好这一对立又统一的问题是企业面临的巨大挑战。

（二）应收账款的价值与意义

企业存续的根本保障就是资金，企业管理现金流量的能力直接决定了企业的命运。应收账款的管理目的就是保证企业的现金流量，现金流可以直接反映应收账款的管理状况。企业现金流是衡量企业经济实力的重要指标，其重要性表现在以下几方面。

1. 决定企业生产经营

企业的生产完全依赖原材料和劳动力等要素，而企业获取原材料、生产设备和劳动力靠的就是资金，资金的多寡直接决定了企业生产规模。另外，有生产资料和产品还不能反映出企业创造的价值，企业生产的产品只有通过销售，收回资金，才能说明企业创造的价值得到了社会的认可，实现社会价值的创造。

2. 反映企业盈利质量

能够反映企业盈利状况的，不只是利润报告，相反，熟悉企业经营的人更看重现金流的情况，可以说，利润报告只是一个财务报表，只能够反映应得的利润，是带有一定"水分"的利润指标。而现金流则排除了应收账款中的坏账因素，能够更直接地反映企业的盈利状况。

3. 决定企业生存能力

有分析指出，企业的生存危机 90%来源于管理不善，其中，有 80%以上是现金流管理不善，甚至有一些企业盈利状况很好，但也走上了灭亡的道路，这就是现金流管理的因素导致的。企业的生存离不开现金流，企业对现金流的管理能力更是直接决定着企业的生存能力。

（三）应收账款的诱因及弊端

1. 应收账款的诱因

（1）缺乏管理意识。提到应收账款，大部分的企业主可能都认为那是财务的事，由专业的财务人员负责就可以，产品生产和销售与它比起来要重要得多。这类企业往往在交易完成后就把合同丢一边，没有意识去跟踪、管理应收账款。甚至有些企业因无人跟踪合同履行，导致应收账款的诉讼时效过期，直接转化成呆账、坏账。有的企业虽具有管理意识，但意识不强，不知如何处理应收账款。他们只把应收账款当作一个财务问题，而没有把它视作一个法律问题，往往只通过业务员打电话、上门等方式催收，而没有运用法律手段合法化解风险。

（2）责任主体不明确。一些企业已经意识到应收账款的管理需要财务部门、销售（合同）管理部门、法务部门等共同负责，但没有认识到在不同的阶段应收账款的管理内容和责任主体是不同的。比如，在应收账款跟踪履行阶段，责任主体应是合同管理部，负责全程监控合同的履行；在催收前期，责任主体应是业务部，负责打电话或登门联系合同相对方，督促对方履行合同；在业务员催收无果的情况下，就需要法务部进行应收账款的法律催收和转化，最终再由财务部负责做账等处理。在每个阶段，都需要财务部配合各部门进行财账上的支持，及时更新账目以便各部门回收应收账款。

（3）信用管理机制不健全。应收账款的产生实际上就是赊销的结果，赊销是各种形式的先货后款模式，买方的信用能力和履约能力直接决定了赊销是否产生不良的应收账款。在合同成立前卖方就需要对买方的信用与履约能力有准确的判断，这就需要建立一套内部适用的信用管理机制，信用管理机制建立后还需要经常维护更新，确保信息真实，以便确定专业的客户信用等级评价方式。遗憾的是，多数企业注重销量而没有充分重视评估买方的信用和履约能力，也没有建立起专业的信用管理机制，对不良应收账款的产生埋下隐患。

2. 应收账款的不利影响

（1）资金使用率下降。由于先货后款的赊销模式，导致企业发出货物，开出销售发票，却没有收到货款，从货物原材料成本和应得利润两方面就占用了企业大量的资金。企业资金被占用，且一时不能收回的话，势必导致企业流动资金变少，资金使用率下降，甚至导致企业发生周转困难。资金是企业的最低生命线，没有流动资金将直接影响企业的生产、经营等各个方面，严重的可能导致企业"瘫痪"甚至陷入经营困难。在经济不景气的背景下，各企业的流动资金本不充裕，大多企业徘徊在安全线上，大量占用流动资金将导致企业岌岌可危。

（2）夸大经营成果。应收账款在一定程度上能够反映企业的销售成果，应收账款数额越大说明企业销量越好，似乎一片繁荣景象。如果不考虑应收账款的负面影响，那应收账款的上升似乎反映出企业销量很好，利润增加，经营成果不错的假象。但是，也不能忽略应收账款发展成呆账、坏账的部分，毕竟账面上的利润与成本不一定能够如期全额收回。一旦发展成呆账、坏账，那么企业不仅会损失应得的利润，连垫付的成本都会损失。损失超过企业预设的额度就会给企业带来致命的打击。

（3）加剧企业现金流出。货物一经售出，就有利润产生，尤其是一些企业还先把发票开具出来，交给买方索要款项，此时企业就要按照规定上缴增值税、所得税等。税费一般以现金缴纳，而应收账款反映的是应收利润并没有以现金形式收回，企业只能以流动资金垫付税费，这样势必导致企业现金的进一步流出。另外，企业的应收利润必然计入当年的经营利润总额，在企业利润分配时，就会存在垫付利润红利的情况，这也导致企业的现金流出增加。最后，企业回收应收账款产生的成本和管理应收账款产生的成本同样会加速企业现金的流出。

（4）增加机会成本。应收账款的机会成本是指应收账款未能及时收回而使企业失去可能的投资机会的损失。应收账款的存量，尤其是逾期应收账款的存量，将导致企业现金流量变小，企业能够用来投资的资金就变少甚至缺少投资基金，这样就导致企业投资机会变小，再投资损失就变大，机会成本就产生并提高了。

（5）产生坏账损失。坏账损失是应收账款不能收回最直接的不利影响，指买方未按约定支付货款导致应收账款无法收回而造成的损失。坏账的产生直接影响到企业的现金流量，还关系到偿还其他企业到期债务的能力，严重时还可能导致企业破产。应收账款的数额与坏账有着正相关的关系。企业的应收账款越多，坏账产生的可能性就越高，这样，可能给企业带来的损失就越大。

二 应收账款的防范策略

（一）管理方面的防范策略

1. 增强管理意识

企业要应对应收账款的风险和不良影响，必须加强对应收账款的管理能力。企业决策层具备良好的应收账款管理意识是应收账款管理的基本前提，不仅是决策层，企业内部各部门都应加强应收账款的风险管理意识。这个意识为保证企业应收账款管理水平的提高提供组织基础。

2. 建立专门管理机构

企业要设立专门的资信管理部门，负责客户资信调查评估、档案建立和管理等工作。哪怕是小微型的企业，也应有相应的人负责此工作。具体的工作内容包括：一是要对客户的名称、性质、经营范围、规模、资金状况、营运能力、偿债能力等信息做充分的调查了解；二是注意调查客户是否存在违纪违规等行为的重大变动；三是及时更新客户的信用信息，并结合客户最新的信用评级调整赊销方案与赊销策略。客户信用分级管理是现代商业营销中的基本管理制度，企业要结合各自的实际情况，从多个方面对客户进行信用评级，包括品德、能力、经营、资本、财务、担保等，再根据不同的信用等级，制定不同的赊销方案与策略。

3. 明确责任人

在新常态及经济下行的大背景下，企业的经营利润会越来越小，为防止销售部门片面追求销售业绩而任意赊销，企业内部可明确应收账款的回收责任人为销售人员，并制订严格的资金回款考核制度，将每个销售人员纳入全流程考核，对每一项销售业务从签订合同到资金回笼的过程负全责，以提高销售人员的风险意识。一些企业的销售人员只是管"签单"，而不负责之后的回款，这一类企业的应收款肯定会越积越多，毕竟销售人员对每一笔业务的成交以及客户的情况最为熟悉，其他部门的人员要想清晰知晓客户的信息，需要花费更多的时间和精力，为此，销售人员作为回款负责人是常见的做法。

4. 制订合理的赊销方案

企业要制定与客户资信等级相适应的赊销方案，做到一事一案，一事一批。根据每笔业务发生的金额、需作赊销的额度，建立从业务经办人的方案制定与申报，到销售部门经理的签字审核、总经理的审批，整个审批流程要体现出与客户资信等级的一致，既要体现灵活高效，又要避免因销售人员的草率和盲目赊销给应收账款回收带来损失的风险。整个业务流程结束后，还要将签署的合同、发货单等材料交给专门的负责人员建立业务档案备查。在制定赊销方案时，还要考虑赊销是否可以提供担保，不管是保证人担保还是抵押担保，始终有担保的赊销可减低回款的风险。

（二）签约阶段的防范策略

1. 资信调查

企业在与客户合同谈判阶段就应提前收集客户的信用状况资料，可采用国际上通用的"5C 评估法"，从品质、能力、资本、抵押、条件五个方面评估客户的信用等级。充分的资信调查是企业合作的前提，掌握的信息越多越有利于企业防范应收账款的回收风险。在对客户进行资信调查时，还要具体分自然人和法人两种，自然人要看其资产状况、涉诉状况、工作职业、住址等；企业要看其经营业务、规模、员工人数、经营期限、涉诉情况、股东股权结构等。

2. 签约时的防范要点

首先，合同文本要规范、严谨，明确履行期限和违约责任。履行期限的确定，关系到买卖双方是否逾期的判断，以及承担违约责任的依据。因此，在签订合同时，企业要对付款期限进行约定，明确具体的时间、是否分期或付款标准等；其次，企业要明确客户的代表人、签订合同、催收货款等各个方面的权限；最后，在签订合同时，企业要尽可能地核实客户的资信状况，包括但不限于客户法人主体是否适格、代理人身份信息是否真实、被授权人是否滥用职权或越权代理、代理期间是否在有效期内等方面，并妥善保存好客户的授权性文件，避免欺诈或表见代理的情况发生。

（三）履行阶段的防范策略

1. 加强合同履行的跟踪管理

合同执行是一个动态的过程，需要全程跟踪与管理。首先，各方都应按合同约定履行合同。作为卖方需按照合同约定的供货时间、地点，提前做好准备，确定商品的数量、规格、型号、收货地址等信息无误后，安排发货，并在发货单上写明规范、详细的产品信息，及时将相关资料进行归档。其次，安排业务员负责跟进买方的付款情况，并根据约定的付款时间及时督促买方付款，且付款要选择安全、高效、便捷的付款方式，涉及汇票、支票等票据类业务的，应在收到票据的同时，及时办理入账（转账）手续，严禁业务人员私下收取现金货款。最后，开票时应严格按照合同约定的客户名称、金额等开票信息进行开票，避免虚开风险发生。将发票送交客户时，应与客户做好发票签收书面记录。作为买方也应按照合同的相关约定，履行支付货款义务，如已接收的货物与约定标准不同或产生较大偏离，应及时联系卖家，维护自己的权利。

2. 强化个别管理和总额管理

企业资信管理部门应定期统计企业应收账款周转率、应收账款占销售额的比例、平均收款期以及坏账损失等数据，按账龄编制分析表，预估潜在风险，以便企业及时调整信用政策。总之，企业应区分客户性质，有针对性地施策管理。比如大客户，销售额大，资信较好，直接影响企业的收益，甚至影响企业的生存能力。因此，需要专门建立合同履行情况记录表，随时调取履行情况，及时更新履行信息。同时，还要持续对其进行深入的信用调查，注意股权投资结构、主要经营管理人、财务状况的变化等等。而小客户则收益较小，风险也比较小，进行总额管理即可。另外，对与企业有经常性业务往来的老客户也不能放松危机管理意识，也应将其纳入日常管理范围统一管理，做到像新客户一样对待。

（四）催收阶段的防范策略

赊销业务的存在不可避免地会产生应收账款的催收问题。催收方式有打电话、信函通知、登门拜访、律师函催收、诉讼和仲裁等，如何选择合适的催收方式高效回收账款是一直困扰企业的难题。在催收阶段应注意以下几点建议：

1. 正确使用法律武器

应收账款的催收首选私力救济的方式，主要包括打电话、信函通知、登门拜访等比较柔和的方式；其次，可选择公力救济的方式，包括申请仲裁、提起诉讼等。需要注意的是，采取私力救济应合法行使自身权利，不可采取过度披露对方信息和紧盯公司股东个人等可能违法的方式。在私力救济过程中要注重保留催讨的事实证据，以及具有法律效力的书面文件，以便后续采取法律措施使用。当私力救济效果不佳时，应及时采取申请仲裁、提起诉讼等公力救济的方式依法维护自身权益。另外，对于资金充足但拖延支付的客户，可采取申请支付令这种比较快捷的方式；对于已达到破产界限的客户，为了在对方清算时能够得到清偿，应及早向法院提起诉讼；对于已陷入债务危机的客户，应视其是否还具备发展潜力，具备潜力的，可利用债务重组等方式，合理有效地避免损失，不具备潜力的，应及时启动债权人申请破产程序，减少损失。

2. 注意诉讼时效

根据《民法典》的规定，诉讼时效期间为 3 年，起算点的计算是以知道或应当知道权利被侵害时开始。企业应当在法定的时效期间内及时行使自己的权利，否则，债务人可以行使诉讼时效的抗辩权，债权就有可能会丧失法律的保护。为了避免出现以上问题，企业可采取积极有效的措施来中断诉讼时效，使诉讼时效期间重新起算，如：及时催促债务人履行合同到期债务，并留下催收的证据；在约定时间内未支付或未全额支付的，可让债务人重新签订还款计划书，注明还款期限，以便重新确定债务；每年编制对账单，与客户核对确认收款情况及欠款金额，并签字盖章，以明确双方之间存在的赊欠关系；如客户还款有困难，或有能力还款却还款意愿不强，可直接采取法律手段，依法申请支付令、提起诉讼、申请仲裁等。

三 应收账款的化解

应收账款的回收一直是企业的头号难题。有些企业回收方法不当，回收效果也不好，往往是耗费了大量人力、物力却没有收回账款。实际上，应收账款的回收是很复杂的问题，需要具体问题具体分析。对于应收账款回收难度大的，还可以采取以下几种措施来化解：

（一）债转股

企业应收账款根本上说是一种债权，为实现应收账款的化解，将应收账款转化为债务人企业的股权是一种合法且合理的制度，这种方式即债转股。对于一时陷入财务困难但仍有发展潜力的债务人，债权人将债权转化为股权可以减少企业应收账款的坏账损失。根据我国《公司注册资本登记管理规定》规定的债转股制度，债权人可以将对债务人的债权转化为对债务人的投资，实现债权转股权。实施债转股需要满足以下条件。

1. 主体条件

债转股的两方主体分别是债权人和债务人，也就是应收账款的收款方和付款方。债权实施转化后，债权人即成为债务人的投资人或股东，其所持有的债权转化为投资额。当然，需要注意的是，债务人必须是在中国境内设立的公司，否则不可以实施债转股。

2. 债权条件

我国《公司注册资本登记管理规定》对债转股的债权做了一些限制规定，即需要经过一些前置程序确定债权，具体而言需要符合以下条件之一：（1）债权人已依合同约定履行债权所对应的义务；（2）债权经过法院的生效判决或仲裁机构的裁决确认；（3）公司破产重整或和解期间，列入经人民法院批准的重整计划或裁定认可的和解协议。另外，一项债权有两个以上债权人的，各债权人对债权应当已经做出明确分割。

（二）债的转移

债的转移是指债的权利义务等内容不变，只是债的主体发生变更，使得债的内容在不同民事主体之间发生移转。根据变更的主体不同，可以分为三种情况：债权人变更的称为债权转让，债务人变更的称为债务承担，债权人与债务人同时变更的称为债的概括转移。由于应收账款是债权的一种形式，正确实施债的转移可以对应收账款的化解起到良好的效果。如债权人将应收账款即债权转让给他人，实现应收账款的回收；又如债务人将其应付账款即债务转让给他人，也能够使债权人的应收账款得到回收。

1. 债权转让

债权转让是指债权人将其享有的债权转移给第三人享有。一般须由原债权人与新债权人签订转让协议，协议签订时转让即生效。因债务人向谁履行债务性质都是一样的，因此法律并不要求征得债务人的同意，但为便于债务人正确履行债务，法律规定了债权转让须及时通知债务人。通知可以由原债权人发出，也可以由新债权人向债务人发出。如果因为通知没有及时发出，导致债务人向原债权人履行了义务，而原债权人也接受了履行，则债归于消灭，新债权人只能依据转让协议向原债权人进行追偿，无权再向债务人请求履行。

债权转移完成后，原债权人即被新债权人所取代，原债权人的权利转由新债权人行使。这些权利包括原债所包含的主权利与一切从属权利，如违约金、保证、抵押约定等。债权转移的，原债权人要对债权的真实、合法和有效几方面承担保证责任，如果原来的债权有瑕疵，原债权人应当向新债权人承担赔偿责任，但原债权人对债能否得到履行属于新债权人风险自担行为，一般不须承担责任。新债权人在接受债权转移时应对债务人的履行能力和信用加以判断，自行承担债务人不履行义务的风险，无权向原债权人追偿。

除法律规定的那些与人身密切关联的债权如因人身伤害向加害人要求赔偿的权利等不得转移外，其余债权一般都允许转移。应收账款的实质就是债权，只要找到合适的承受人，债权人可以通过转让债权的方式回收其应收账款，实现应收账款的化解。

2. 债务承担

债务承担是指债务人将债务转移给第三人承担。与债权转让不同，债务的转移除应签订转让协议外，还须经债权人同意。因为债务转移后原债务人不再承担合同义务，而新债务人的履行能力和信用对债能否得到履行有决定性的影响，关系到债权人的实际利益。出于公平考虑，必须给予债权人足够的时间和机会对新债务人的财务情况、履行能力和信用进行充分了解和判断。债权人不同意债务转让的，转让行为不得对其发生效力。

债务承担对债的从权利的影响与债权转移也不同，债务转移后，从属权利并不随之转移。比如原债关系中第三人所设定的质押和保证，在债务转移时不能延续到对新债务人的担保。因为质押和保证具有很强的针对性，第三人是基于其对特定债务人的信任或一定的关系，自愿与其共担债务才设定。根据法律规定，只有保证人或出质人明确表示愿意继续对债务负担保责任，原来的质押和保证才能对新债务人继续有效。

债务转移需要注意债应当具有可转让性，除那些具有人身性质的债务，如著作、演出、特定的承揽等债务因与债务人的特定身份、特有的审美、水平、风格、声誉等紧密相连，不能转移外，一般债务均可转移。应收账款的实质是债权，债权人想要化解其应收账款，可以建议债务人寻找合适的承受人，承接债务人的应付账款，这样债权人可以通过监督债务人转让债务的方式更换支付人，以便回收其应收账款，实现应收账款的化解。

3. 债的概括转移

债的概括转移是指出让人将其所享有的债权和承担的债务一并转移给第三人概括承受，第三人成为法律关系的新当事人。出让人的全部权利和义务，包括债权与债务的主权利义务和从权利义务均由该第三人享受与承担。合同转让和企业合并是债概括转移的两种常见形态。合同转让是指合同成立后，一方经相对方同意，将己方的权利义务转由第三人享有和承担。需要注意的是，债的概括转移需要经过相对方的同意。

债的概括转移是债权转让和债务承担的综合版，对债权人来说，债务人之间权利义务的转移其实质是更换了其应收账款的支付人，只要概括转移操作合法，对债务人来说这无疑是更可靠的应收账款回收方式。

（三）诉讼

诉讼是应收账款回收中常用的手段，也是化解应收账款比较有效的措施。当合同相对方没有按照合同履行的，企业可以收集证据材料到法院提起诉讼要求对方支付。诉讼是相对于企业私力救济措施的一种解决机制，诉讼有强制执行力，能够保证判决结果的履行。它还是其他化解方式的前提，比如一些债权转股权就要求所转债权经过诉讼或仲裁为前提。但诉讼也有周期长、成本高等缺陷，因此，诉讼并不是企业首选的应收账款解决机制。

（四）保理

保理也是一种应收账款化解的方式，可以说是针对应收账款产生的一种化解机制。保理业务是一种集资金融通、应收账款管理、催收和担保于一体的综合性业务。保理合同是我国《民法典》合同编新增的一种合同形式，从立法的角度正式确认了保理关系。保理是指应收账款的债权人将现有的或将有的应收账款转让给保理人，保理人提供资金融通、应收账款管理或者催收、应收账款债务人付款担保等服务的合同。其内容一般包括业务类型、服务范围、服务期限基础交易合同情况、应收账款信息、保理融资款或者服务报酬及其支付方式等。保理合同的规定确立了合法的保理法律关系，为应收账款的处理增加了一种合法的方式，有利于企业资金融通，促进企业应收账款的管理和催收。

债权人在运用保理合同化解应收账款时，应注意保理合同须采用书面形式。另外，保理关系实质上也是一种债权转让关系，只不过是由专门的保理机构承担资金融通和应收账款催收等功能，基本的法律关系还是债权的买卖或转让，也就是另一种意义上的更换债务人，因此，谨慎选择保理机构对企业来说至关重要。企业在选择保理机构时应注重其是否具备相应的资质，以及是否具有资金融通、管理和催收应收账款的能力。

第三节　企业知识产权管理

知识产权是指权利人基于智力成果所依法享有的专有权利，一般是国家对创造者在一定期限内提供的专有权或独占权保护。在企业经营中，不可避免地会涉及知识产权问题，但由于我国知识产权研究较晚，保护也不够全面，导致企业对知识产权的保护意识相对薄弱。企业在发生知识产权纠纷时一般难以应付，给企业生产经营特别是向国外发展等埋下了巨大隐患。企业名称权、商标权和专利权是企业经营中常见的几种类型，企业须了解相关常识，不断累积相关纠纷防范技能，提升保护意识，增强保护能力。

一 企业名称权

（一）企业名称权的含义

企业名称权是指企业依法将名称进行登记，经核准登记注册后，使用该名称的权利。企业名称如同人名，是企业以独立的主体资格从事商事活动时使用的代号或字号，企业名称具有区别他人、表彰主体及其信誉的作用。但与人名不同，企业名称还具有排他效力和救济效力。

（二）企业名称权的性质

企业名称权的性质属于绝对权和私权，这两种权利衍生出排他效力和救济效力。排他效力和救济效力共同保障了企业名称权的行使。排他效力可以防止其他企业在同区域或同行业内登记使用相同的名称；救济效力则是当发生其他企业盗用、冒用或诋毁企业名称的侵权行为时，企业有权采取停止侵害、消除影响等救济措施保障自身权益。

1. 排他效力

排他效力是指企业名称一旦核准登记，就会产生排斥其他企业在一定区域内以相同或相似的名称在同行业进行登记的效力。企业名称要取得名称权需要进行核准登记。企业名称登记的作用主要表现在经登记的名称企业具有"独家"使用权，可以防止其他企业使用相同或相近名称造成混淆和不正当竞争，影响企业商业信誉和侵害商业利益。核准、登记注册等程序能确保企业名称在一定区域或行业内不发生重名。《企业名称登记管理规定》第6条的规定从制度上保证了企业名称权的排他效力。

2. 救济效力

救济效力即企业针对其已登记注册的名称权被其他企业侵犯时，可以要求侵权人停止侵权或采取相应法律措施维护企业权利的效力。企业名称权因登记而创设，因登记而取得法律保护的效力。擅自使用他人已经登记注册的企业名称或者有其他侵犯他人企业名称权行为的，被侵权人可以要求侵权人停止侵权，或者请求主管机关责令侵权人停止侵害或直接向人民法院起诉。

（三）企业名称权的保护

企业名称权是一种独占使用权，其他企业未经授权使用的可能构成侵权。一个企业的名称本身并不足以体现其价值，企业经过长期经营和宣传等投入而使名称承载的商业信赖和品牌效力才是企业名称的价值。侵犯名称权的行为一般都会使企业名称的价值受损，如有损害，该企业可以请求经济赔偿。

未经授权使用他人企业名称权的侵权行为比较常见的有冒用、盗用和故意混淆几种。冒用他人企业名称即冒名使用他人企业的名称，利用他人企业名称的良好商誉为自己企业带来不正当利益的行为；盗用他人企业名称是指未经权利人许可，擅自以他人企业名称进行营利活动的行为。而故意混淆则是指行为人故意将自己的企业名称与他人的企业名称相混同，让消费者误认为二者之间有一定关联从而获得不正当利益的行为。另外，诋毁他人的企业名称或不按授权范围和约定期限使用企业名称的，也是侵犯企业名称权的行为。侵权行为发生后，企业有权依据我国《民法典》的规定要求侵权人停止侵害、恢复名誉、消除影响等。

二　企业商标权

（一）企业商标权的含义

企业商标权是指企业对经法律确认并给予保护的商标所享有的权利。它包括商标专用权、商标续展权、商标转让权和商标许可权等。在市场经济活动中，商标的运用极为广泛，商标是企业信誉的象征，它代表着企业商品的质量，而消费者认牌购货的趋势逐步上升，因此，许多企业都非常注重商标的管理，当然，一些企业却不积极提高自己的产品质量和服务质量，想方设法侵犯他人的商标专用权，严重侵犯了消费者的合法权益，侵犯商标所有人的合法权益。

（二）企业商标权的取得

我国企业商标权的取得目前有两种：注册取得和使用取得。对采取何种方式取得商标权，我国并没有强制规定，注册与否采取自愿原则。两种取得方式在取得上有着难易悬殊的区别，在保护程度上也存在较大的差异。

1. 使用取得

企业可以通过使用取得商标权，这种商标在使用时不需要到有关部门进行审查，因此，能够比较容易取得商标权。按照我国法律规定，除了烟草等个别商品类别之外，商标使用人可自行选择商标并进行使用，不需要到商标局进行注册。但这种方式取得的商标权一般来说是一种事实上的权利，需要按照《反不正当竞争法》和民法的原理来进行保护。因其权利来源不是《商标法》，权利人也不能依《商标法》对其未注册的使用商标进行保护。从这个方面来说，通过使用取得商标的企业应当注意其中所包含的风险，提前采取措施加以防范。不同于《商标法》对注册商标的绝对保护，使用取得的商标权人在商标保护方面可能需要承担过重的举证义务，并且不能适用《商标法》来得到保障，一旦使用的商标被他人注册，则企业经过长期使用与维护获得的商誉和商标价值等于拱手让人。近年来，商标恶意抢注的案例时有发生，企业使用多年累积的品牌效力可能一朝就被他人截取。因此，企业在成立时或发展到一定阶段时应当充分考虑商标注册的问题。虽说注册与否不会影响使用，但为得到较全面的保护，商标注册无疑是更优的选择。对于有更大愿景的企业，比如国际化企业，还应该考虑注册范围的问题。不仅要在国内注册，还要根据自己的产品销售以及潜在市场扩张需求，选择不同的国家进行商标国际注册。

2. 注册取得

商标权的另一种取得方式是通过注册机关对商标的核准注册而取得。商标注册是指申请人按照规定的程序提出申请，由商标局进行审查，审查合格的才能予以登记并公告。一般来说，商标注册时并不强制要求企业证明已经实际使用目标商标，只要申请人具有"使用意图"就可以在相关商品类别上申请商标注册。但是通过核准注册的商标，其商标权的维持却需要企业必须使用商标，如果在一定时间内不使用商标的，可能会丧失商标权。根据我国《商标法》的规定，商标注册人如果连续三年不使用注册商标的，则商标局可以撤销商标注册。商标注册后，商标权利人还需要接受有关单位、个人的监督。对不符合商标注册条件的商标，商标评审委员会可以撤销注册。同时商标局也可以依职权对注册商标进行监督，如果发现注册商标属于不应当注册的情形，可以撤销商标注册。经过核准注册的商标可以依据《商标法》和国际相关商标保护法则得到很好的保护。一旦发生侵犯商标权的行为，企业可以采取一系列措施维护企业利益。

（三）企业商标权的价值

商标的价值是由商标的信誉、知名度的高低决定的。而商标的信誉和知名度又通过商品的市场占有率反映。也就是说，商标商品的信誉好、知名度高，则商品市场占有率就会比较高，那么企业商标的价值就比较大。具体来说，商标的价值体现在以下几方面。

1. 商标的信誉

商标所承载的商品信誉是商标价值的基础，也是商标价值的重要因素。它具体表现在商标对驱动消费者在同类商品中选择商标商品的能力，是一种从市场上直接获利的能力。这种市场获利能力直接反映商标的市场竞争力和企业商标信誉的高低。商标的信誉还包括企业通过对商标的持续性宣传投入和对商标产品的品质、使用体验等方面的投入，使消费者建立起对商标的信任和认可。消费者基于对该商标的认可和偏爱，在选择同类产品时自然就会在商标的指引作用下直接购买该商标负载的商品。也就是说，有信誉的商标不仅能够产生区别产品来源的作用，还能产生直接引导消费者认标购货的效果。可见，商标的信誉对于商标的价值具有举足轻重的作用。

2. 稳定性程度

企业长时间宣传和维护的商标往往具有更高的商标价值。一些消费者往往认为使用历史更久的商标更可信。一般来说，一个商标能够经历较长的历史变迁而不被取代，一定是有其"过人之处"的。商标的长期使用和维护使商标更具有稳定性，而这种稳定性又能反映出商标更高的价值。

3. 商标的受保护类型

注册商标根据使用范围和影响力等因素，还可以分为驰名商标和一般商标。商标是否是驰名商标是影响商标价值的一个非常重要的因素。驰名商标在同类产品中数量有限，其价值自然比一般商标要大得多。这是因为驰名商标本身"自带光环"，具有极强的创利能力。驰名商标的超强创利能力来自于商标的法律特别保护和较高信誉，一般商标则没有这些特点。另外，如果企业使用的某一商标是其所处市场的龙头产品的商标，那么它的价值比一般产品商标的价值也要大得多。

4. 商标的保护范围

从地域上看，有国内注册商标与国际注册商标之分。商标在多国获得注册，符合国际惯例，比仅在某一国注册的商标价值就大一些。如果该商标在全球性发展中已付出巨额资金培植，获得了比一般商标更大范围的市场竞争力，该商标价值就更大。

5. 商标的使用期限

商标的有效使用期限受商标法使用期限和剩余使用期限的影响，同时也受到负载商标的产品生命周期及其所处阶段的影响。其中前者属于商标的法律规定问题，主要涉及商标权的续展。商标权有效期即将届满时企业应注意按相关规定进行商标续展，否则可能导致商标权的丧失。由于续展不一定都能获得核准，并且在商标出售、许可使用过程中商标续展义务人可能会因为各种原因不能及时地办理续展手续，商标就面临着失效的风险，因此距离商标续展日期的长短也是企业商标权价值评估的重要因素。

（四）企业商标权的保护

随着消费者认牌购货的趋势逐步上升，企业间的竞争更多集中在商标领域，生产力方面的竞争逐步被削弱。由于商标能使消费者钟情于某种商标产品，使企业产品在市场上具有更强竞争力，能够使企业直接从市场上获利，因此，很多企业在商标方面动起歪脑筋，商标侵权的现象也时有发生。

1. 侵犯注册商标权的行为类型

（1）未经许可使用。商标权是一种独占使用权，要使用他人商标应征得商标持有人的许可，否则无论故意或过失使用都是侵权。

（2）销售明知是假冒注册商标的商品。这是对于销售者与经营者责任的规定，对于销售或经营的商品，销售者或经营者有义务审查商品来源和商标等信息，对于假冒注册商标的产品，不得销售，明知而销售的即构成侵权行为。

（3）伪造、擅自制造他人注册商标标识或者销售伪造、擅自制造的注册商标标识。这是对注册商标标识的保护，不论任何形式的商标标识均由商标持有人制造或销售，任何人未经同意的制造即伪造商标行为当然构成侵权行为。销售伪造的和擅自制造的商标也同样是属于侵权行为。

（4）其他损害注册商标专用权的行为。如在同一种或者类似商品上使用与他人注册商标相同或者近似的文字、图形作为商品名称或者商品装潢，并足以造成误认的；故意为侵犯他人注册商标专用权行为提供仓储、运输、邮寄、隐匿等便利条件的。

2. 侵权行为的处理后果

对注册商标专用权的侵犯行为，任何人均可以向侵权人所在地或者侵权行为地的县级以上市场监管部门控告或者检举。市场监管部门可以进行调查与核查，对于确实侵犯注册商标权的，有权采取责令停止销售；收缴并销毁侵权商标标识；收缴作案工具等措施处理。另外，还可以对未构成犯罪的侵权人进行违法经营额五倍以下的罚款。同时，侵权人还应当赔偿被侵权人的损失。对假冒注册商标构成犯罪的，应由司法机关依法追究刑事责任。

三　企业专利权

（一）专利权的概念与内容

专利权是一种重要的知识产权，指发明创造人或其权利受让人对特定的发明创造在一定期限内依法享有的独占实施权。具体而言，专利权包括实施许可权、转让权以及标示权等权利。实施许可权是指专利权人可以许可他人实施其专利技术并收取专利使用费的权利。转让权是指专利权人以书面合同形式转让其专利权的权利，除签订合同外，须向专利行政部门登记，由专利行政部门予以公告，专利权的转让自登记之日起生效。中国单位或者个人向外国人转让专利权的，还必须经有关主管部门批准。标示权是指专利权人享有在其专利产品或者该产品的包装上标明专利标记和专利号的权利。专利权以公开发明的成果为前提，集人身权和财产权于一体，须经专利局授予。

（二）专利权的性质

专利权的性质主要体现在三个方面：排他性、时间性和地域性。排他性，也称独占性或专有性，指专利权人对其拥有的专利权享有独占或排他的权利，未经其许可或者出现法律规定的特殊情况，任何人不得使用，否则即构成侵权。时间性指法律对专利权人的保护是有期限的，超过这一时间限制专利权随即成为人类的共同财富，任何人都可以利用。地域性指任何一项专利权只受一定地域内的法律约束，专利权的产生与保护都有一定的地域限制。即依一国法律取得的专利权只在该国领域内受到法律保护，而在其他国家则并不必然受该国法律的保护，除非两国之间有双边的知识产权保护协定，或共同参加了有关保护知识产权的国际公约。

（三）专利权的客体

专利权的客体，即专利法的保护对象，是指依法应授予专利权的发明创造。根据我国《专利法》的规定，专利权的客体包括发明、实用新型和外观设计三种。

1. 发明

发明是指对产品、方法或者其改进所提出的新的技术方案。发明是一种新的技术方案，是发明人将自然规律在特定技术领域进行运用和结合的结果，而不是自然规律本身，因而科学发现不属于发明范畴。同时，发明通常是自然科学领域的智力成果，文学、艺术和社会科学领域的成果也不能构成专利法意义上的发明。根据专利审查制度的规定，发明分为产品发明和方法发明两种类型，既可以是原创型的发明，也可以是改进型的发明。产品发明是关于新产品或新物质的发明，这种产品或物质必须经人类加工产生，不能是自然产生的。方法发明是指为解决某种问题而发明的手段和步骤。根据法律规定，可以申请专利的方法主要有制造方法和操作使用方法两类，前者如产品制造工艺、加工方法等，后者如测试方法、产品使用方法等。改进发明是对已有的产品发明或方法发明所做出的实质性革新的技术方案。如，爱迪生发明了白炽灯，白炽灯是一种前所未有的新产品，可以申请产品发明；生产白炽灯的方法可以申请方法专利；给白炽灯填充惰性气体，其质量和寿命都有明显提高，这是在原来基础之上进行的改进，可以申请改进发明。

2. 实用新型

是指对产品的形状、构造或者其结合所提出的适于实用的新的技术方案。实用新型专利只保护产品。该产品应当是经过工业方法制造的、占据一定空间的实体。如自然存在的雨花石不能获得实用新型专利保护。上述方法包括产品的制造方法、使用方法、通讯方法、处理方法、计算机程序以及将产品用于特定用途等。如一种齿轮的制造方法、工作间的除尘方法、数据处理方法等。

3. 外观设计

又称为工业产品外观设计，是指对产品的形状、图案或者其结合以及色彩与形状、图案相结合所做出的富有美感并适于工业上应用的新设计。外观设计的载体必须是产品，该产品必须是经过工业方法制造的物品，不包括自然产生的物质。可以构成外观设计的组合有：产品的形状；产品的图案；产品的形状和图案；产品的形状和色彩；产品的图案和色彩；产品的形状、图案和色彩。

（四）专利权的限制

专利权人取得专利权并非意味着一直绝对地拥有此权利，在一些情形下专利权人的权利也会受到限制，最为典型的就是强制许可。强制许可又称为非自愿许可，是指国务院专利行政部门依照法律规定，不经专利权人的同意，直接许可具备实施条件的申请者实施发明或实用新型专利的一种行政措施。其目的是为了促进获得专利的发明创造得以实施，防止专利权人滥用专利权，维护国家利益和社会公共利益。我国《专利法》将强制许可分为三类：合理条件的强制许可、根据公共利益需要的强制许可和从属专利的强制许可。

《专利法》第48条规定，具备实施条件的单位以合理的条件请求发明或者实用新型专利权人许可实施其专利，而未能在合理长的时间内获得这种许可时，国务院专利行政部门根据该单位的申请，可以给予实施该发明专利或者实用新型专利的强制许可。

关于公共利益需要的强制许可，指的是当国家出现紧急状态或者非常情况时，或者为了公共利益的目的，专利行政部门可以给予实施发明专利或者实用新型专利的强制许可。如果是为了公共健康目的，对取得专利权的药品，可以给予制造并将其出口到符合我国参加的有关国际条约规定的国家或者地区的强制许可。

关于从属专利的强制许可是指取得专利权的发明或者实用新型比之前

的已经取得的专利权更具有技术进步性，其实施又有赖于前一发明或者实用新型的实施的，可根据后一专利权人的申请，给予实施前一发明或者实用新型的强制许可。

（五）专利权的保护

1. 保护范围

发明或者实用新型专利权的保护范围以其权利要求中明确记载的必要技术特征所确定的内容为准，发明或实用新型的说明书及附图可以具体解释其权利要求。发明或者实用新型专利权的保护范围还包括与该必要技术特征相等同的特征所确定的范围。外观设计专利权的保护范围以表示在图片或者照片中的该外观设计专利产品为准。一般来说，确定外观设计是否相同或近似，应当以同类产品为基础。

2. 侵权认定

在专利权有效期限内，行为人未经专利权人许可又无法律依据，以营利为目的实施他人专利的，被认定为专利侵权行为，具体表现为：制造、使用、销售、许诺销售、进口和假冒专利等侵犯他人专利的行为。

3. 侵权后果

根据《专利法》及其有关法律的规定，侵犯专利权的行为将承担民事、行政或刑事责任。具体来说，民事责任方面包括停止侵权、赔偿损失和消除影响等。行政责任方面由专利管理机关责令侵权行为人停止侵权行为、责令改正、罚款等，专利管理机关应当事人的请求，还可以就侵犯专利权的赔偿数额进行调解。如果假冒他人专利，情节严重的，将对直接责任人员追究假冒专利罪等刑事责任。

四 企业知识产权风险防范建议

知识产权的客体是智力成果，属于无形财产，在权利享有和保护上与有形财产截然不同。知识产权的价值较大而保护相对不易，故而，知识产权极易遭到侵害，引发纠纷。企业知识产权纠纷，直接涉及侵权者和被侵权者的利益，对于两者都会带来不同程度上的损失。这种情况下，企业需要在日常经营中提高知识产权保护意识，一方面是生产销售中不侵害其他企业的知识产权，另一方面要加强对自身知识产权的保护。具体可从以下防范措施入手：

1. 通过技术创新提高企业竞争力

我国一直倡导并鼓励企业创新发展，对于广大企业来说，技术创新、经营模式创新、管理创新等几乎在企业的每个阶段、每个方面都可以实施。实践证明，模仿与照抄只会葬送企业前程，只有企业的独特创新，才能够形成企业的强劲竞争力，企业生命力才能持久。但对大部分企业特别是中小企业而言，独立研发和创新并非易事。我国企业普遍存在人才、技术、资金条件不足的问题，因此，企业应依据自身实际，在传统产业的基础上，通过技术创新来提高企业竞争力，还可以通过产业升级，向科技型企业转变。特别是中小企业，应积极融入科技元素，在原材料选用、产品设计等方面都要提高技术含量，为企业发展积淀科技实力，进而提高企业的竞争力。

2. 采用多元措施保护企业知识产权

企业应加强对产品或准备开发的新产品在知识产权保护方面的投入，不仅包括按照知识产权相关法律规范注册取得专利权、著作权、商标权等，以获得法律的保护，还应在企业经营、管理、合同设置等各方面都采取合理的措施，综合施力、全面策划，与企业经营管理紧密衔接。如对于研发成功的新产品，可以采用申请专利加以保护，也可选择作为商业秘密加以保护，还可采用科技成果鉴定、分散零部件加工渠道等保护措施；具体而言，要根据企业的实际情况，进行专业的分析和策划，通过安排具体措施来对企业商业秘密、专利申请等进行有效保护。一般情况，可以采用如下方式：对于采用了具有公知特点以及专有特点的技术部分应定为专利技术；而将新产品技术秘密的核心部分及易被仿造和特有部分，申请为商业秘密，将新产品技术及商业信息加以保护。对于新产品开发中的设计、程序、新产品配方、制作工艺、实验方法，与新产品经营密切相关的具有秘密性质及具有经济价值的信息，包括客户名单、货源情报、产销策略、财务状况等，应加强日常管理。此外，企业还应全面策划企业知识产权保护措施，应包括商业秘密、专利、著作权、商标以及反不正当竞争等多种法律保护手段的妥当衔接，找出最适合企业实际情况的法律保护手段与策略，并使之成为一个完整的体系。

3. 建立和完善企业知识产权预警机制

企业在日常经营管理中常常重视产品生产与销售工作，而忽略企业产品知识产权方面的信息收集、分析处理和及时报告等。知识产权纠纷一旦爆发，对侵权人或被侵权人都会产生损失，因此，知识产权风险重在防范而非事后解决。企业应主动在生产和销售中增加知识产权方面的投入，以防止知识产权纠纷的发生。具体而言，建立知识产权的预警机制非常重要。企业有必要设置专门的人员负责知识产权纠纷的防范工作，主要负责企业产品在知识产权方面相关信息的收集，分析知识产权信息、提出专业意见，及时、准确上报知识产权方面的风险，为企业决策层做出正确判断保驾护航。企业知识产权预警机制应包括两方面的工作：一是保护好企业自身的知识产权，二是避免企业侵犯其他企业的知识产权。以专利方面为例，企业需要对已授权的专利采取各项保护措施以维护企业专利权，如在专利产品上标明专利标记、专利号、专利权人；妥善保管专利证书、按时缴纳专利费等；定时评估专利价值，有多项专利的还应当按专利的价值区别保护，对于有实施价值的可以考虑继续开发与投入生产，对于失去长期价值的专利，也可以即时分析，做出决策以节省资源；专利技术转让时，应签订规范的书面合同，并到专利局登记等。对于新的专利申请可能侵犯到企业利益的，应及时向专利局提出意见，已经授予专利权的可以请求撤销或宣告无效。在避免侵犯其他企业知识产权方面，企业应严格遵守知识产权相关法律规范，做好调查，确保企业合法实施知识产权，对新产品的开发加入知识产权方面的研究，确保产品各方面不侵犯他人知识产权。

第四节　财税法律风险防范

财税风险是企业经营中最大的风险之一，是专业度较高、最难控制或者说自控较差的一种风险。巨大的市场竞争压力和税务部门"互联网+"的征管方式给企业带来了巨大的财税风险。公司财税风险，贯穿于企业经营决策、战略规划、日常经营的各个环节，每一个微小环节出现问题都可能引发较大的财税风险，给企业带来较大的经济和声誉损失，企业必须加强财税风险防控。

一 企业涉税民行风险

从宏观上来看，企业涉税常见的风险大致可以分为民事风险、行政风险和刑事风险，鉴于刑事风险所涉内容繁多，而且也是所有风险中最为严厉的责任风险，为此，有关刑事风险的内容后文做详细介绍。

（一）民事风险

我国《税收征收管理法》第 4 条规定，纳税人和扣缴义务人必须依照法律、行政法规的规定缴纳税款、代扣代缴、代收代缴税款。根据上述法律的规定，纳税主体分为纳税人和扣缴义务人两类。

纳税主体承担的民事责任具有以下四方面的特征。（1）只有民事主体违反税法规定才需要承担民事责任，即违反税法是承担责任的前提。（2）民事责任的承担方式以损坏赔偿为主，具有补偿性。（3）受害对象是国家或者是纳税人。前者是纳税人未依法纳税侵害国家利益；后者是因扣缴义务人或者税务代理人的责任，导致税务机关对纳税人进行处罚致使纳税人受到损害，此时，纳税人、扣缴义务人或者税务代理人之间产生民事责任。（4）归责原则适用无过错责任原则，即只要不依法纳税，就要承担法律责任，且最终必须缴清所欠税款。

纳税主体在税收征纳过程中，随时都可能面临着一系列的民事风险，具体而言，纳税主体的民事风险可分为纳税人的民事风险和扣缴义务人的民事风险两类。

1. 纳税人的民事风险

纳税人的民事风险主要是指纳税人未依法纳税，损害国家利益所要承担的民事赔偿责任，包括：纳税人未按照规定期限缴纳税款，扣缴义务人未按照规定期限解缴税款，税务机关除勒令限期缴纳外，从滞纳税款之日起，按日加收滞纳税款万分之五的滞纳金。归纳起来，民事责任就是因延期纳税导致的滞纳金征收法律后果。

我国税法上的滞纳金不是行政处罚，具有损害赔偿性质，是纳税人占用国家税款的一种补偿，是纳税人或者扣缴义务人占用国家税金所支付的补偿。滞纳金和利息制度都是税收延迟的损害补偿，但我国现行《税收征收管理法》只对纳税人退税的利息进行了规定，而没有规定纳税人延迟纳税的利息规定。企业在经营中，要充分注意涉税事项的管控，处理好按时纳税的工作，切勿因延期而导致企业运行成本的增加。

2. 扣缴义务人的民事风险

扣缴义务人是税法规定的在其经营活动中负有代扣税款并向国库缴纳的单位和个人，扣缴义务人必须按税法规定代扣代缴，并按规定期限缴库，但扣缴义务人本身并不是负担税收债务的税收法律关系当事人，换而言之，所有的企业都有可能成为扣缴义务人，对在企业工作的所有员工可能涉及的纳税额进行代扣代缴。在我国，扣缴义务人是法定的，只有法律、法规明确规定的主体才需要承担扣缴义务。扣缴义务人对于未按照规定期限解缴税款，税务机关除勒令限期缴纳外，可以按日加收滞纳金，也就是说，扣缴义务人对代扣代缴的行为负有支付滞纳金的责任。

（二）行政风险

企业财税中面临的行政风险主要是企业违反税收法律规范，尚不构成犯罪，由税务机关或相关部门所给予的税收行政处罚。按照处罚的对象不同，税收行政法律责任的种类主要包括：责令限期改正、责令限期缴纳、吊销税务登记证、收回税务机关发给的票证、吊销营业执照、采取税收保全措施、采取税收强制执行措施、没收违法所得、罚款等。税收行政处罚，适用于各类纳税人和扣缴义务人，可以是企业、事业单位，也可以是个体工商户、承包经营户等从事生产经营的个人。结合税收违法行为的性质，常见的税收行政违法行为主要有违反税务登记管理制度、违反账簿管理制度、违反发票管理制度、违反纳税申报制度、违反税款征收制度及其他税务当事人的行政违法行为等。针对以上一系列的制度，企业运营过程中要建立规范的财税管理制度，明确财务人员的日常工作职责，提升财务人员的专业能力，让其为企业规范运营承担应有责任，避免企业因违反财税法律、法规、规章遭受行政处罚。

二 企业涉税刑事风险

近年来，很多公司因为对财税风险防控不严出现税收违法问题，企业经营和声誉都遭受了不小损失。税收是国家主要的收入来源，一直受到严格的监管，而企业是主要的纳税主体，承担着重要的纳税义务。由于经济环境复杂，税收监管体制和法律体系的不完善，以及企业法律意识的淡薄，企业往往置身于巨大的涉税刑事风险中。

（一）涉税刑事主要罪名

刑法上对于涉税犯罪的规定体现在第 201 条至第 212 条，共两类犯罪，"税款类"和"发票类"。"税款类"犯罪分别是逃税罪、抗税罪、骗取出口退税罪和逃避追缴欠税罪。"发票类"犯罪主要是围绕各类发票展开的诸如伪造、虚开、购买、出售、非法持有等行为所导致的犯罪。近年来，无论是税款类犯罪还是发票类犯罪，数量变化总体上都呈现上升趋势，而且"发票类"犯罪案件数量明显多于"税款类"。两类犯罪的"高发区"都十分突出，"税款类"犯罪中的高发罪名是逃税罪，而"发票类"犯罪中的高发罪名是虚开增值税专用发票、用于骗取出口退税、抵扣税款发票罪。涉税类犯罪入刑门槛低，量刑重。

1. 逃税罪

逃税罪是指纳税人采取欺骗、隐瞒手段进行虚假纳税申报或者不申报，逃避缴纳税款数额较大，并且占应纳税额百分之十以上，扣缴义务人采取欺骗、隐瞒等手段，不缴或者少缴已扣已收税款，数额较大或者因逃税受到两次行政处罚又逃税的行为。下面是一个典型的触犯逃税罪的案例。

某房地产开发有限公司于 2010 年 1 月 17 日取得税务登记证，由倪某担任法定代表人并实际经营管理。该公司自 2010 年至 2014 年在某市休闲广场北侧开发"中央花园"项目期间，应纳税款共计 2000 多万元，采取虚假申报、不申报的方法逃避缴纳税款共计 500 多万元，逃税比例占应纳税额大约 22%。案发后，被告单位将所欠税款全部补缴。2015 年 1 月 19 日，被告人倪某主动到公安机关投案，并如实供述了上述事实。

法院认为，房地产开发有限公司作为纳税义务人，采取欺骗、隐瞒手段进行虚假纳税申报或者不申报，逃避缴纳税款数额较大并且占应纳税额 10% 以上，其行为已构成逃税罪；被告人倪某作为被告单位直接责任人，对单位实施的逃税行为负有直接责任，其行为亦构成逃税罪。案发后，被告人倪某作为被告单位直接管理人员主动到公安机关投案，如实供述单位的犯罪事实。法院最后根据法定和酌定情节判决某房地产开发有限公司犯逃税罪，判处罚金 100 万元；被告人倪某犯逃税罪，判处有期徒刑 2 年，缓刑

3 年，并处罚金人民币 20 万元。

我国《刑法》规定，纳税人采取欺骗、隐瞒手段进行虚假纳税申报或者不申报，逃避缴纳税款数额较大并且占应纳税额 10% 以上的，处 3 年以下有期徒刑或者拘役，并处罚金；数额巨大并且占应纳税额 30% 以上的，处 3 年以上 7 年以下有期徒刑，并处罚金。扣缴义务人采取前述手段，不缴或者少缴已扣、已收税款，数额较大的，依照有关纳税人的规定处罚。对多次实施前两款行为，未经处理的，按照累计数额计算。而且，税务机关还要依法下达追缴通知，要求纳税人或扣缴义务人补缴应纳税款，缴纳滞纳金，已受行政处罚的，不予追究刑事责任；但是，5 年内因逃避缴纳税款，受过刑事处罚或者被税务机关给予 2 次以上行政处罚的，仍要被追究刑事责任。

从前述法律规定可以看出，逃税数额、比例仍然是认定偷逃税属于行政违法行为还是刑事犯罪行为的重要界限。刑法中对于逃税罪的规定，将逃税的手段概括规定为"采用欺骗、隐瞒手段进行虚假纳税申报和不申报"，而《税收征收管理法》则采用列举式规定。显然，在偷逃税手段方面，逃税罪的刑法规定更为周延，某行为是否构成偷税行为，只看客观还是要考虑主观，税法实践中仍然存在争议，但某一行为要构成逃税罪，行为人必须存在主观故意。

2. 逃避追缴欠税罪

逃避追缴欠税罪是指纳税人欠缴应纳税款，采取转移或者隐匿财产的手段，致使税务机关无法追缴欠缴的税款，数额较大，应受刑罚处罚的行为。该罪以纳税人存在欠税为前提，纳税人超过税收法律、行政法规规定的期限或者纳税人超过税务机关依照税收法律、行政法规规定确定的纳税期限未缴纳的税款，包括：办理纳税申报后，纳税人未在税款缴纳期限内缴纳的税款；经批准延期缴纳的税款期限已满，纳税人未在税款缴纳期限内缴纳的税款；税务检查已查定纳税人的应补税额，纳税人未在税款缴纳期限内缴纳的税款。税务机关根据《税收征收管理法》第 27 条、第 35 条核定纳税人的应纳税额，纳税人未在税款缴纳期限内缴纳的税款；纳税人的其他未在税款缴纳期限内缴纳的税款。构成该罪同时有手段及结果的要求，即采取转移或隐匿财产的手段，致使税务机关无法追缴欠税的结果发生。欠税的纳税人满足上述手段及结果的情形下，数额在 1 万元以上的，即应予立案追诉。

3. 骗取出口退税罪

骗取出口退税罪是指采取以假报出口以及其他欺骗手段，骗取国家出口退税款，数额较大，应受刑罚处罚的行为。该罪主体通常是出口退税的申请人；主观方面为直接故意，并且具有骗取出口退税的目的。在行为上主要表现为以假报出口等欺骗手段，骗取国家出口退税款，数额较大的行为；所谓假报出口，是指行为人根本没有相应的出口行为，但为了骗取国家的出口退税款，采取伪造、骗取有关单据、凭证的手段，谎报虚报产品出口，从而骗取出口退税。以假报出口或者其他欺骗手段，骗取国家出口退税款，数额在五万元以上的，应予立案追诉。

需要特别注意的是，纳税人缴纳税款后，采取假报出口或者其他欺骗手段，骗取所缴纳税款的，依照逃税罪的规定定罪处罚；骗取税款超过所缴纳的税款部分，依照骗取出口退税罪定罪处罚。

4. 虚开增值税专用发票罪

虚开增值税专用发票罪属于虚开增值税专用发票、用于骗取出口退税、抵扣税款发票罪的其中一类，是指违反国家税收征管和发票管理规定，为他人虚开、为自己虚开、让他人为自己虚开、介绍他人虚开增值税专用发票，情节严重、应受刑罚处罚的行为。虚开增值税专用发票罪不仅可能追究开票人的刑事责任，受票人和介绍人也可构成该罪，依法追究刑事责任。该罪主观方面表现为故意，而且一般都具有牟利的目的。需要注意的是，虚开方式既包括为自己虚开、为他人虚开，也包括让他人为自己虚开和介绍他人虚开，只要实施其中一项，就可能构成该罪。而判断是否属于虚开，主要是看相关发票是否有对应的业务。《最高人民法院关于虚开增值税专用发票定罪量刑标准有关问题的通知》明确指出，对虚开增值税专用发票刑事案件定罪量刑的数额标准，可以参照《最高人民法院关于审理骗取出口退税刑事案件具体应用法律若干问题的解释》第3条的执行规定，即虚开的税款数额在5万元以上的，处3年以下有期徒刑或者拘役，并处2万元以上20万元以下罚金；虚开的税款数额在50万元以上的，认定为"数额较大"；虚开的税款数额在250万元以上的，认定为"数额巨大"。上述"数额较大"、"数额巨大"的情形分别对应"处3年以上10年以下有期徒刑，并处5万元以上50万元以下罚金"、"处10年以上有期徒刑或者无期徒刑，并处5万元以上50万元以下罚金或者没收财产"的刑罚。虚开增值税专用发票罪是否应以"具有偷逃税收的目的"、"对国家造成税收损失"为认定要件，实践中存在一定争议，而最高人民法院对此一直态度鲜明，从相关答复意见、案件裁判结果来看，不具有骗取国家税款的目的，未造成国家税款损失，不构成虚开增值税专用发票罪。

5. 虚开发票罪

除虚开增值税专用发票、用于骗取出口退税、抵扣税款发票外，实践中常见的虚开情形还包括虚开其他发票，《〈刑法〉修正案（八）》新增一项关于虚开其他发票的犯罪规定，情节严重的，处 2 年以下有期徒刑、拘役或者管制，并处罚金；情节特别严重的，处 2 年以上 7 年以下有期徒刑，并处罚金。单位犯前款罪的，对单位判处罚金，并对其直接负责的主管人员和其他直接责任人员处以刑罚。虚开发票罪与虚开增值税专用发票、用于骗取出口退税、抵扣税款发票罪的区别，主要体现虚开发票的类型不同。虚开增值税专用发票、用于骗取出口退税、抵扣税款发票罪是指虚开具有增值税抵扣功能和用于出口退税的发票，而虚开发票罪主要指虚开上述发票外的其他各种发票。也就是说，虚开普通发票同样有可能构成犯罪。虚开普通发票 100 份以上或者虚开金额累计在 40 万元以上，或者虽未达到上述数额标准，但 5 年内因虚开发票行为受过行政处罚 2 次以上，又虚开发票，及存在其他情节严重的情形就会被立案追诉。

（二）涉税刑事风险控制

企业作为主要的纳税主体，面对防不胜防的涉税风险，如果只涉及民事责任和行政责任，往往破财消灾，尚可弥补；一旦招致牢狱之灾，便是家破人亡。所以，企业应当树立强烈的法律意识，提前预防，做好风险的评估和规避工作。具体可以从以下几方面着手：首先，在合理的纳税时间内及时履行纳税义务；其次，在可能涉刑的情况下，及时补缴税款，缴纳滞纳金，接受行政处罚，并务必在刑事立案之前完成；最后，增值税专用发票的开具要与会计账簿记载、交易实质相互对应，被省略的中间环节也要体现出来，资金流动过程中不能出现矛盾记载。对于第三人为交易相对方代开的发票慎重处理，尽量不要接受。交易时除考虑商品的质量和价格之外，还要尽量选取与规模大、经营规范、信誉高、经营时间久的企业发生业务。尽量通过银行账户将款项支付到交易方的银行账户内，防止开票方与收款方不相符合的情形。另外，还要核查税务登记证、一般纳税人的申请认定表、发票领购簿、开具的发票、出库单、提供的收款银行账户、入库的账簿及凭证等资料，看其中的企业名称是否与实际发生的交易相一致。对合法性存疑的发票要暂缓付款和暂缓申报抵扣其中的进项税金，待查证落实后再作处理。

三　企业涉税发票管理

（一）发票的开具

1. 发票的领购

发票领购是用票单位和个人取得发票的法定程序，是发票投入使用的第一步。纳税人领购发票的审核是税务机关一项日常管理工作。纳税人办理税务登记后，即具有领购普通发票的资格，可根据经营需要向主管税务机关申请购票，用票单位和个人凭税务登记证件、经办人身份证明及发票专用章的印模即可办理领购发票手续。

不从事生产、经营活动，但临时有经营收入的单位和个人及虽已办理税务登记及领取发票，但临时取得超出领购发票使用范围的经营收入需使用发票的纳税人（餐饮、娱乐除外），可以向主管税务机关申请代开发票。申请人可以凭购销商品、提供或者接受服务以及从事其他经营活动的书面证明、经办人身份证明，直接向经营地税务机关申请代开发票。

未能取得营业执照或未经有关部门批准的从事生产、经营的纳税人应办理临时税务登记并领取发票；从事生产、经营的纳税人，应办而未办营业执照或不需办理工商营业执照而需经有关部门批准设立但未经有关部门批准的，应当自纳税义务发生之日起 30 日内申报办理税务登记。税务机关对无照户纳税人核发临时税务登记证及副本，并限量供应发票。无照户纳税人已领取营业执照或已经有关部门批准的，应当自领取营业执照或自有关部门批准设立之日起 30 日内，向税务机关申报办理税务登记，税务机关核发税务登记证及副本，已领取临时税务登记证及副本的，税务机关应当同时收回并做作废处理。

2. 发票的开具

发票的开具可以直接反映企业的经营状况，发票开具是否真实、完整、正确，直接关系到能否达到发票管理的预期目的。发票开具应注意以下问题：

（1）应在发生营业时开具发票。发票管理办法规定，单位和个人销售商品、提供服务以及从事其他经营活动，对外发生经营业务收取款项时，应当开具发票。《发票管理办法实施细则》规定，填开发票的单位和个人必须在发生经营业务，确认营业收入时开具发票。未发生经营业务一律不准开具发票。这里有两层含义：一是明确了开具发票的时间应为发生经营收入时，防止一些纳税人人为地提前或推迟开具发票的时间来逃避纳税义务；二是明确了单位和个人发生非经营性收入业务收取款项时，除特别规定的外，不得开具发票。发票限于对外发生经营业务收取款项时开具，单位内部各部门间发生不属于应税业务的结算往来款项，不得开具发票，可使用内部结算收据。

（2）应按规定规范开具发票。发票管理办法规定，开具发票应当按照规定的时限、顺序、栏目，全部联次一次性如实开具，并加盖发票专用章。《发票管理办法实施细则》予以补充规定，单位和个人在开具发票时，必须做到按号码顺序填开，填写项目齐全，内容真实，字迹清楚，全部联次一次打印，内容完全一致，并在发票联和抵扣联加盖发票专用章。未按规定规范开具发票的，根据发票管理办法，由税务机关责令改正，可以并处 1 万元以下罚款，有违法所得的予以没收。

（3）应按规定如实开具发票。发票管理办法规定，不符合规定的发票和假发票，不得作为财务报销凭证，任何单位和个人有权拒收。《税收征管法实施细则》规定，账簿、记账凭证、报表、完税凭证、发票、出口凭证以及其他有关涉税资料应当合法、真实、完整，如实开具发票是开具和取得发票双方都应遵守的行为规范，如有违反，将承担相应的法律责任。《发票管理办法》具体规定 3 种不得虚开发票的行为并禁止非法代开发票。对虚开发票和非法代开发票行为的罚款可达 50 万元，对违法所得一律没收；构成犯罪的，依法追究刑事责任。任何单位和个人必须依照法律法规的规定，如实、准确开具、使用税务机关统一监制的发票，否则需依法承担责任。

　　如果纳税人有虚开发票或非法代开发票这些违反发票管理办法的行为，同时导致其他纳税主体未缴、少缴税款或者骗取税款的，根据《发票管理办法》规定，税务机关将没收该纳税主体的违法所得，还可以处以罚款。因此，特别提醒纳税人要注意相关的发票开具行为。

　　3. 其他违法行为

　　《发票管理办法》第24条明令禁止任何单位和个人"转借、转让、介绍他人转让发票、发票监制章和发票防伪专用品；知道或者应当知道是私自印制、伪造、变造、非法取得或者废止的发票而受让、开具、存放、携带、邮寄、运输；拆本使用发票；扩大发票使用范围；以其他凭证代替发票使用"等5种具体禁止行为。

（二）发票的管理

　　1. 发票使用登记制度

　　发票由税务机关统一监制，并根据纳税人经营活动和行政管理的需要进行发售，不能随意发售，受到严格的限制。根据《发票管理办法》，纳税人办理税务登记后，即具有领购普通发票的资格，可根据经营需要向主管税务机关提出领购普通发票申请，同时，纳税人必须建立发票使用登记制度对发票使用情况进行自我监督和接受税务机关监督，定期、主动向主管税务机关报告发票使用情况，以便主管税务机关及时采取相应的发票管理或服务措施。在向税务机关申请查验已开具的发票时，应向主管税务机关提交已开具发票的存根联或电子数据以及开具的作废发票、红字发票等，并申报发票领购、使用、结存情况和税款缴纳情况。未按规定保存、报送开票数据的，除由税务机关责令改正外，可以处1万元以下罚款，有违法所得的予以没收。

　　由此可见，按规定报告发票领用存情况是用票单位和个人依照法律法规应履行的一项义务，是发票管理的关键程序，用票单位应按规定及时准确报送发票领用存情况，避免因未按规定报送发票的领用存资料而被处罚的风险。

　　2. 发票保管制度

　　开具发票的单位和个人领取了发票后，应按规定专人、专库、防火、防潮存放和保管。《税收征收管理法》规定，账簿、记账凭证、报表、完税凭证、发票、出口凭证以及其他有关涉税资料应当保存 10 年。《发票管理办法》规定，已经开具的发票存根联和发票登记簿，应当保存 5 年。也就是说，取得发票方取得入账的发票应当至少保存 10 年，开具方已开具的发票存根联应当至少保存 5 年，才能报经税务机关查验后销毁，即在此期间内，不得损毁发票、发票存根联和发票登记簿，以满足税务机关进行税务稽核等管理工作的需要，报经查验审核销毁后，税务机关发现有违法行为未经处理的，依法予以处理。

还需注意的是，丢失发票或者擅自损毁发票的，税务机关可以处 1 万元以下的罚款，情节严重的处 1 万元以上 3 万元以下的罚款，有违法所得的予以没收。另外，因税务机关的责任，致使纳税人、扣缴义务人未缴或者少缴税款的，税务机关在 3 年内可以要求纳税人、扣缴义务人补缴税款；因纳税人、扣缴义务人计算错误等失误，未缴或者少缴税款的，税务机关在 3 年内可以追征税款、滞纳金，有特殊情况的，追征期可以延长到 5 年。对偷税、抗税、骗税的，税务机关追征其未缴或者少缴的税款、滞纳金或者所骗取的税款，不受前述规定期限的限制。因发票是纳税人核算成本、税前抵扣的重要凭证，因此，建议在可能情况下，尽量保全发票、发票存根联及发票登记簿等涉税资料完整信息，以充分保障自身权益。

3. 四流合一

四流合一指的是发票流、资金流、合同流、货物流统一相对应。营改增后，企业财务及纳税核算管理需要满足合同流、货物（服务）流、资金流和发票流的"四流合一"，如果以上四项不能相互印证就有可能涉嫌虚开增值税专用发票，从而受到处罚。营改增后企业财税管理甚至提出了"五流合一"，即物流、资金流、信息流、合同流和发票流。纳税人向受票方纳税人销售了货物，或者提供了增值税应税劳务、应税服务；纳税人向受票方纳税人收取了所销售货物、所提供应税劳务或者应税服务的款项，或者取得了索取销售款项的凭据；纳税人按规定向受票方纳税人开具的增值税专用发票相关内容，与所销售货物、所提供应税劳务或者应税服务相符，且该增值税专用发票是纳税人合法取得、并以自己名义开具的。

如果出现"物流、合同流、资金流、发票流"不一致的情况，说明只有合同流、资金流、发票流的统一，虽然有资金流和发票流的票款一致，但是由于缺乏物流的支持和佐证作用，表面上的合同流很容易涉嫌假合同或阴阳合同。根据相关规定，没有货物购销或者没有提供或接受应税劳务而为他人、为自己、让他人为自己、介绍他人开具增值税专用发票的属于"虚开增值税专用发票"。对此，纳税企业一定要做到"四流合一"，避免某一环节上存在不符之处，最终酿成不可弥补的风险。

四　税收筹划与合法避税

（一）税收筹划的原则

1. 税收筹划概述

税收筹划源于 1935 年英国的"税务局长诉温斯特大公"案。当时参与此案的英国上议院议员汤姆林爵士对税收筹划做了这样的表述，"任何一个人都有权安排自己的事业。如果依据法律所做的某些安排可以少缴税，那就不能强迫他多缴税收。"[①] 这一观点得到了法律界的认同。经过半个多世纪的发展，税收筹划的规范化定义得以逐步形成，即"在法律规定许可的范围内，通过对经营、投资、理财活动的事先筹划和安排，尽可能取得节税的经济利益。税收筹划的前提条件是必须符合国家法律及税收法规；税收筹划的方向应当符合税收法规政策的导向；税收筹划的发生必须是在生产经营和投资理财活动之前；税收筹划的目标是使纳税人的税收利益最大化。所谓"税收利益最大化"，包括税负最轻、税后利润最大化、企业价值最大化等内涵，而不仅仅是指税负最轻。

税收筹划有利于企业经济行为的高效选择，增强企业竞争能力，可以增大企业现金流的使用空间，有利于企业获得延期纳税的好处，有利于企业正确进行投资、生产经营决策，获得最大化的税收利益，有利于企业减少或避免税务处罚。同时，也有利于实现国家税法的立法意图，充分发挥税收杠杆作用，增加国家收入。

2. 税收筹划原则

税收筹划有其固有的原则，主要表现在：纳税筹划的合法性、政策导向性、目的性、专业性和时效性等几方面。

合法性，纳税筹划必须在合法条件下进行，是在对国家制定的税法进

---

① 张亚平：《税收筹划的特征》，载《税收征纳》2001 年第 7 期。

行比较分析研究后，进行纳税优化的选择。从纳税筹划的概念可以看出，纳税筹划是以不违反国家现行的税收法律、法规为前提，否则，就构成了税收违法行为。因此，纳税人应具备与税收相关的法律知识，能够清晰辨别守法与违法的界限。纳税筹划的合法性是纳税筹划根本点，具体表现在纳税筹划运用的手段的合法性。

导向性，税收是国家经济调控中的重要手段，国家通过税收政策，引导纳税人进行纳税活动，以实现国家调控经济的目的。

目的性，企业进行纳税筹划过程中，其选择和安排都围绕着企业的财务管理目标而进行，以实现价值最大化和使其合法权利得到充分的享受和行使为中心。

专业性，由于纳税筹划是纳税人对税法的主动运用，是一项专业技术性极强的活动。它要求筹划者精通国家法律、法规，财会制度，并恰当地与当下的纳税环境结合，组合成能够达到实现企业财务管理目标、节约税收成本的目的。

时效性，国家的税收政策法令是纳税人进行理财的一个外部环境，它实际上给纳税人的行为提供空间，纳税人只能适应它，而无法改变它，纳税筹划受现行的税收法律政策所约束。然而，须注意纳税人面对的行为空间并不是一成不变的。

（二）税收筹划的途径

税收筹划本身是一项集合法律、财务于一体的科学性和体系性的专业活动，开展这项活动有很多途径。常见的途径有以下几种。

1. 用足政策

税法规定将减免税的权力收归国务院，保证了减免措施在全国的同一性。同时，税法又以法律的形式规定了各种税收优惠政策，企业应该加强这方面优惠政策的研究，力争经过收入调整使企业享受各种税收优惠政策，最大限度合法节税，壮大企业实力。同时，全国各地经济开发区如雨后春笋，该区域开出的招商引资条件十分诱人，大多均以减免若干年的企业所得税、减免各种费用等条件吸引资金、技术和人才。如果企业是高新技术产业或受鼓励产业，如此优惠的条件当然成为企业节约税收的优先考虑因素之一。当然，这些税收优惠政策大多是针对实体落地类企业出台，而对于商贸流通业和服务业很难享受到这些政策，但商贸流通企业经营地不受注册地影响，可以灵活实现业务转移，从而实现税源转移，这种转移甚至可以是跨省跨地区的，进而享受异地的税收优惠政策。另外，还要充分结合本行业的特点，关注国家对产业政策的优惠扶持，做好行业税收政策的专门研究与整理。

2. 转移定价

转移定价是企业节税的基本方法之一，它是指在经济活动中有关联的企业双方为了分摊利润或转移利润而在产品交换和买卖过程中，并不是按照市场公平价格，而是根据企业间的共同利益而进行产品定价的方法。采用这种定价方法，产品的转让价格可以略高于或低于市场公平价格，以达到节税的目的。转移定价的节税方法一般适用于税率有差异的相关联企业。通过转移定价，使税率高的企业部分利润转移到税率低的企业，最终减少两家企业的纳税总额。

3. 分摊费用

企业生产经营过程中发生的各项费用要按一定的方法摊入成本。费用分摊就是指企业在保证费用必要支出的前提下，想办法从账目中找到平衡，使费用摊入成本时尽可能地最大摊入，从而实现最大限度的避税。常用的费用分摊方法一般包括实际费用分摊、平均摊销和不规则摊销等。无论采用哪一种方法，费用越早摊入成本，初期费用越多，那节税的目的越能够实现。至于哪一种方法是最优的方法，需要根据预期费用发生的时间及数额进行综合筹划确定。

4. 筹资节税

筹资节税法是指利用一定的筹资技术使企业达到最大获利水平和税负减少的方法。对任何企业来说，筹集资金是一切的基础。资金是开始生产经营的最基本要素。一般来说，筹资方法有：争取财政拨款和补贴、金融机构贷款、自我积累法、社会集资和企业间拆借、企业内部集资。所有这些筹资方法基本上都可满足企业从事经营生产活动对资金的需求。从纳税角度看，这些筹资方法产生的税收后果都有很大的差异。同时，对某些筹资形式的利用可有效地帮助企业减轻税负，获得税收上的好处。如发行债券特别是发行股票，可以使企业税收负担最轻，这是因为当企业发行股票后，企业的股东增多，涉及许多公司和个人，这样有利于企业利润的平均分摊。另外，向金融机构贷款的筹资方式只涉及企业与银行两个部门，如果企业与银行有关联，可减轻税收负担，但这样的企业很少，这种筹资方法只能适用于特殊的企业。企业自身积累这种筹资方式，是长时间的过程。这种筹资方法中的资金来源于企业的利润，企业的利润必须缴纳税款，在上述筹资方式中，最后的方式所带来的税收负担最重。

5. 资产租赁

租赁是指出租人以收取租金为条件，在契约或合同规定的期限内，将资产租借给承租人使用的一种经济行为。从承租人来说，租赁可以避免企业购买机器设备的负担和免遭设备陈旧过时的风险，由于租金从税前利润中扣减，可冲减利润而达到节税的目的。

（三）税收筹划的风险防范

1. 税收筹划存在的风险

（1）税收筹划基础不稳导致的风险。中小企业开展税收筹划不能盲目，需要很多基础准备。税收筹划基础是指企业的管理决策层和相关人员对税收筹划的认识程度，企业的会计核算和财务管理水平，企业涉税诚信等方面的基础条件。如果中小企业管理决策层对税收筹划不了解、不重视、甚至对税收筹划的认识出现偏差；或是企业本身财务会计制度不健全，账目信息不真实，甚至企业还曾违反税法偷税漏税，在这样的情况下进行税收筹划，其风险性极强。这就要求企业在平时的经营管理中要做到规范、诚信，不要留下不可信的不良记录。

（2）税收政策变化导致的风险。指国家税收法规政策时效的不确定，随着市场经济的发展变化，国家产业政策和经济结构的调整，税收政策总是要做出相应的变更，以适应国民经济的发展。因此，税收政策具有不定期或相对较短的时效性。税收筹划是事前筹划，其筹划本身就是一个漫长的过程，在筹划过程中由于相关法律法规政策的变化，筹划方案很可能由合理变成不合理，由合法变成不合法，从而导致税收筹划的风险。

（3）税务执法不规范导致的风险。税收筹划本质上必须合法，要符合法律的内涵，但实践中是否合法需要税务行政执法部门认定。在这个过程中，客观上存在行政执法不规范导致税收筹划失败的风险。因为无论哪一种税，在纳税范围内，税务机关本身具有裁量权，税务行政执法人员对法律法规的理解也会出现不同，税收政策执行出现偏差的可能客观存在，其结果可能导致企业合法的税收筹划行为完全失败，或被认为是恶意避税或偷税行为加以处罚或放任企业违法的税收筹划行为，为税收筹划方案埋下隐患。

（4）税收筹划目的不明确导致的风险。税收筹划是企业财务管理的组成部分，税后利润最大化也只是税收筹划的阶段性目标，而实现纳税人的企业价值最大化才是筹划的最终目标。因此，税收筹划要服务于企业战略管理目标，要符合生产经营的客观要求，不能扰乱正常的财务秩序。税收筹划本身需要付出成本，其中一部分是开展税收筹划本身所发生的费用，另一部分是指纳税人由于采用拟定的税收筹划方案而放弃的利益，在税收筹划实务中，企业常常会忽视这样的机会成本，从而产生筹划成果与筹划成本得不偿失的风险。

2. 税收筹划的风险控制

（1）避免认识陷阱。税收筹划的出发点并不以违反税法和有关法规为前提，它所利用的是有关法规，尤其是税收法规的漏洞和税务机关征管合作的困难，从这个意义上来讲，税收筹划不具有违法性。另一方面，没有一个国家把税收筹划当作一种合法行为，通过法律加以保护，而相反，各国税务当局都在不同程度上开展了反筹划活动，并将有关反筹划条款单列或暗含在税收法规及有关规定之中。如果一味地强调筹划的合法性，忽视执法实践而与税务机关发生冲突，往往会导致税收筹划违法。还有一个错误认识：税收筹划就是进行巧妙偷税、逃税或骗税。这样的认识是极端错误的，会直接导致违法、违规行为。

（2）避免操作陷阱。税收筹划本身是一项复杂的实际操作，它不能简单地照抄理论，需要结合实际情况以及相关经验制订实施。税收筹划决策关系到企业所有经济活动，具有整体影响作用。只有满足特定的条件，税收筹划才能成功。单纯地为少缴税款而筹划，必然会掉入操作陷阱。企业进行税收筹划，如果不把企业各种目标联系起来考虑，只以税负轻重作为选择纳税方案的唯一标准，有可能会导致企业总体收益的下降，最终捡了芝麻，丢了西瓜。

（3）忽视筹划成本。任何税收筹划都有成本，在进行税收筹划减轻税负的同时，也会有相关成本支出。如果企业运用转让定价方式减轻税收负担，就需要花费一定的人力、物力、财力在低税区或国际避税地设立机构，在税收筹划前进行必要的税务咨询，甚至需要聘用专业的税务专家为其策划等；又如通过化整为零的方式，将一般纳税人身份转换为小规模纳税人，就会因为不能使用增值税专用发票而丧失一部分客户；再如，重新选择折旧计提方法和存货评价方式等，也要花费相应的成本。总之，在税收筹划时要进行"成本-收益"分析，以判断在经济上是否可行和必要，否则很有可能得不偿失。

总之，企业作为社会市场经济的重要主体，在为社会提供商品或服务的过程中，尽管是以赚取最大化的利润为目的，但现代企业要真正赢得社会的认可和尊重，能长期存活在社会上，就应勇于承担起更多的社会责任，其中依法纳税就是重要的责任体现，企业不能一味想方设法甚至冒着违法的风险去"节税"，稍有不慎可能演化为偷逃税，最终走向犯罪的道路，毁灭了整个企业的发展。税收筹划的基本原则是合法性，不管是何种筹划方法的采用，都要以现行法的规定为准绳，不能误判法律的严肃性，国家一切有关税收征纳的规定甚至包括优惠减免的规定，都是在促进企业的规范发展，企业要根据自身实际选用不同的立法规定，实现自身企业发展的同时惠及社会民众。

第五节　企业社会责任承担

利益最大化是企业追求的首要目标，这种局面下必然带来一系列的社会问题，如污染环境加剧、压榨员工、损害消费者利益等，恶性市场经营模式下逐步加剧社会贫富差距、周期性经济危机等，企业发展对社会的负面影响越来越严重。因此，企业社会责任开始在美国和欧洲的一些国家受到关注，目前各国政府都倡导甚至要求企业在实现利润最大化的同时，还要考虑员工、消费者、公众和国家的利益，履行环境保护、社区治理、就业等社会责任，实现企业宗旨和社会目标共同发展。

一　企业社会责任概述

企业社会责任，简称 CSR（Corporate Social Responsibility），是指企业在创造利润、对股东和员工承担法律责任的同时，还要承担对消费者、社区和环境等责任，企业的社会责任要求企业必须超越把利润作为唯一目标的传统理念，强调在生产过程中对人的价值的关注，强调对环境、消费者、对社会的贡献。

（一）企业承担社会责任的缘由

1. 企业社会性的需要

在社会主义市场经济条件下，企业是市场的主体，具有社会性，企业对社会的影响无论是广度还是深度都在不断扩张，企业与社会的关系是相互交织、相互作用的。此时，企业经营不仅要追求经济利益，同时还得兼顾企业对社会的正面影响。在经济社会全面发展的大背景下，企业履行社会责任不仅是为自身发展所需，更是企业作为社会主体应尽的责任与义务。

2. 构建和谐人文氛围的需要

企业的发展归根到底是人类社会的发展，其发展动力来源于社会的每一个人，因此，构建和谐的人文环境有利于企业的进一步发展。与企业联系最密切的人就是员工，构建和谐人文，从善待员工开始，这不仅能使社会稳定，还能使人力资源最大化被利用，获得双赢的效果。每一个员工背后有一个家庭，保障员工的权益关系到一个家庭的根本生活质量，一定程度上保障员工的各项利益，不仅仅是企业谋求发展壮大的经济问题，也是社会稳定和国家发展的政治问题。企业应当把以人为本、和谐社会、新发展理念落实到企业管理中，肩负起对员工各项的基本责任。

3. 承担社会共治的需要

国家主张"小政府大社会"，把更多的权利让渡给社会成员，企业作为一个聚集大量人才的社会组织，在社会中的作用也越来越重要，企业在承担并履行好经济责任的同时，也要为满足人民更好的物质生活和精神生活需要，为国民经济的快速稳定发展发挥自己应有的作用。企业在遵纪守法方面应当做出表率作用，在运营过程中应当严格遵守所有的法律规定，包括劳动合同法、环境保护法、消费者权益法等，合法诚信经营，带动企业的员工、所在的社区等社会成员共同遵纪守法，共建法治社会。

（二）企业承担社会责任的类型

在全面依法治国背景下，国家强调对公权力进行限制，让社会逐步形成有序的自我调节机制，这使得企业在社会中影响更加扩大，企业需要担负起越来越大的责任。企业能否发挥社会所渴望的作用，这取决于政府的政策，也取决于企业对企业责任承担的认识。企业应该对谁负责？负什么责？部分企业家认为企业在按法律规定完成纳税义务之后，就已经完成了企业对社会的责任，没必要再去额外承担一些其他社会责任，对企业造成巨大的负担。部分企业家认为企业首先要为自身的生存与发展负责，然后才能考虑到社会，这些观点都有一定的道理，但也存在一定的不足。归纳起来，企业要承担如下类型的社会责任。

1. 社会服务

企业是具有独立人格的主体，也是社会成员之一，因此，需要同每一位社会成员一样承担社会责任。企业在社会中能聚集且整合大量社会资源，则需要承担起更多的社会责任，正所谓能力越大，责任越大。这就不难解释企业为什么要承担社会责任了。

（1）科学发展与创新。企业保持创新和发展能促进企业不断进步，同时也为人类社会进步提供推动力，对人类进步具有巨大作用。科学发展和创新是一个公司经久不衰的内在动力，只有不断创新，适应新的社会环境，用技术为市场提供新服务，企业才能在多变的市场环境中屹立不倒。部分企业发展到一定程度会遇到瓶颈期，发展停滞不前，如目前我国部分高耗能企业的经济效益差，投入产出率低，要解决此类问题，关键还是要重视科技创新，通过科技创新，降低煤、电、油、气等资源的消耗，进一步提高企业效益。

2020年突发新冠肺炎，疫情期间为了降低疫区配送人员被感染的风险，部分物流企业启用自主研发的智能配送机器人来运送物资，用科技实现降低感染率，创新的工作方式对社会做出贡献。但科学也有被错误利用的情形，2018年的"基因编辑婴儿"事件引起法律与伦理的巨大争议，国家卫生健康委员会、科学技术部、中国科学技术协会等部门立即叫停项目并给予处分，同时，百余名科学家甚至发表联合声明表示"坚决反对、强烈谴责"。此次事件性质极其恶劣，科学的意义在于展现其天使而非魔鬼的一面，科学最后的底线，在于不该挑战人性和伦理的边缘，这是科学的自爱，更是技术的责任。

（2）发展慈善事业。法律虽然没有明文规定企业必须发展慈善，但是社会评价对此有考量，企业形象会影响消费者的选择，而慈善是影响企业形象因素之一。虽然我国经济在总体上已经位居世界前列，但平均到我国14亿多的庞大人口基数时，经济不再有优势，特别是农村脱贫任务更为繁重，社会经济发展程度不高、发展不平均的问题是需要国家解决的问题，同时也需要每一个社会成员参与其中，企业固然也不例外。社会的发展才能为企业发展创造良好的外部环境，企业的发展反过来可以推动社会的发展。企业的发展可以结合慈善事业，将扶贫之路结合发展之路，企业顺势而为，同时承担起部分社会责任。

部分企业将公益事业列为企业发展项目之一，长期参与慈善事业，已经做出成绩，也获得国家和人民的肯定。如企业援建乡村小学图书室、公益登山健步行活动、公益基金等项目，企业既积累了人气，又协助打造多元化的社会，给社会成员提供更多的帮助。

2. 解决就业

企业无论大小，都需要员工。企业给员工提供了稳定的工作，企业应当注重经营管理，合法规范地保障职工的权益，创设稳定工作岗位，使员工有稳定可预期的未来。人力资源是社会的宝贵财富，也是企业发展的支撑力量。保障企业员工的生命健康、确保员工的工作与收入待遇，这不仅关系到企业的持续健康发展，也关系到社会的发展与稳定。为了应对国际上对企业社会责任标准的要求，也为了将中央关于"以人为本"和构建和谐社会的目标落到实处，企业应承担起保护职工生命健康和确保员工待遇的责任。并且应当根据《劳动法》规定，给员工购买社会保险，其费用必须按时足额支付，使员工在年老、患病、工伤、失业、生育等情况下获得帮助和补偿，在员工退休、患病、负伤、因工伤残或者患职业病、失业、生育时，依法享受社会保险待遇。

3. 文化建设

（1）建设诚信文化。企业在经营过程中，应当遵守诚实信用原则，建立诚信文化。常言道："人无信，则不立。"企业如果不讲信用则将损害相对人的权益，严重的会扰乱市场秩序，这就需要企业在经营时，维护市场秩序，保障民众利益，必须承担起诚实守信、确保产品货真价实的社会责任。依据法律规定，公司从事经营活动，必须遵守法律法规，遵守社会公德、商业道德，诚实守信，接受政府和社会公众的监督，承担社会责任。

如食品生产经营者要对其生产经营食品的安全负责，应当依照法律法规和食品安全标准从事生产经营活动；医疗企业要以人民健康安全为要旨，保障依法、依照行业标准提供优质医疗设备和器材，提供人民满意的医疗服务；化工企业要承担起保护环境的责任等。多年前发生的"奶粉事件"给所有企业敲响了警钟，涉事企业在奶粉中添加化工原料三聚氰胺，导致大量食用该奶粉的婴儿患有肾结石。类似的企业为谋取利益铤而走险，违法违规、突破诚信底线，最终被依法追究责任，被社会所摒弃。企业的诚信文化建设、诚实信用经营不仅是社会责任，更是法律规定的义务，是企业经营活动的底线。

（2）建设企业文化。企业文化是企业长期生产、经营、建设、发展过程中所形成的管理思想、管理方式、管理理论、群体意识以及与之相适应的思维方式和行为规范的总和。建设实施企业文化，促使企业人文素质得以优化，最终提高企业竞争力，达到加速企业经济效益的增长。一般企业都会沉淀自己的文化，或有成文的规定或是不成文的"惯例"，以华为的企业文化为例，华为非常崇尚团队精神，强调学习、创新、获益、团结，华为的迅速发展与其企业文化建设息息相关。企业文化是国家文化的一部分，企业文化建设有利于国家文化建设，是承担社会责任的方式之一。

4. 依法纳税

国家科技、文化、社会的进步，离不开强大、稳定的财力保障，国家财政大部分来源于税收，依法诚信纳税是企业与公民应该承担的社会责任。税收"取之于民，用之于民"与人民的生活息息相关。我国法律明文规定了企业和个人的纳税义务，依法纳税国家才能履行其社会职能、政治职能和经济职能，实现国家宏观调控，解决市场经济中不完善的问题，并提供免费或低价的公共物品，如国防、司法、消防、公共设施等。企业应当自觉依法诚信纳税，违法避税不仅影响企业形象，同时也可能付出更多的成本。

5. 自觉保护环境

（1）可持续及绿色发展。中国人均资源紧缺，发展与节约资源应当相适应。改革开放以来，我国经济保持高速增长取得了巨大成就，与此同时，我们也付出了昂贵的代价，牺牲了环境和资源，造成生态失衡、环境污染等问题。以牺牲环境换取发展的方式不可取，目前生态环境问题已经是我国亟待解决的社会问题。国家一直号召企业坚持绿色及可持续发展，企业在治理环境污染及可持续发展中起到至关重要的作用，特别是那些高耗能企业。企业在追求经济利益的同时不能顾此失彼。作为企业家，更是要站在全局立场上，坚持可持续发展，调整产业结构，大力发展循环经济，用可持续及绿色的模式发展企业经济，使经济、环境和人类协调稳步发展，构建出一个人与社会、人与自然之间和谐共处的局面。

（2）保护自然环境。法律规定一切单位和个人都有保护环境的义务。企业生产经营过程中应当防止、减少对环境和生态的破坏，对所造成的损害依法承担责任。国家鼓励企业调整产业结构、企业结构、产品结构和能源消费结构。企业积极转变为节能、环保型企业，正视生态保护，科学合理利用自然给予我们的资源，不能以牺牲环境为代价谋求企业发展。企业在经营决策前要评估对环境的影响，在经营过程中也应当关注企业对环境的危害，及时发现，及时处理。

（三）我国企业社会责任的发展

企业社会责任理念在我国的推广实践，可追溯至20世纪90年代，当时市场经济地位刚刚确立，企业数量也越来越多，在国际贸易、全面经济合作的推动下，我国政府及企业逐步重视起社会责任问题，企业社会责任开始得到社会的广泛关注；在科学发展观、建设和谐社会、新发展理念的深入引导下，企业不断落实社会责任，实现企业经济责任、社会责任和环境责任的动态平衡。

尽管目前很多企业已经贯彻落实社会责任，但也存在部分企业逃避社会责任的情形：如无视自身在社会保障方面应起的作用，逃避税收及社保缴费；较少考虑社会就业问题，将问题甩向社会；较少考虑环保问题，以牺牲公共环境的代价牟取企业利润，向环境肆意排污；部分企业只求利益，不顾公众健康及权益，提供不合格的服务产品或虚假信息，与消费者争利或欺骗消费者；依靠压榨员工的收入和福利来为企业节约成本；缺乏提供公共产品的意识，搭便车现象严重；缺乏公平竞争意识，一些企业依仗互联网优势地位或者计划经济时期延续下来的垄断优势谋取垄断利润，排斥市场竞争，扰乱经济秩序；缺少诚信，恶意拖欠债权人款项，损害消费利益，虚假宣传等。

二 承担社会责任对企业的价值

企业最本质的责任是创造和追求经济利益，所有的企业责任都依赖于经济利益而存在。那么，企业承担社会责任将会给企业带来什么价值？承担社会责任对企业的意义又是什么？

（一）有助于赢得良好外部环境

社会责任是企业利益与社会利益的统一。企业与社区之间有着很强的共生关系：一方面，社区为企业提供部分原材料、水、电等后勤保障，并可以成为企业免费的广告宣传媒介，这些保障形成企业赖以生存和发展的外部环境；另一方面，企业则可以通过向社区劳动力提供就业机会、进行社区投资的方式促进社区经济发展，提高社区的各项指标，企业还能够适应社区政府的要求，为社区分忧解难。因此，企业将自身发展与社会发展相结合，企业发展的同时也促进周边社会发展，在企业周围的社区、民众、政府心中塑造良好形象。企业的生存成本包括固定资产、存货和社会评价如美誉度、品牌的认可等。一个企业对社会负责，会赢得政府、公众、商业伙伴等主体的认可，政府愿意为企业提供便利，公众愿意掏钱来购买企业的产品，商业伙伴愿意持续合作，营造良好的外部环境有利于降低企业的生存成本，同时也为企业长远发展打下良好的运营环境基础。

（二）有助于加强企业品牌建设

企业的发展离不开政府和社会公众的支持，企业获得支持的前提是赢得社会公众的青睐，而承担企业社会责任与企业形象的改善直接相关。企业履行社会责任的同时，也向社会公众表示并展示自己的经济实力，有助于增强公众对企业的认同感，使企业获得更多的社会支持，企业的信誉也会相应有所提高，更有利于企业在产品市场的竞争。企业通过参与公益项目，主动承担社会责任，既给自己的产品做了免费的宣传，又向社会表明了自己的文化取向和价值观念，营造并成为一个富有责任感的企业，让公众知道企业在经营活动中会把公众利益和社会利益放在重要的位置，如诚信、关心员工、注重产品质量等，都将有益于加强公众对企业的认同感，提升企业的品牌形象和顾客忠诚度，使企业获得更多的社会声誉，从而使企业赢得更大的利益。

（三）有助于提高企业的创新力

将企业社会责任与企业发展联系到一起，能为企业服务创新和产品研发带来一种新的方向。在企业战略、产品研发和服务时融入企业社会责任，能提供一个全新视角去看待企业运营和产品研发中遇到的问题，通过不断改进、更新现有模式、产品服务及流程，在不断改进中推动了企业的创新。如索尼公司在华企业通过创新、改进运输方式，使用轻量化和更节省资源的包装，简化船运包装，削减了包装垃圾，合理化仓储空间使运输效率得以提高，减少了运输能源和资源消耗。索尼把创新与企业的社会责任交融，使企业社会责任与创新相互作用，促进索尼的可持续发展。

（四）有助于提升员工的认同感

企业利润的直接创造者是员工，人力资源的积累与企业给予员工的工作条件和福利待遇分密不可分。企业尊重员工价值，保障并落实好员工各项权益、改善工作条件有利于提升员工的认同感并提高员工投入度，有利于提升企业绩效，同时提升员工幸福度，减少员工流失率，储备大量的人力资源，保障企业稳定经营，创造更多的利润，帮助企业的健康发展。

三　企业社会责任的法律规定

（一）环保责任的法律规定

企业环保责任指企业的生态责任，即企业在经济活动中认真考虑自身行为对自然环境的影响，并且以负责任的态度在力所能及的范围内将自身对环境的负面影响降至最低，目标是成为"资源节约型和环境友好型"的生态企业。

国家规划中明确要求重点耗能企业必须节能减排，此前国家发展改革委员会在《节能减排综合性工作方案》中明确中国实现节能减排的目标任务，目前已经取得阶段性的成果。在《环境保护法》中也明确规定一切单位和个人都有保护环境的义务，地方各级人民政府应当对本行政区域的环境质量负责。企业事业单位和其他生产经营者应当防止、减少环境污染和生态破坏，对所造成的损害依法承担责任。公民应当增强环境保护意识，采取低碳、节俭的生活方式,自觉履行环境保护义务。同时国家支持环境保护科学技术研究、开发和应用,鼓励环境保护产业发展,促进环境保护信息化建设,提高环境保护科学技术水平。

(二) 消防责任的法律规定

1. 办理消防安全许可证

企业经营的行业涉及聚集大量人群,需要注意消防安全问题,对于国家法律规定必须办理消防许可证的场所,要严格按照规定来执行。根据相关法律法规规定,以下行业属于需要办理消防安全许可证的场所:影剧院、录像厅、礼堂等演出放映场所;具有文化娱乐功能的夜总会、音乐茶座和餐饮场所酒吧;舞厅、卡拉 OK 厅等歌舞娱乐场所;洗浴中心场所;室内游艺、游乐场所;其他公共娱乐场所。

2. 法律依据

《消防法》规定公众聚集场所在投入使用、营业前,建设单位或者使用单位应当向场所所在地的县级以上地方人民政府消防救援机构申请消防安全检查。消防救援机构应当自受理申请之日起 10 个工作日内,根据消防技术标准和管理规定,对该场所进行消防安全检查。未经消防安全检查或者经检查不符合消防安全要求的,不得投入使用、营业。

《消防法》规定:机关、团体、企业、事业等单位应当落实消防安全责任制,制定本单位的消防安全制度、消防安全操作规程,制定灭火和应急疏散预案;按照国家标准、行业标准配置消防设施、器材,设置消防安全标志,并定期组织检验、维修,确保完好有效;对建筑消防设施每年至少进行一次全面检测,确保完好有效,检测记录应当完整准确,存档备查;保障疏散通道、安全出口、消防车通道畅通,保证防火防烟分区、防火间距符合消防技术标准;组织防火检查,及时消除火灾隐患;组织进行有针对性的消防演练;法律、法规规定的其他消防安全职责。单位的主要负责人是本单位的消防安全责任人。

(三) 其他责任的法律规定

1. 保护员工权益

企业向社会提供大量的就业岗位,解决就业问题,缓解就业压力。企业录用员工后应根据《劳动法》、《劳动合同法》等相关的法律规定，保障劳动者的合法权益。如规定企业必须为员工足额购买社会保险，应当创造条件，改善集体福利，提高员工的福利待遇等。

2. 企业合法合规经营

企业在日常经营活动中遵守商业规则，遵守法律规则：经营时依据《公司法》规定从事经营活动，必须遵守法律、行政法规，遵守社会公德、商业道德，诚实守信，接受政府和社会公众的监督，承担社会责任；依据《企业所得税法》及相关税收法律进行税务筹划；依据《消费者权益保护法》、《反不正当竞争法》、《反垄断法》、《民法典》等，进行正当、合理、合法、诚信的经营，共建绿色、健康的营商环境。总之，企业合法经营是承担社会责任的底线，企业承担社会责任对企业和社会具有现实意义，既促进社会发展，又促进企业进步，形成双赢的局面，未来将会有更多企业承担起社会责任。

第六节　企业解散风险管理

作为市场主体，企业与自然人同样具有一定的生命周期。企业可能因为投资者自行终止、经营失败、法定原因、破产清算等原因而解散或"死亡"。当企业出现上述情形时应该消亡，企业法律制度下称之为解散，解散是企业具备了"死亡"的前提条件。解散时企业应该依法履行清算的义务，与企业破产清算不同，企业解散后可能有剩余财产可供分配，如同自然人死亡后进行遗产及相关事务的清理，企业进行清算后才最终可以依法从社会主体中彻底消亡。破产是一种被动的解散，在竞争激烈的当代社会，企业破产十分常见，破产之后必然要进行清算。破产清算是经法院裁定企业正式进入破产程序后所进行的清算，目的主要是对企业的资产、负债及所有者权益至裁定破产日的账面数进行核实确认。

一　企业解散与清算概述

企业解散是企业终止制度的重要组成部分，也是企业退出市场的重要法律途径。清算作为企业法人人格存续的最后阶段，其能否有序、公平有效地进行，对于有效保护股东、债权人和利益相关人的权益都有重要意义。

（一）企业解散概述

企业解散是基于一定的正当事由而使企业消灭的法律行为。企业解散的方式很多，诸如股东决议解散、章程规定解散、合并分立解散、判决解散、破产等。企业解散需要按照一定的制度对财产等进行清算。基于解散事由的不同，分为自愿解散和强制解散。自愿解散由企业自身启动，启动的原因可能因为企业的经营期限届满，可能因为企业章程规定的解散事由出现，可能根据股东会或股东大会决议解散，也可能因为企业合并、分立的原因等。强制解散因解散权力机关不同，分为行政解散和司法解散。行政解散由企业行政主管机关主动启动，如《公司法》规定虚报注册资本、提交虚假材料或者采取其他欺诈手段隐瞒重要事实取得公司登记，情节严重的，撤销公司登记或者吊销营业执照。司法解散是指人民法院依据当事人的请求依法裁决企业解散的一种程序。司法解散的特点有如下三点。（1）解散程序应当由企业股东或法定的国家机关提出；在市场经济背景下，企业自主管理有关事务，企业事务通常由企业及相关人员向人民法院提出，在企业或相关人员提出或申请前，人民法院不能擅自做出相应的法律文书解散企业。（2）解散一定要有法律规定的事由，并按照法律规定的程序和条件启动解散程序。（3）司法解散是保障企业及有关人员权利的最后一道防线，企业解散后具有不可逆的特性，主要原因在于司法解散会影响企业的长远利益和存亡。企业解散意味着企业没有存续的必要，即将退出历史舞台。

（二）企业清算概述

企业清算是企业终止的前置程序。企业终止的原因包括企业的解散和企业的破产，所以，企业清算包括破产清算和正常清算两种。正常清算一般指企业自愿解散或因经营管理陷入僵局而被人民法院解散后，为终结企业的一切法律关系，使企业实现法律意义上的死亡，由企业自行或者由法院，按照法定程序、法定条件对企业债权债务情况、现有资产情况及未完成的业务情况等进行清理、处置，最后予以注销企业的程序。清算是企业退出市场的重要机制，与市场的准入机制一起构成了市场主体的"生"与"死"。

根据《公司法》的规定，企业因一定原因导致解散，应按照相应的程序进行清算。企业解散应当自行组织清算，企业逾期不成立清算组清算的，为了保护有关权利人的利益以及维护市场经济秩序，债权人可以向人民法院提起强制清算的申请，指定有关人员组成清算组进行清算，人民法院应当受理该申请，并及时组织清算组进行清算。破产清算是一种特殊的诉讼程序，在人民法院主导下由破产管理人负责清算，要严格依照《企业破产法》的程序进行，无须企业投资者和经营管理者负责清算。其中，因企业合并、分立而解散终止的，解散前所有的债权债务由合并、分立后的企业承担，不必进行清算。

二　企业解散的注意事项

（一）企业正常解散的情形

根据法律规定、公司章程规定的不同以及行使主体的不同等，我国现有的几种企业解散情形如下：

1. 公司章程规定解散

章程是企业设立、变更、消灭的依据之一，企业的经营期限届满或者出现其他解散事由时，企业自动解散。但在此种情形下，可以通过修改企业章程而使企业继续存在，并不意味着企业必须解散。《公司法》规定，有限责任公司经持有⅔以上表决权的股东通过或者股份有限公司经出席股东大会会议的股东持有的表决权的⅔以上一致通过修改公司章程的决议，公司可以继续存续。

2. 股东决议解散

股东会或股东大会是公司的最高权力机关，股东通过表决的形式来行使股东权利。公司解散属于公司经营中的重大事项，根据《公司法》及章程的规定，经⅔以上表决权的股东同意，可以形成解散公司的决议。

3. 企业合并或分立解散

企业合并是指两个或两个以上的企业依照《公司法》规定的条件和程序，通过订立合并协议，共同组成一个企业的法律行为。企业合并可分为吸收合并和新设合并两种形式。吸收合并又称存续合并，是将一个或几个企业并入其他单个企业的一种法律行为，被合并的企业消灭，丧失法人资格，接收企业在有关行政部门办理相应变更手续后继续存在。新设合并是两个或多个企业合并后组成一个全新企业的一种法律行为，被合并的所有企业消灭，新设的企业应当依法进行登记才能取得法人资格。企业分立是将原有企业分立为两个以上的新企业，原有企业解散消灭。

4. 被吊销、撤销或责令关闭

企业在经营过程中，因违反法律规定而被有关行政机关依法决定吊销、撤销或责令关闭，国家通过这种形式来终止企业的经营活动，消灭企业的法人资格。如《公司法》第213条规定，利用公司名义从事危害国家安全、社会公共利益的严重违法行为，应吊销公司的营业执照。

5. 判决解散

当企业经营管理发生严重困难，股东会、董事会等决策机构出现僵局，无法对企业经营管理活动做出决策，或企业经营管理发生其他严重困难，企业继续存在会严重损害股东的利益，穷尽其他方法无法解决的，持有企业10%以上表决权的股东可以向人民法院提起解散企业的诉讼。

（二）企业正常清算的流程

企业解散后，清算需要符合一定的程序，违反程序的，相关义务人会因此承担相应的责任。企业正常清算一般需要满足以下程序。

1. 组建清算组

根据《公司法》和有关司法解释的规定，有限责任公司和股份有限公司的清算义务人分别是全体股东和控股股东、董事。清算组的组成人员分别是全体股东和股东大会确定的人员、董事会成员。当企业出现解散事由时，清算义务人应当根据法律规定在15日内组成清算组并开始清算。自解散事由出现之日起超过15日未组建清算组清算的，人民法院可以根据债权人的请求指定有关人员组成清算组清算，部分清算义务人也可以申请人民法院指定清算组。人民法院应当受理该等申请，并及时组织清算组进行清算。人民法院受理公司清算案件，清算组成员可以在以下人员或机构中选择：（1）股东、董监高人员；（2）依法成立的会计师事务所、律师事务所、破产清算机构等社会中介机构；（3）会计师事务所、律师事务所、破产清算机构等社会中介机构中具备相关专业知识且具有执业资格的人员。

2. 通知、公告债权人

清算组成立后，应书面通知债权人，并在报纸上公告清算事宜。通知债权人必须在清算组成立之日起 10 日内进行，登报公告必须在清算组成立之日起 60 日内完成，可以选择全国或营业地省级有影响的报纸进行公告。

3. 债权申报

（1）债权人应当自接到通知书之日起 30 日内，未接到通知书的自公告之日起 45 日内，向清算组申报其债权。清算组应当对债权进行登记。

（2）在申报债权期间，清算组不得对债权人进行个别清偿，个别清偿行为无效。

（3）企业清算时，债权人对清算组核定的债权有异议的，可以要求清算组重新核定。清算组不予重新核定，或者债权人对重新核定的债权仍有异议，债权人以企业为被告向人民法院提起诉讼请求确认的，人民法院应予受理。

（4）补充申报。债权人在规定期限内未申报债权，在企业清算程序终结前补充申报的，清算组应予登记；债权人补充申报的债权，可以在企业尚未分配财产中依法清偿；企业尚未分配财产不能全额清偿，债权人有权主张股东以其在剩余财产分配中已经取得的财产予以清偿，但债权人因重大过错未在规定期限内申报债权的除外。

4. 破产申请

（1）企业自行清算的，在清理企业资产、编制资产负债表和财产清单后，如发现剩余财产不足以清偿债务，清算组应当向人民法院申请宣告破产。企业经人民法院裁定宣告破产后，清算组应当将清算事务移交给人民法院，依《企业破产法》处理。这种情况下，也有不转入破产清算程序的可能，那就是企业财产首先足以清偿所欠员工工资、社保费用和经济补偿并且足以缴纳所欠税款，这时剩余财产虽然不足清偿企业全部债务，但只要清算组能与全体债权人达成按照一定比例清偿债务后其余债务免除的协议，先由债权人免除部分债务，然后制定全额清偿清算方案，由破产企业股东会（股东大会）或破产受理法院确认后实施。全额清偿清算有效的前提是不能损害与破产企业有关的其他利害关系人利益，而且对破产企业的债权人没有遗漏。

（2）人民法院指定的清算组在清理企业财产、编制资产负债表和财产清单后，发现破产企业财产不足清偿债务的，可以与债权人协商制作有关债务清偿方案。债务清偿方案经全体债权人确认且不损害其他利害关系人利益的，破产受理法院可依清算组的申请裁定予以认可。清偿债务后，清算组应当向破产受理法院申请裁定终结清算程序；债权人对债务清偿方案不予确认或者人民法院不予认可的，清算组应当依法向人民法院申请宣告破产。

（3）债权人或者清算组，以企业尚未分配财产和股东在剩余财产分配中已经取得的财产，不能全额清偿补充申报的债权为由，向人民法院提出破产申请的，人民法院不予受理。

（4）企业法人已解散但未清算或者未在合理期限内清算完毕，债权人申请债务人破产清算的，除债务人在法定异议期限内举证证明其未出现破产原因外，人民法院应当受理。

5. 清理企业财产并制定清算方案

清算组在清理企业财产、编制资产负债表和财产清单后，应当制订清算方案，并报股东会、股东大会决议确认；人民法院指定组成清算组的，应经人民法院确认。未经股东会、股东大会或人民法院确认的清算方案，清算组不能执行。

6. 方案执行及股东剩余财产分配请求权

清算组清理后的企业财产要按顺序进行清偿，分别支付清算费用、员工工资、社保费用和经济补偿、所欠税款、企业债务。清偿企业债务后的剩余财产，有限责任公司按照股东的出资比例分配，股份有限公司按照股东持有的股份比例分配。如果股份有限公司发行了优先股，应当优先向优先股股东支付未派发的股息和公司章程约定的清算金额，不足以支付的，按照优先股股东持股比例分配。企业清算结束后，清算组应当制作清算报告，报股东会、股东大会确认，人民法院指定清算的，应报人民法院确认，然后报送企业登记机关，申请注销企业登记，公告企业终止。

清算组切不能因为企业没有财产清偿债务，就不去进行清算，这种做法视为清算组未履行清算义务，会损害企业债权人的权益，导致清算组对企业债权人承担赔偿责任。企业破产制度是保护企业股东"有限责任"的有效手段，只有破产程序终结后，企业无法清偿的债务才能免除，清算义务人要充分发挥其效用。

（三）清算义务人及其责任

清算义务人未依法履行清算的法律责任分以下几种情形：

（1）有限责任公司的股东、股份有限公司的董事和控股股东未在法定期限内成立清算组开始清算，导致企业财产贬值、流失、毁损或者灭失，债权人有权主张其在造成的损失范围内对企业债务承担赔偿责任。因实际控制人原因造成的，债权人也可以主张实际控制人对企业债务承担相应责任。

（2）有限责任公司的股东、股份有限公司的董事和控股股东，因怠于履行义务，导致企业主要财产、账册、重要文件等灭失，无法进行清算，债权人有权主张其对企业债务承担连带清偿责任。因实际控制人原因造成的，债权人也可以主张实际控制人对企业债务承担相应责任。

（3）有限责任公司的股东、股份有限公司的董事和控股股东以及公司的实际控制人，在企业解散后恶意处置企业财产给债权人造成损失，或者未经依法清算，以虚假的清算报告骗取企业登记机关办理法人注销登记，企业债权人可以主张其对企业债务承担相应赔偿责任。

（4）企业股东尚未完全履行出资义务的，应当足额缴纳所认缴的出资，不再受出资期限的限制。如果发现作为设立企业出资的非货币财产的实际价额显著低于公司章程所定价额的，应当由交付该出资的股东补足其差额。有限责任公司设立时的其他股东、股份有限公司的发起人对此承担连带责任。补缴的出资用以清偿企业债务。

（5）企业未经清算即办理注销登记，导致企业无法进行清算，债权人有权要求有限责任公司的股东、股份有限公司的董事、控股股东、实际控制人对公司债务承担清偿责任。

（6）企业注销登记前未依法清算，如股东或第三人在企业注销前承诺有关债务由其承担，债权人可以要求股东或第三人承担清偿责任。

（四）清算组法律责任概览

清算组成立以后，清算组成员应当忠于职守，依法履行清算义务，否则应承担相应的责任。

（1）清算组成员不得以清算的名义收取非法收入，不得侵占企业财产。

因违反法律、行政法规等造成企业或债权人损失的，应承担赔偿责任。股东可以依法提起相应的股东代表诉讼。

（2）清算组未按照公司法规定履行通知和公告义务，导致债权人未及时申报债权而未获清偿，由此给债权人造成的损失，债权人可要求清算组成员承担赔偿责任。

（3）清算组成员利用职权徇私舞弊、谋取非法收入或者侵占企业财产的，由企业登记机关责令退还企业财产，没收违法所得，并可以处以违法所得1倍以上5倍以下的罚款。

（4）执行未经股东会、股东大会或人民法院确认的清算方案造成企业或者债权人损失的，企业及企业股东或者债权人有权主张清算组成员承担赔偿责任。

（5）清算组没有依法将清算情况报送企业登记主管部门或者隐瞒重要事实或者遗漏重要事实的，由企业登记主管部门责令改正。

三 企业破产清算的注意事项

（一）企业破产的相关概念

1. 破产的界定

破产是指债务人不能清偿到期债务或资不抵债时，由债权人或债务人诉请人民法院宣告破产并依破产程序偿还债务的一种法律制度。《民事诉讼法》规定，企业因严重亏损，无法清偿到期债务，债权人和债务人均可向人民法院申请债务人破产。可见，当企业法人严重亏损或无力清偿到期债务即资不抵债时，可由债务人或债权人向人民法院申请破产。其中，严重亏损是指企业的负债总额已达到或者超过企业现有资产总额，企业已无力清偿到期债务。无力清偿到期债务指企业资不抵债且丧失信用，没有良好的信用背书获取贷款或引入投资，因而无法清偿到期债务。

2. 破产重整

破产重整是《企业破产法》的一项新制度，只针对可能破产却又有可能恢复生机的债务人，经企业利害关系人的申请，在人民法院的主持和利害关系人的参与下，对债务进行清理和重新整顿生产经营，以帮助债务人恢复生机的法律制度。破产重整制度作为企业破产制度的重要组成部分，已为多数市场经济国家采用。它的实施，对于弥补破产和解、破产整顿制度的不足，防范大型企业破产带来的社会问题，具有不可替代的作用。

3. 破产和解

破产和解，是指在人民法院受理破产案件后至破产程序终结前，债务人与债权人协商处理债权债务从而使破产程序中止的一种方式，如双方协商后达成延期或减免债务的协议。破产和解是一种民事法律行为，以双方意思自治为原则却又要经过人民法院的裁定认可，方能成立。

（二）企业宣告破产的条件

宣告破产是法律赋予人民法院的权力，在出现以下情形时，人民法院依法宣告债务人破产。

1. 资不抵债

企业存在《企业破产法》第 2 条规定的情形，即企业不能清偿到期债务，并且资产不足以清偿全部债务或者明显缺乏清偿能力。资不抵债经人民法院审查属实且企业没有进行和解或重整的情况下，人民法院应直接宣告破产。

2. 重整失败

重整失败包括以下情形：重整计划草案未按期提出，或重整计划草案经债权人会议后没有通过，或重整方案未得到人民法院的批准。

另外，《企业破产法》第 78 条规定，经人民法院批准重整方案后，在重整期间重整失败的，管理人或者利害关系人可以请求人民法院终止重整程序并宣告企业破产。具体而言，在重整期间，企业重整失败的情形有：（1）企业的经营情况和财产状况持续恶化，难以挽救；（2）企业存在欺诈、恶意减少或者损毁财产或者其他明显有损债权人权益的行为；（3）因企业的行为致使管理人无法履行职务。

3. 和解失败

《企业破产法》第 99 条规定，如和解协议草案经债权人会议表决后仍未通过，或者表决通过后但人民法院未认可的，人民法院应裁定终止和解并宣告企业破产。该法第 103 条规定，和解协议成立时如存在欺诈、胁迫等违法行为，人民法院应裁定无效并宣告企业破产。第 104 条规定，和解协议经人民法院认可后，企业不履行或履行不能的，经债权人请求，人民法院应裁定终止和解协议并宣告企业破产。

（三）企业破产清算的流程

人民法院受理的破产清算案件，通常按下列流程处理：

1. 成立清算组

人民法院应当自破产宣告之日起 15 日内成立清算组负责管理破产企业。清算组成员由人民法院指定，可以是企业主管部门的人员或有关专业人员，也可以聘请会计师事务所和律师事务所的注册会计师和执业律师组成。清算组负责清理、管理、处理变卖和分配破产财产并向人民法院报告工作，接受人民法院的监督。我国《公司法》规定，清算组在清算期间拥有以下职权：（1）清理、保管企业财产，编制资产负债表和财产清单；（2）通知、公告债权人；（3）处理企业未完结的业务；（4）清缴税款；（5）清理债权、债务；（6）处理分配清偿债务后剩余的财产；（7）代表企业处理有关民事诉讼。

2. 通知债权人申报债权

清算组应当在成立后及时通知债权人，通知应在清算组成立之日起 10 日内进行，通知的内容应包含召开第一次债权人会议的日期；清算组自成立之日起 60 日内，应在报纸上至少公告 3 次，公告的内容也应包含召开第一次债权人会议的日期。

3. 召开债权人会议

债权人会议由所有债权人列席。人民法院负责在债权申报期限届满后 15 日内召集召开第一次债权人会议。如之后有必要召开债权人会议，由人民法院或者债权人会议主席召集召开，清算组或占无财产担保债权总额的 1/4 以上的债权人也可以要求召开。

4. 确认破产财产

破产财产是指破产程序终结前用以清偿债务的所有财产，主要包括：（1）企业被宣告破产时的所有财产；（2）破产宣告后至破产程序终结期间取得的所有财产；（3）破产企业的其他财产权利。已作为担保物担保相应债务，但担保物变现数额不足清偿担保债权的部分也属于破产财产。经清理确认属于他人的财产，不是破产财产，财产权利人应向清算组取回。

5. 确认破产债权

破产债权是他人对破产企业享有的财产请求权，必须是企业破产前成立并已经依法申报确认的债权。破产债权应由破产财产进行支付，具有公开清偿性和可强制执行性，其主要包括：（1）企业破产前成立并依法申报确认的无财产担保的债权及有财产担保但已放弃优先受偿权利的债权；（2）被宣告破产时仍未届清偿期的债权视为到期，但不应计算至到期日的利息；（3）宣告破产前成立的为他人提供财产担保的债权，债权人享有就该担保物的优先受偿权，如果担保物变现后不足清偿所担保债权的，未完全清偿的部分属于破产债权。债权人参加破产程序的费用不得作为破产债权。

6. 拨付破产费用

破产费用指在破产程序中为了破产企业所有债权人的利益而产生的费用，应由破产财产进行支付，主要包括：（1）破产财产的清理、管理、变卖和分配等过程所产生的费用，包括公告费、聘请工作人员所支出的劳务费用等；（2）破产程序产生的诉讼费用；（3）为破产债权人的利益而由破产财产在破产程序中支付的其他费用。

7. 破产财产清偿顺序

破产财产优先支付破产费用，剩余的财产按照下列顺序清偿：（1）破产企业所欠员工工资、社保费用、员工经济补偿；（2）破产企业欠缴纳的税款；（3）破产企业对外的一切债务。破产财产不能满足同一清偿顺序清偿要求的，应按照比例进行分配。

8. 破产清算的结束

经过上述破产清算程序后，清算组应当编制破产清算结束报告，并出具清算期内的各种报表连同各种财务账册，经中国注册会计师验证后，报授权部门审批。

9. 登报声明

经批准后再向企业行政管理部门和税务部门注销登记并在省级或者市级以上报纸上刊载公告。

参考文献

1. 赵旭东：《新公司法制度设计》，法律出版社，2006。

2. 赵万一：《公司经理与经理权》，法律出版社，2013。

3. 杜军：《公司经理权问题研究》，法律出版社，2011。

4. 宁金成：《公司治理结构》，法律出版社，2007。

5. 刘俊海：《公司法学》，北京大学出版社，2020。

6. 林秀芹：《公司法》，厦门大学出版社，2016。

7. 郭成伟、张培田：《仲裁实用全书》，中国政法大学出版社，2010。

8. 谢晖：《法的思辨与实证》，法律出版社，2016。

9. 郭秀君：《商务谈判》，中国林业出版社，2008。

10. 王军旗：《社会主义市场经济理论与实践》，中国人民大学出版社，2017。

11. 王红梅：《商业银行经营管理》，中国人民大学出版社，2019。

12. 王东光：《股东退出法律制度研究》，北京大学出版社，2010。

13. 李建中、贾俊玲：《个人独资企业法与个人独资企业管理》，国家行政学院出版社，2008。

14. 曹海涛：《合伙创业》，清华大学出版社，2018。

15. 郑指梁：《合伙人制度：以控制权为核心的顶层股权设计》，清华大学出版社，2020。

16. 彭剑锋：《人力资源管理概论》，复旦大学出版社，2018。

17. 王保树、崔勤之：《中国公司法原理》，社会科学文献出版社，2006。

18. 王作全：《商法学》，北京大学出版社，2017。

19. 韩长印：《破产法学》，中国政法大学出版社，2016。

20. 王欣新：《公司法》，中国人民大学出版社，2020。

21. 刘敏：《公司解散清算制度》，北京大学出版社，2012。

22. 李磊：《公司司法清算法理与制度研究》，中国政法大学出版社，2014。

23. 王全兴：《劳动法》，法律出版社，2017。

24. 肖胜芳：《劳动合同法下的人力资源管理流程再造》，中国法制出版社，2016。

25. 王桦宇：《劳动合同法实务操作与案例精解》，中国法制出版社，2020。

26. 王少波：《劳动关系与劳动法》，中国劳动社会保障出版社，2011。

27. 王博：《竞业限制制度研究：以权利冲突及其化解为视角》武汉大学出版社，2016。

28. 赖继：《股权众筹法律规制研究》，法律出版社，2020。

29. 王建雄：《股权众筹融资微观法律问题研究》，法律出版社，2020。

30. 孙巍、樊晓娟、吴凡、谢晨曦、印磊、洪嘉宾：《股权投融资：风险防范及争议解决》，法律出版社，2020。

31. 齐力然、任谷龙：《中小企业融资实务：案例解析与法律风险防范》，中国法制出版社，2016。

32. 李雨龙：《私募融资经典案例法律》，法律出版社，2009。

33. 杨硕：《股权众筹法律问题研究》，法律出版社，2019。

34. 姚瑶：《股权众筹的立法价值及其法律实现》，法律出版社，2020。

35. 刘剑文：《财税法——原理、案例与材料》，北京大学出版社，2020。

36. 张守文：《财税法学》，中国人民大学出版社，2018。

37. 翟继光：《新税法下企业纳税筹划》，电子工业出版社，2019。

38. 刘金涛：《虚开发票的处理与预防》，中国铁道出版社，2020。

39. 王作君：《企业税务风险管控与策划：从入门到精通》，机械工作出版社，2020。

40. 刘兵：《涉税刑事犯罪案例解析》，中国市场出版社，2019。

41. 郭丁铭、张冰冰：《税收法律纠纷案件裁判规则解读：疑难案件办案思路和实务要点详解》，中国法制出版社，2019。

42. 计金标：《税收筹划》，中国人民大学出版社，2016。

43. 范健、王建文：《证券法》，法律出版社，2020。

44. 张圣怀：《证券法律服务实务与操作指引》，中国法制出版社，2020。

45. 周红：《企业上市全程指引》，中信出版社，2019。

46. 张兰田、孙维平：《企业上市审核标准实证解析》，北京大学出版社，2019。

47. 邱丽、殷磊刚：《公司上市操作实务与图解》，法律出版社，2017。

48. 刘婷：《新三板股票发行与重组并购操作实务与图解》，法律出版社，2019。

49. 申林平：《科创板上市解决之道》，法律出版社，2019。

50. 黄宜平：《上市公司法律问题精解》，法律出版社，2020。

51. 张兰田、孙维平：《企业上市审核标准实证解析》，北京大学出版社，2019。

52. 刘玉民：《民间借贷与风险防范》，中国民主法制出版社，2015。

53. 林丽琼：《社会资本与民间借贷风险：影响机理、效应分析及防控路径》，经济管理出版社，2019。

54. 何伟：《经济转型期我国民间借贷法制研究》，经济科学出版社，2018。

55. 岳彩申：《民间借贷与非法集资风险防范的法律机制研究》，经济科学出版社，2018。

56. 林晨、金赛波：《民间借贷实用案例解析》，法律出版社，2015。

57. 邓小俊：《民间借贷中金融风险的刑法规制》，中国人民公安大学出版社，2017。

58. 黄志凌：《风险经营：商业银行的精髓》，人民出版社，2015。

59. 沈沛龙：《商业银行流动性风险管理研究》，科学出版社，2020。

60. 齐力然、任谷龙：《中小企业融资实务：案例解析与法律风险防范》，中国法制出版社，2016。

61. 张雪芳：《正规金融与民间金融的比较、交互模式与风险防范——以中小企业融资为例》，浙江大学出版社，2018。

62. 人民法院出版社法规编辑中心：《担保法司法解释及司法观点全编》，人民法院出版社，2020。

63. 任立华、柏亮：《融资租赁法律风险防范指南》，中国经济出版社，2018。

64. 李喆：《中国融资租赁观察》，中国发展出版社，2017。

65. 易开刚：《民营企业承担社会责任的理论与实证研究》，中国社会科学出版社，2011。

66. 于同弼：《善经济：如何以企业社会责任制胜》，中信出版社，2020。

67. 冯梅、魏钧、曹辉、王晓玲：《企业社会责任概论》，经济科学出版社，2017。

68. 王喜：《我国政府在推进中小企业社会责任建设中的角色与政策》，经济管理出版社，2020。

69. 薛天山：《民营企业社会责任（现状、影响因素与推进机制）》，中国社会科学出版社，2020。

70. 付鸿彦：《利益相关者视角下战略性企业社会责任与企业非财务绩效关系的实证研究》，中国财富出版社，2020。

71. 芮萌等：《社会责任：企业发展的助推剂》，复旦大学出版社，2020。

72. 任康磊：《人力资源法律风险防控从入门到精通》，人民邮电出版社版，2019。

73. 郭飞、云晓燕：《企业劳动法律风险防范实务》，法律出版社，2018。

74. 郑一珺：《从招聘到离职：240 个人力资源核心问题与风险提示总梳理》，法律出版社，2020。

75. 周晓明：《HR 自己的法律顾问：企业人力资源管理法律风险及防范》，法律出版社，2020。

76. 乔路：《公司法律顾问实务指引》，法律出版社，2019。

77. 孙智峰：《劳动合同法风险防范与纠纷应对》，法律出版社，2009。

78. 刘杰：《企业用工实务操作与风险防范》，法律出版社，2020。

79. 石先广：《劳动合同法下的企业规章制度制定与风险防范》，中国劳动社会保障出版社，2008。

80. 马勇：《HR 精通劳动法律系列：完美的劳动合同》，海天出版社，2020。

81. 黄乐平、万法通：《外企 HR 劳动合同管理指引－金融危机下裁员风险防范与应对》，法律出版社，2009。

82. 张明辉：《人力资源总监教你做薪酬：操作实务与设计技巧》，中国铁道出版社，2018。

83. 孙晓平、季阳：《薪酬激励新实战：突破人效困境》，机械工业出版社，2019。

84. 赵国军：《薪酬设计与绩效考核全案》，化学工业出版社，2020。

85. 冯涛：《企业薪酬设计管理实务》，中国铁道出版社，2020。

86. 崔师振：《商业特许经营全程法律风险防范》，中国法制出版社，2016。

87. 江必新:《合同风险及其防范控制全书》,中国法制出版社,2019。

88. 刘晓明等:《商事合同风险及其防范:以案说法》,法律出版社,2013。

89. 李杰、李宗胜:《合同审查的思维与方法:风险控制与动态监管解决之道》,法律出版社,2016。

90. 王清海:《中小微企业财务管理》,中国纺织出版社,2020。

91. 严骏伟:《应收账款资产管理及证券化实务》,复旦大学出版社,2020。

92. 荆新、王化成、刘俊彦:《财务管理学》,中国人民大学出版社,2018。

93. 张扬、蒋丹青:《企业常见法律问题及风险防范》,中国法制出版社,2019。

94. 王小兵:《企业知识产权管理操作实务与法律风险防范》,中国法制出版社,2020。

95. 曾德国:《企业知识产权管理》,北京大学出版社,2015。

96. 陈浩:《企业知识产权管理实战指引》,华中科技大学出版社,2020。

97. 李西良、田力普、赵红:《高新技术企业知识产权管理体系构建与实证研究》,知识产权出版社,2018。

98. 于强伟:《股权投融资交易结构:设计要点与体系化考量》,法律出版社,2020。

99. 高菲:《新经济公司双层股权结构法律制度研究》,法律出版社,2019。

100. 周晓林:《股权控制战略:如何实现公司控制和有效激励》,人民邮电出版社,2019。

101. 罗芳:《股东协议制度研究》,中国政法大学出版社,2014。

102. 李占英:《公司章程制定实务与条款设计指引》,法律出版社,2017。

103. 曹志龙:《公司章程设计指引:条款剖析与关键细节》,中国法制出版社,2018。

104. 郭春宏:《公司章程个性化设计与疑难释解》,法律出版社,2018。

图书在版编目（CIP）数据

企业法律风险防范的原理与实务 / 周昌发编著 . --
北京：社会科学文献出版社，2021.6（2021.11 重印）
ISBN 978-7-5201-8339-0

Ⅰ.①企…　Ⅱ.①周…　Ⅲ.①企业法-研究-中国
Ⅳ.①D922.291.914

中国版本图书馆 CIP 数据核字（2021）第 084616 号

企业法律风险防范的原理与实务

编　　著／周昌发

出 版 人／王利民
责任编辑／李　晨
责任印制／王京美

出　　版／社会科学文献出版社·政法传媒分社（010）59367156
　　　　　地址：北京市北三环中路甲 29 号院华龙大厦　邮编：100029
　　　　　网址：www.ssap.com.cn
发　　行／市场营销中心（010）59367081　59367083
印　　装／唐山玺诚印务有限公司

规　　格／开　本：787mm×1092mm　1/16
　　　　　印　张：19　字　数：311 千字
版　　次／2021 年 6 月第 1 版　2021 年 11 月第 2 次印刷
书　　号／ISBN 978-7-5201-8339-0
定　　价／79.00 元